U0096873

刘宝存　主编

比较高等教育研究丛书

初编　第 **5** 册

美国营利性高等教育机构的组织学分析

李丽洁 著

花木兰文化事业有限公司

国家图书馆出版品预行编目资料

美国营利性高等教育机构的组织学分析／李丽洁 著 —— 初版
—— 新北市：花木兰文化事业有限公司，2022〔民 111〕
目 4+230 面；19×26 公分
（比较高等教育研究丛书 初编 第 5 册）
ISBN 978-986-518-740-8（精装）
1.CST：高等教育 2.CST：机关团体 3.CST：组织研究
4.CST：美国
525.08   110022079

比较高等教育研究丛书
初编　第 五 册　　　　　ISBN：978-986-518-740-8

美国营利性高等教育机构的组织学分析

作　　者 李丽洁
主　　编 刘宝存
企　　划 北京师范大学国际与比较教育研究院
总 编 辑 杜洁祥
副总编辑 杨嘉乐
编辑主任 许郁翎
编　　辑 张雅淋、潘玟静、刘子瑄　美术编辑 陈逸婷
出　　版 花木兰文化事业有限公司
发 行 人 高小娟
联络地址 台湾 235 新北市中和区中安街七二号十三楼
　　　　　电话：02-2923-1455 ／ 传真：02-2923-1452
网　　址 http://www.huamulan.tw 信箱 service@huamulans.com
印　　刷 普罗文化出版广告事业
初　　版 2022 年 3 月
定　　价 初编 14 册（精装）台币 38,000 元

美国营利性高等教育机构的组织学分析

李丽洁 著

作者简介

李丽洁（女），1971.09，山东烟台人。2010 年毕业于北京师范大学，获得比较教育学博士学位。此后就职于天津师范大学至今。职称：副教授，研究方向：比较教育。

提　　要

　　美国营利性高等教育机构自 20 世纪末至 21 世纪初发展迅速。到 2020 年，全美获得认证的、有学位授予权的营利性高等教育机构的数量增加到 1000 所左右，注册学生数超过 200 万人；创造的年度经济效益突破 100 亿美元，在美国高等教育市场中占据了 24.2% 的份额。本书认为，美国营利性高等教育机构近年来的迅疾发展虽然是诸多动力的合力所致，但其独特的组织特征是其中一个重要因素。

　　导论部分在对国内外相关研究成果进行梳理和分析的基础上提出本书的研究路线、思路和方法。第二章通过对美国营利性高等教育机构历史资料的收集，将其发展阶段划分为发端、发展停滞、繁荣与创新发展三个阶段。第三章运用组织系统论的观点，对美国营利性高等教育机构进行组织类型划分。第四章依据组织结构理论提出的组织结构模型，对美国营利性高等教育机构的组织结构进行剖析，并阐释了其组织结构演变过程的特征。第五部分运用组织环境理论，对美国营利性高等教育机构的内外部组织环境进行研究。第六章依据组织运行机制的分析路线，从"目标机制、决策机制、动力机制、发展机制"等几方面分析了美国营利性高等教育机构的运行机制。最后一部分对美国营利性高等教育机构的整体组织特征进行全面总结，藉此对中国民办大学的发展有所启发。

此书是在本人博士学位论文基础上深入研究的成果

撰写过程中曾获得的资助包括：顾明远教育研究发展基金（2010）；教育部人文社会科学研究项目（青年基金：11YJC880054）

《比较高等教育研究丛书》总序

刘宝存

20 世纪 80 年代以来，科学技术突飞猛进，知识经济迅猛发展，国际竞争日趋激烈，经济全球化不断深入，文化多元化趋势增强……世界教育面临前所未有的新形势、新问题和新挑战。为了应对这些新形势、新问题和新挑战，以更好的姿态进入 21 世纪，世界各国无不把教育作为优先发展的战略领域，把教育改革与创新作为应对时代挑战和提高国际竞争力的重要举措，在全球范围内兴起了一场教育改革运动。在如火如荼的全球性教育改革中，世界各国都致力于建构世界一流的教育体系和教育标准，推动教育公平，提高教育质量，改进教学模式和方法，推动教育的国际化和信息化，促进教育治理体系和治理能力的现代化，提升教育为社会经济发展服务的能力，满足社会民众日益增长和个性化的教育需求。与以往的教育改革多聚焦于某一个层次或某一个领域的教育不同，世纪之交的教育改革运动涉及学前教育、基础教育、高等教育、职业教育、师范教育、教育管理、课程与教学等各级各类教育和教育的各个领域，是一场综合性的教育改革，而且迄今已经持续三十多年，但是仍然呈方兴未艾之势。

高等教育是一国教育体系中的最高层次，在培养高层次人才、开展科学研究和社会服务、推动国际合作与交流等方面发挥着至关重要的作用。从各国高等教育领域的教育改革看，新自由主义教育思潮成为占主导地位的教育思潮，新公共管理和治理理论被奉为圭臬，追求卓越和效率、倡导分权和扁平化管理、强调公民参与和公共责任，成为高等教育管理的价值取向。世界各国在高等教育中追求卓越，致力于创新人才的培养，特别是培养面向 21 世纪的教师、提高博士生培养的质量成为高等教育改革的重点。为了培养创新人才，各国高等学校在人才培养目标、课程设计、教学模式和方法、教学评价等方面进行改革，本科生科研、基于问题的学习、服务性学习、新生研讨课等以探究能力和实践能力为导向的教学模式和方法风行世界，建构高等教育质量保障体系成为各国的共同选择。在信息技术和全球经济一体化的推动下，各国致力于打造智能化校园，促进信息技术与教育教学、大学治理的融合；致力于发展跨境教育和学生流动，提升高等教育的国际竞争力和影响力。

北京师范大学国际与比较教育研究院是中国成立最早、规模和影响最大的比较教育研究机构，也是比较教育学科唯一的国家重点学科依托机构。该院 1999 年获批首批教育部普通高等学校人文社会科学重点研究基地，2012 年获批教育部国别和区域研究基地，2017 年成为教育部高校高端智库联盟成员单位。该院的使命是：（1）围绕世界和我国教育改革与发展的重大理论、政策和实践前沿问题开展研究，探索教育发展的规律，把握国际教育发展的趋势，为我国教育改革与发展提供理论支撑；（2）为文化教育部门和相关部门培养具有国际视野、通晓国际规则、能够参与国际事务与国际竞争的高层次国际化人才；（3）积极开展教育政策研究与咨询服务工作，为中央和地方政府的重大教育决策提供智力支撑，为区域教育创新和各级各类学校的改革试验提供咨询服务；（4）积极开展国际文化教育交流与合作，引进和传播国际先进理念和教育经验，把我国教育改革发展的先进经验和教育研究的新发现推向世界，成为中外文化教育交流的桥梁和平台。60 多年来，该院紧紧围绕国家战略，服务国家重大需求，密切跟踪国际学术前沿，着力进行学术创新，提升咨政建言水平，成为世界有重要影响的国际与比较教育理论创新中心和咨政服务基地；牢牢把握立德树人的育人方向，创新人才培养模式和方法，成为具有全球竞争力国际化人才的培养基地；充分发挥舆论引导和公共外交功能，深化国际交流与合作，成为中国教育经验国际传播中心和全球教育协同创新中心。

为了总结该院在比较高等教育领域的研究成果，我们以该院近年来的博士后报告和博士论文为基础，组织了这套《比较高等教育研究丛书》。《比较高等教育研究丛书》的各位作者现在已经在全国各地的高等学校工作，成为在比较教育领域崭露头角的新秀。首辑丛书包括十四部，具体如下：

黄海啸　美国大学治理的文化基础研究

陈　玥　中美研究型大学博士生教育质量保障体系的比较研究

翟　月　美国大学非营利管理教育课程设置研究

孙　珂　美国高校创新活动的风险治理机制研究

李丽洁　美国营利性高等教育机构的组织学分析

李　辉　美国联邦政府对外国留学生的监管研究

苏　洋　「一带一路」国家来华留学博士生教育质量监控体系研究

尤　铮　美国大学在亚洲的海外办学研究——基于对纽约大学的考察

肖　军　德国大学治理模式变迁研究

褚艾晶　荷兰高等教育质量保证政策研究

徐　娜　俄罗斯提升国家研究型大学国际竞争力的策略研究——以制度
　　　　变迁理论为视角

郑灵臆　芬兰「研究取向」的小学教师教育研究

朋　腾　俄罗斯高等师范教育人才培养模式变革研究

王　蓉　美国高校服务－学习实践的研究

根据我们的设想，《比较高等教育研究丛书》将不断推出新的著作。现在呈现在各位读者面前的只是丛书的第一辑，在条件成熟时我们陆续将推出第二辑、第三辑……。同时我们也希望在第二辑出版时不仅包括北京师范大学国际与比较教育研究院的研究成果，而且希望将国内外其他高等学校的研究成果纳入其中；不但出版基于博士后研究报告和博士论文修改而成的研究成果，而且希望出版高等学校和研究机构教学科研人员的研究成果，不断提高丛书的质量。同时，我们还希望聆听大家在选题方面的建议。

《比较高等教育研究丛书》的出版，得到花木兰文化事业有限公司的大力支持，特别是杨嘉乐女士为丛书的出版花费了许多心血，在此我谨代表各位作者向她们表示衷心的感谢。

刘宝存

2021 年 11 月 28 日

于北京师范大学国际与比较教育研究院

目

次

1 导 论

进入 21 世纪，人类正面临着政治、经济、科技、文化、社会的历史性大变革。正如彼得．德鲁克（P. F. Druchker）所说："我们正生活在一个每 200 年或 300 年才出现的伟大的历史变革时代，这时人们再无法理解这个熟悉的世界，因为过去所知的已经不足以解释未来了。"[1]来自于信息化、全球化、市场化、爆发于美国的次贷危机以及全球范围内新冠病毒大流行的影响，使得人类自觉不自觉已经融入到经济转型、社会变迁等各种风起云涌的变革当中。世界的变革与变革中的世界已经成为人类生存的基本环境。想无视变革的存在，逃避变革的影响几乎是不可能的。一个迅速发展的世界已经要求包括政府、企业在内的大多数社会组织机构进行深入持续的变革。如今各国的高等教育面对的就是这样一个与以往截然不同的充满挑战、机遇、变革和不确定性的时代。为了应对变革时代对高等教育的要求，世界各国的高等教育机构普遍进行重大调整或寻求组织变革。

1.1 问题的提出

1987 年，中国原国家教委颁布了《关于社会力量办学的若干暂行规定》。根据教育部发展规划司《教育统计报告》，到 2019 年，中国共有民办高校 750 所（含独立学院 265 所，成人高校 1 所）。在发展过程中，中国的民办高等教育也一直在调整、改革甚至变革，无论在政策、制度、法律保障层面还是在

---

1 [美]彼得．德鲁克：大变革时代的管理[M]，赵干城译，上海：上海译文出版社，1999.212。

办学目标、办学规模、办学质量上都取得了长足的发展，但也不可避免地面对一些亟待解决的问题，如投资环境亟需改善、管理待加强规范、毕业要求缺乏统一标准等组织管理方面的问题。进入 21 世纪，世界各国都在面对高等教育大众化、多样化和个性化的局面，以及社会变革背景下和市场调节机制下发展方向的选择问题，都在寻求应对策略。制约中国民办高校发展的因素很多，从长远、健康发展的角度出发，中国民办高等教育除了在实践中积极探索，也非常有必要拓宽国际视野，研究、探讨国外该领域的经验。

美国大学的历史虽不及欧洲大学历史悠久，但其后来居上，成为世界上最发达的高等教育体系，有着能够承担各种职能、容纳各种类型学生的高等教育机构，对世界高等教育发展起着举足轻重的作用。从性质上说，有公立私立之分；从类型和层次上说，有研究型大学、州立大学、社区学院和两年制初级学院以及专门性学院等等。从高等院校的数量来看，美国的私立高等教育机构数量明显多于公立院校，且多样化程度较高。美国私立高等教育机构由两大类组成：四年制或两年制的营利性私立大学和非营利性私立大学（本书为行文需要，将四年制和两年制的私立营利性高等教育机构统称为"营利性高等教育机构"），它们的产生和发展有着不同的历史轨迹，在整个高等教育系统中的地位和作用也不尽相同。

自上个世纪 90 年代至今的 30 年里，美国高等教育所面临的更是前所未有的变革社会带来的巨大挑战。首先是知识时代的到来。如今的美国面对的是一个后工业时期，一个知本社会（knowleged-based society）。今天的工业生产正在"由以物质生产和劳动力为主的产品，平稳地向知识为主的产品与服务转移，新知识的创造与应用成为创造物质财富的最新形式。"[2]智力资本与人力资源正在取代金融资本与物质资本，成为社会繁荣与富裕的源泉。其次是信息产业的繁荣。今天，信息的创造、提炼、控制、传播、分析已经成为一个巨大商业领域，并改变了世界上所有工业国家的经济面貌。信息产业不仅成为工业的基础，而且在很多方面有取代传统产业之势。三是社会人口构成的变化。不仅 20 世纪 60 年代和 70 年代的生育不足带来美国高等教育史上第一次出现生源下降问题，而且学生的种族、民族、国家背景和年龄都出现了多样化的态势，对传统的、寄宿制的学院带来了挑战。四是政府财政紧缩导

---

2 [美]詹姆斯.杜德斯达：21 世纪的大学[M]，刘彤主译，王定华审校，北京：北京大学出版社，2005.9。

致的资源匮乏。21 世纪前后，美国联邦政府、州政府对高等教育投资紧缩使得多数大学面临巨大财政压力。五是 2019 年底新冠病毒大流行，美国成为世界上确诊病例和死亡病例最多的国家，高等教育发展面对前所未有的挑战。总之，多变的时代和多样化的社会环境要求当代高等教育机构必须具有很强的灵活性和灵敏的反应能力，必须为知识的聚集、流动、共享和知识效益的形成打造相应的组织平台。

无论主动还是被动，美国高等教育机构都必须对这个变革的世界所带来的机遇与挑战做出回应。然而，占到"美国高等教育 75.8%份额的美国公立、私立非营利性高等教育机构"[3]在很大程度上对当前的社会需要和机遇所做出的反应仅是应激性的，所做的改变是在传统的模式中被动进行的。由于变革步伐的迟滞和摇摆，甚至有专家在 80 年代就曾做出的预言"到 1995 年，美国 3100 所学院和大学中的 10%-30%关门或与其他机构合并"[4]已经部分应验，"自 1990 年以来，至少有 200 所左右的非营利性高等教育机构倒闭了。"[5]与之形成鲜明对照的是，美国营利性高等教育机构却在过去的三十年间发展迅速。自 1988 年至 2019 年，全美"获得认证的、有学位授予权的营利性高等教育机构的数量从 325 所突增到 1053 所（全美各类高校共计 4352 所）"[6]增幅为 221%。截止到 2020 年，"至少有 7 所以上有学位授予权的营利性高等教育机构的分支机构数量超过 50 所；在营利性高等教育机构注册的学生数已经超过了 200 万人；营利性高等教育机构创造的年度经济效益已经突破了 100 亿美元。"[7]在 2020 年前后，营利性高等教育机构中的多数院校获得了地区认证机构或专业认证机构的认证（有的学校还得到了多个认证机构的认证），具有开设从副学士、学士、硕士到博士学位课程的资格。2020 年的美国中学后

3　数据来源：U.S. Department of Education Sciences: Digest of Education Statistics [EB/OL]. http://nces.ed.gov/programs/digest/d07/tables/dt07_255.asp/ 2009-01-07。

4　[美]乔治. 凯勒：大学战略与规划——美国高等教育管理革命[M]，别敦荣译，青岛：中国海洋大学出版社，2005.2。

5　Ruch S. Richard. Higher Ed, Inc.: The Rise of the For-Profit University [M]. Baltimore: The Johns Hopkins University Press, 2001.8.

6　U.S. Department of Education. Recent high school completers and their enrollment in college, by sex and level of institution: 1960 through 2019 [EB/OL] https://nces.ed.gov/programs/digest/d20/tables/dt20_302.10.asp. 2020-7-31.

7　U.S. Department of Education. Degrees conferred by degree-granting institutions, by level of degree and sex of student: Selected years, 1869-70 through 2017-18 [EB/OL] https://nces.ed.gov/programs/digest/d08/tables/dt08_268.asp. 2020-10-31.

教育综合数据（Integrated Postsecondary Education Data Systems）的资料表明，"全美在校生生数排名第一的是营利性高等教育机构——凤凰大学（University of Phoenix），注册学生数已达 217,309 人。"[8]营利性高等教育机构在美国高等教育领域中的声誉不断提高，地位越加突出，已经"成为美国高教产业中唯一不断发展的部分。"[9]

面对近年来美国营利性高等教育机构与非营利性高等教育机构发展态势之间的鲜明反差，很多人都会追问：到底是什么原因促使美国营利性高等教育机构驶上了快车道？本书认为，美国营利性高等教育机构近年来的迅疾发展固然是诸多因素的合力所致，但其所具有的独特的组织特征是其中的一个重要因素。为此，本书拟对美国营利性高等教育机构进行组织学分析，并回答以下问题：1.美国营利性高等教育机构的组织类型与非营利性高等教育机构有什么区别？2.美国营利性高等教育机构的组织结构是怎样架构的？有什么样的特点？3.美国营利性高等教育机构的内外部组织环境是如何对营利性高等教育机构的发展产生影响的？4.美国营利性高等教育机构组织是如何运行的，其运行机制有哪些特征？5.认识美国营利性高等教育机构的组织特征对于中国民办高等教育的组织变革能够带来哪些启发和借鉴？

1.2 文献综述

尽管美国营利性高等教育机构的历史并不短，但直到 1996 年才因美国教育部修改了高等教育法（Higher Education Act）在美国高等教育系统中获得正名后才表现出强劲的发展。无论在美国国内还是在中国，研究者对其表现关注，将其作为专门的研究对象是最近几十年的事情，而针对美国营利性高等教育机构开展组织学分析则处于空白。

1.2.1 关于"美国营利性高等教育机构"的研究

近年来，美国营利性高等教育机构迅疾的发展势态吸引了国内外有关学者的高度关注，针对其开展的相关研究呈现增长势头。

8　National Center For Education Statistics. U.S. College Navigator [EB/OL]. https://nces.ed.gov/collegenavigator/?q=Phoenix+University&s=all&ct=3[EB/OL].2020-8-08.

9　Ruch S. Richard. Higher Ed, Inc.: The Rise of the For-Profit University [M]. Baltimore: The Johns Hopkins University Press, 2001.7.

1.2.1.1 国内关于"美国营利性高等教育机构"的研究

自 20 世纪末以来,美国营利性高等教育机构的发展势态吸引了中国有关学者的关注,并开展了相关研究。较早在学术期刊上公开发表的此类文章出现于 1994 年,作者"从管理的角度对美国营利性学校申办程序、董事会制度、经费来源、纳税情况、内部管理、社会评估、与政府的关系等方面的概况进行介绍。"[10]之后大约十年左右的时间里,"美国营利性高等教育机构"在中国学术研究领域销声匿迹。直到 2000 年后,伴随着美国营利性高等教育机构的强劲发展和国外学者对营利性高等教育机构研究的深入开展,国内学术期刊上开始重现有关美国营利性高等教育机构的著述或文章。

乔玉全的《21 世纪美国高等教育》是国内较早提及美国营利性高等教育机构的一本著述。"盈利性大学"[11]在该书的两个章节中有所闪现。在第四章"美国高等院校分类的标准、方法和观念"中,作者基于美国盈利性大学的数量有明显增加的现状,认为"美国高等教育出现了新的发展情况,对美国高等院校传统的分类标准、方法和观念以及办学规模都构成了强劲的质疑和挑战,对构建新的分类标准提出了迫切的要求。"[12]在该书第六章的第五节"专业化和职业化的进一步发展"中,作者在论及职业化教育时,认为凤凰大学(美国营利性高等教育机构的典型代表)正是利用新技术,开放被传统大学所忽视的市场,从而赢得了宽广的发展空间。

王伟在其博士学位论文"美国营利性教育机构制度环境分析"(2005)中,从制度学的视角介绍了美国各级各类营利性教育机构的情况,着重研究了营利性教育机构的制度环境,包括基础环境因素、市场环境因素、管理环境因素等,并对美国营利性高等教育机构的制度环境进行了分析。杨红霞在其博士学位论文"营利性高等学校研究——以美国为例"(2006)中,以"资本论"为理论分析工具,对美国营利性高等教育机构的发展历史进行了梳理,描述了营利性高校的特点、类型和办学模式,论述了营利性高等学校对非营利性高等学校的影响,挖掘了营利性高等学校发展中存在的问题,得出"营利性高等学校不可能取代非营利性高等学校,而是与非营利性高等学校 一起作为

---

10 邵金荣、张文、张晓东:美国私立教育:历史、现状及启示[J],教育研究,1994,(6):71-73。

11 本书在"概念界定"部分将陈述本书将"for-profit institute"翻译为"营利性高等教育机构"的原因,在文献综述部分尊重研究者的不同翻译偏向。

12 乔玉全:21 世纪美国高等教育[M],北京:高等教育出版社,2000.2。

高等教育系统中的一个子系统长期存在"[13]的结论。高晓杰在其博士学位论文"美国营利性私立高等教育与资本市场"（2006）中，从经济学的视角对美国营利性高等教育机构进入资本市场的动因、机理、投入与产出的效益进行量的分析，并对中国民办高校进入资本市场的可行性与障碍进行分析。

截止到 2020 年，在中国知网 CNKI 中所能查阅到的关于美国营利性高等教育机构的期刊文章 65 篇，学位论文 10 篇。研究成果主要体现在两方面：一是以不同的视角探寻美国营利性高等教育机构产生和迅速发展的原因；二是运用比较的研究方法，通过将营利性高等教育机构与非营利性高等教育机构进行对比，描述美国营利性高等教育机构的办学特点。

从管理学的视角进行讨论的有：甘永涛从治理结构方面分析了美国营利性高等教育机构崛起的原因，将其治理结构剖析为四个特点："政府职能的'弱势'与民间组织的'强势'；董事会决策与大学成员股东化；学术与管理分家；对共同治理的重新界定以及强大的顾客服务体系。"[14]王志强认为美国营利性高等教育机构的管理机制的独特性是其迅速发展的原因，管理机制的独特性表现在"企业化管理模式的运用；基于生存与发展，快速适应市场；学生即顾客的理念。"[15]王玲认为"在美国营利性高校发展进程中，联邦政府发挥了重要的作用，先后扮演了助推者、促进者和规范者的角色。"[16]李虔指出"非营利性和营利性是两种不同的组织属性，对应不同的组织结构和任务使命。中国推进民办高校分类管理改革，应吸取美国的经验教训，谨慎对待民办高校组织属性及控制权的变更，禁止变更中的私人牟利和变相控制行为，并建立行之有效的非营利性民办高校监管框架。"[17]陈斌认为"宽松的政策环境与强劲的市场需求对美国营利性大学产生强大的驱动作用；反之，营利性大学发展将面临阻碍。美国营利性大学要走出发展困境，需调和政府与市场之间的矛盾张力。"[18]

13 杨红霞：营利性高等学校研究——以美国为例[D]，上海：华东师范大学高等教育学专业博士学位论文，2006.115。

14 甘永涛：美国营利性高等教育机构发展及其治理结构特征[J]，教育发展研究，2007，（12B）：58。

15 王志强：美国营利性高等教育机构的管理及其启示[J]，教育发展研究，2008，（2）：76。

16 王玲：美国营利性高校发展进程中的联邦政府角色分析[J]，外国教育研究，2018，45（03）：76。

17 李虔：民办高校组织属性变更的争议与反思——基于美国私立高校的个案研究[J]，高等教育研究，2019，40（07）：75。

18 陈斌：摇晃的钟摆：美国高等教育发展的困顿与抉择——基于美国营利性大学研

从经济学的视角切入的有：朱科蓉认为"教育需求是营利性教育机构产生的直接动因；产权是营利性教育机构发展的制度保障；健全的法规与认证制度规范了营利性教育机构的发展。"[19]温松岩从"教师、学生、课程设置、教学方法与手段、设施"等几方面对阿波罗集团所属大学（美国主要营利性高等教育机构）的特点进行了分析，认为其运营系统是遵循经济规律建立起来的。该作者在另一篇文章中归纳了美国私立盈利性高等教育机构的特点，认为"美国盈利性院校的不断发展对部分实力较弱的传统高校构成竞争和威胁，但受益的是整个美国的高等教育系统。"[20]梁洪坤、蔡立丰认为，美国营利性高等教育机构的特征表现在："把学生当成顾客；开设高需求的课程；重视毕业生的就业安置；相信市场并根据市场的变化作出迅速的反应。"[21]张国玲认为："美国营利性大学的教育服务既不属于公共产品也不具有"公共领域"职能，但其教育结果具有公共收益。"[22]杨程等发现"2010 年以来,美国营利性大学在经历了约40年的发展后陷入了教学质量降低、新生数量减少、大学理念与公司理念矛盾逐渐凸显以及在资本市场上的表现不佳等困境。"[23]刘牧等发现"20 世纪90年代中后期,营利大学的学生参与联邦政府资助项目的限制被全面放宽或废除,营利大学由此在美国快速崛起。对营利大学全面放开的联邦政府学生资助政策成为推动美国营利大学快速发展的最大动力。"[24]

从教育学的视角进行分析的有：余雪莲、吴岩以凤凰大学为例分析了美国营利性高等教育机构"以在职成人的特殊需求为宗旨的培养目标和办学定位；专业、课程设置与兼职教师聘用突出实用性；凸显在职成人切身实际需要的教学过程及安排；基于结果的评价与现代企业化的管理等"[25]的办学特点。鞠光宇将美

究的思考[J]，教育发展研究，2020，40（Z1）：105。

19 朱科蓉：美国营利性教育机构研究[J]，外国教育研究，2003，（11）：56。

20 温松岩：美国私立高等教育的发展、演变、特征与未来走势[J]，清华大学教育研究，2005，（4）：55。

21 梁洪坤、蔡立丰：美国营利性高等教育机构的特征与营利[J]，经济与社会发展，2007，（12）：211。

22 张国玲：美国营利性大学营利性与公益性争议、协调机制及发展趋向[J]，高等教育研究，2020，41（09）：103。

23 杨程、秦惠民：美国营利性大学发展的动因、困境及启示[J]，高校教育管理，2020，14（02）：54。

24 刘牧、储祖旺：美国大学生资助政策与营利性大学发展[J]，高教探索[J]，2014（04）：53。

25 余雪莲、吴岩：美国营利性高等教育机构的办学特点及启示[J]，教育评论，2006，

国营利性高等教育机构办学模式特征概括为："提供市场需求较大的高等职业教育项目；以教学为主；权力中心是学生；采取规模扩张战略；将网络教育作为重要发展战略；办学过程中广泛采用市场营销手段；学费是主要收入来源。"[26]叶信治从办学思维方式方面分析了美国营利性高等教育机构发展迅速的原因，将其总结为"善抓机遇；勇于创新；自主决断；尊重理性；换位思考。"[27]李文章认为"通过对美国营利性私立高等教育的是非辨析,可为当前中国推进民办高等教育分类管理改革提供启发,应同等支持鼓励营利性民办高等教育发展,强化营利性民办高等教育的市场干预监管机制,守护营利性民办高等教育质量基本底线。"[28]

国内将美国营利性高等教育机构作为一个专门的研究领域还只是初现端倪，对美国营利性高等教育机构的研究大多是从其历史渊源进行考察，或对其强劲发展势头进行原因探究，或对其"繁荣现象"的描述。总之，从整体看，国内学者对于营利性高等教育机构的研究还基本处于起步阶段。

1.2.1.2 国外关于"美国营利性高等教育机构"的研究

国外（主要是美国）对美国营利性高等教育机构的研究成果一方面见于公开发表的针对营利性高等教育机构的专着或研究论文，另一方面散见于高等教育的其他研究成果中。

一些学者对美国营利性高等教育机构与非营利性高等教育机构的区别进行了比较研究。理查德．鲁克（Richard S. Ruch）根据自身曾在传统非营利性高校及营利性高校工作的经验，对营利性高等教育机构与非营利性高等教育机构在教学、财政状况和学术文化等方面的差异进行了比较，他认为，营利性高等教育机构和非营利性高等教育机构最基本的区别在于是否纳税。营利性高等教育机构的主要经验在于："为在职成年学生提供方便实用的职业培训，课程设置能够快速反映市场需求；管理上采用了有利于信息畅通的扁平化组织机构和公司化的企业管理模式。"[29]需要指出的是，国内有关美国营利

（2）：98。

26 鞠光宇：营利性高等教育机构办学模式研究——以美国为例[J]，外国教育研究，2008，（2）：36。

27 叶信治：美国营利性高等教育机构的办学思维方式及其对中国高职院校的启示[J]，中国高教研究，2007，（10）：68。

28 李文章：美国营利性私立高等教育发展的利弊分析及启示[J]，黑龙江高教研究，2019，（09）：50。

29 Richard S Ruch. Higher Ed, Inc.: The Rise of the For-Profit University[M]. Baltimore: The John Hopkins University Press, 2001.17-21.

性高等教育机构的研究几乎对该书都有引用。詹妮．麦克克兰（Jeanne McClellan）在其研究中"选取了美国五所上市高等教育公司，分析了营利性高等教育机构校长（CEO）的权力范围、管理特点等与传统非营利性高等教育机构的根本不同"。[30]罗伯特．R．纽顿（Robert R. Newton）以凤凰大学为例，对营利性性大学和传统大学进行了比较，将其"盈利性方式"的不同归结于其"职业导向的学生群体，独特的教学设计、传统教师角色的分裂、教育产业化取向方面"[31]等因素，认为营利性高等教育机构摈弃了传统高等教育抱住不放的职责和目标，对传统的学院和大学提出了挑战。

一些学者侧重发掘美国营利性高等教育机构迅速发展的原因。安．I．莫莉（Ann I. Morey）认为"全球化和通信技术的革命是高等教育变化的主要动力，由于成人学生的对职业教育需求的增加，而传统学校学费不断上涨，使得有学位授予权的营利性高等教育机构得以快速发展。"[32]日本的金子元久认为美国营利性高等教育机构的出现基于几方面的社会原因："办学许可证和资格认证制度的模糊性；针对实践知识和技能的社会需求在不断扩大；市场化思潮背景"[33]，并推断营利性高等教育机构的出现和发展将不可避免地推动"学位"制度的重构。大卫．布里曼（David Breneman）分析了美国营利性高等教育机构产生的历史背景和政策环境等社会原因，并分析了营利性高等教育机构提供的教育形式。他认为，"营利性高等教育机构的出现将使得美国高等教育领域在以后相当长时期都会出现竞争激励的局面，竞争最可能会影响到教学模式和课程，教学模式和课程将会针对学生的需求进行调整。"[34]

还有一些学者重在分析美国营利性高等教育机构组织内部的特征分析。格里．A．博格（Gary A. Berg）通过考察营利性高等教育机构的历史，对营利性高等教育机构的组织结构、学校文化、教师特点等方面进行了分析。他

---

30 Jeanne Mc. Clellan. Higher Education Leadership: Presidents and CEOs in For-Profit [D]. Publicly Traded Colleges and Universities. 2007,35-38.

31 [美]罗伯特．R．纽顿：盈利性大学和传统大学的比较[J]，章茅山译，民办教育研究，2004，（6）：101-102。

32 Ann I. Morey. Globalization and the Emergence of For-Profit Higher Education [J]. Higher Education, 2004，（48）:131-150.

33 [日]金子元久：营利性高等教育机构：背景、现状、可能性[J]，鲍威译，北京大学教育评论，2005，（2）：17-22。

34 David W. Breneman. Higher Education: On a Collision Course with New Realities [D]. Washington D.C.: Association of Governing Boards of Universites and Colleges, 1993. 33-37.

认为，"美国营利性高等教育机构为成年学生、少数民族、女性、移民等非社会主流人群提供了受教育的机会，所提供的课程是非营利性高等教育机构不能或不屑提供的职业教育和培训。它们依照企业模式运作，注重效益，并以学生就业率作为判断办学是否成功的关键，在经济效益和社会效益两方面的出色表现正使得美国营利性高等教育机构正从历史上的边缘地带向中心逐步靠近。"[35]乔治.富兰克林.罗斯福得（Gregory Franklin Rutherford）专门研究了美国凤凰大学如何"在课程设置和管理运营方面将'学术价值'和'商业价值'置于同等重要的位置，以及对二者的矛盾是如何平衡的。"[36]

对营利性高等教育机构的研究，除了以上专着外，还散见于高等教育的其他研究成果中，尤其可见于近些年对高教教育市场取向变革讨论的研究论述中。

舍勒.斯劳特（Sheila Slaughter）从政治、政策和产业性大学的视角探讨了高等教育领域的市场取向行为并给予了肯定。他们通过对学术资本主义和新经济之间的关系进行阐释，认为高等教育市场化在所难免。在学术资本主义的影响下，"一方面，非营利大学会出现形形色色的与市场结合的营利行为。另一方面，营利性高等教育机构迅速发展，在高等教育领域中开始发挥举足轻重的作用。"[37]弗兰克.纽曼（Frank Newman）、劳拉.康特拉（Lara Couturer）和杰米.斯库瑞（Jamie Scurry）从经济学的视角出发，认为高等教育市场化无可避免，指出"营利性高等教育机构作为高等教育系统中的一种崭新模式，正在成为推动高等教育市场化的主要动力之一。"[38]詹姆斯.杜德斯达（James Johnson Duderstadt）著述的《21世纪的大学》中将营利性高等教育机构评论为高等教育市场出现的新的竞争者，认为"凤凰大学的课程结构性很强，安排的方式对学生而言非常便捷，已经成为一种极具竞争力的模式。"[39]在研究

---

35 Gary A. Berg. Lessons from the Edge: For-Profit and Nontraditional Higher Education in America [M]. New York: Praeger Publisher, 2005.71-92.

36 Gregory Franklin Rutherord. Acacemics and Ecnomics: The Yin and Yang of For-Profit Higher Education [D]. The University of Texas at Austin,2007.55-59.

37 Sheila Slaughter and Larry L. Lesile. Academic Capitalism: Politics, Policies, and the Entreprneurial University [D]. Baltimore: The Jonhs Hopkins University Press, 1997. 36-39.

38 Frank Newman, Lara Couturer and Jamie Scurry. The Future of Higher Education: Rhetoric, Reality, and the Risks of the Market [M]. San Francisco: Jossey-Bass, 2004. 111-115.

39 [美]詹姆斯.杜德斯达：21世纪的大学[M]，刘彤主译，王定华审校，北京：北京大学出版社，2005.137。

当代高等教育市场取向改革的论述中，不少专家学者对高等教育市场取向持肯定的态度，不再认为大学与市场联姻就是对大学精神的颠覆，更不认为高等教育市场化、商业化违反了高等教育逻辑。

近年来，一些期刊文章对美国营利性高等教育机构的研究更加具体和全面，对该类教育机构的讨论不仅有积极的一面也有消极的一面。巴夫罗斯．尼迪亚（Bañuelos Nidia）认为"作为美国第一批获得著名地区机构认证的营利性大学之一：凤凰城大学（Phoenix University）标志着更广泛接受高等教育营利性模式的一个转折点，并使凤凰城大学能够获得其主要的收入来源：联邦财政援助，也展示了美国高等教育的创新是如何快速发生的。"[40]薇薇安．袁汀刘（Vivian Yuen Ting Liu）与克莱夫．贝尔菲尔德（Clive Belfield）利用回归分析和固定效应方法，探讨了营利性大学的学生的劳动力市场收益。得出的结论是"营利性大学的学生在上大学时的机会成本确实更低，然而，这些因素并不能充分弥补大学毕业后较低的收入增长。"[41]纳斯林．汗．克拉克（Nasreen Khan Clark）基于个人在营利性高等教育机构的教学经验从另一个侧面指出"高等教育的就业市场一片混乱。临时教师与全职和终身职位的比例严重失衡。营利性教育为这种情况引入了一个新的和昂贵的因素。许多教育工作场所中存在羞耻政治，使得临时教师无法谈论学术界兼职工作的经济和心理损失——包括在营利性机构就业的耻辱。"[42]

1.2.2 本书的视角与价值

国内外有关美国营利性高等教育机构的研究成果为本书做了很好的基础铺垫，相关研究成果为本书对美国营利性高等教育机构进行组织学分析提供了很好的借鉴。但本书也注意到，中国研究者对美国营利性高等教育机构研究尚处于初级阶段，研究焦点主要集中在美国营利性高等教育机构的历史考察，产生和发展的一般原因探究，以及办学特点的截图式的片段性或部分的

40 Bañuelos Nidia.Quality and innovation in American higher education accreditation: the case of the University of Phoenix[J]. History of Education，Volume 50, Issue 3. 2021. PP 428-449.

41 Vivian Yuen Ting Liu; Clive Belfield.The Labor Market Returns to For-Profit Higher Education: Evidence for Transfer Students[J]. Community College ReviewVolume 48, Issue 2. 2020. PP 133-155.

42 Nasreen Khan Clark.Shame and Loathing in Academia: For-Profit Education and the Adjunct Crisis[J]. Transformations: the Journal of Inclusive Sc,Volume 29, Issue 2. 2019. PP 136-141.

静态描述，研究的视角主要有制度学、经济学、教育学的视角。在国外，尤其是美国本土的专家学者，对于美国营利性高等教育机构的研究成果相对丰富，他们所采取的研究视角主要有政治学和经济学的视角，研究的范围既涉及到美国营利性高等教育机构产生的社会背景、历史原因、制度环境等，也关注到营利性高等教育机构内部管理运营机制、课程设置、学生构成的特点等，还注重对营利性高等教育机构和非营利性高等教育机构之间进行比较研究。以上研究对于营利性高等教育机构迅疾发展的原因提出了方方面面的观点，本书也非常赞同。但本书认为，营利性高等教育机构的发展动力来自于众多推力的合力，其组织特征也是其中的一个重要因素。本书也注意到，到目前为止，国内外关于营利性高等教育机构的研究视角还主要集中于经济学、制度学、政治学以及教育学，从组织学的视角开展研究的还处于空白。

本书选择了对美国营利性高等教育机构进行组织学分析，既能吸取国内外对美国营利性高等教育机构和大学组织研究的精华，也能填补两者目前研究上的不足。在本书看来，美国营利性高等教育机构在众多的高等教育机构中以迅疾的发展速度得以凸显，其中的一个重要因素是其异于美国传统大学的组织特征使其能够快速适应外部环境和内部条件的变化，也能够灵活机动地进行自我调整和改革，从而能在较短的时间实现飞跃式的发展。本书以组织学理论为工具，对美国营利性高等教育机构进行组织学分析，既能展现其从历史蛰伏到现代裂变的动态全景，还能系统地、动态地而不是片段地、静态地刻画出其全貌特征。另外，美国营利性高等教育机构本身就是美国高等教育系统的一个子系统，对其进行组织学研究一方面丰富了对美国高等教育的研究，另一方面也对中国国内民办高等教育机构开展组织创新或变革实践有一定的借鉴意义。

1.3　核心概念界定

本书对美国营利性高等教育机构进行组织学分析，就意味着既要对"美国营利性高等教育机构"进行界定也有必要对"组织"进行界定。

1.3.1　美国营利性高等教育机构

国内对美国营利性高等教育机构关注并开展相关研究是晚近的事，但在有限的研究里，对于美国营利性高等教育机构（for-profit institution）的翻译却出现了虽然发音相同，但词义有别的两种译法："营利性高等教育机构"和"盈利性大学"。为更深刻地开展对美国营利性高等教育机构的组织学分析，本书将基于对"营利"和"盈利"两词的辨析对"美国营利性高等教育机构"和"非营利性高等教育机构"进行界定。

1.3.1.1 营利与盈利

国内研究者对"for-porfit institution"的翻译不尽相同。乔玉全在其 2000 年出版的著述《21 世纪美国高等教育》中使用的是"盈利性院校"的称谓；厦门大学柯佑祥在其 2001 年的博士学位论文"民办高等教育盈利问题研究"第五章"美国私立院校经营比较"中也使用"盈利性院校"的译法；《民办教育研究》2004 年第 6 期中发表的美国罗伯特．R．纽顿（Robert.R.Newton）撰写的、章茂山翻译的"盈利性大学和传统大学的比较"、《理工高教研究》2005 年第 3 期上发表的张宝蓉"美国高等教育机构分类类型的分析与思考"中也使用的是"盈利性大学"。而与此形成对照的是，北京大学出版社出版的理查德．鲁克（Richard.S.Ruch）著述、于培文翻译的《高等教育公司——营利性高等教育机构的崛起》、《复旦教育论坛》2006 年第 4 期发表的高晓杰的"美国营利性高等教育机构进入资本市场的产权制度研究"、《外国教育研究》2008 年第 2 期发表的鞠光宇的"营利性高等教育机构研究——以美国为例"，以及多数有关美国营利性高等教育机构的期刊文章则采用的是"营利性高等教育机构"的表述。至 2021 年 8 月，在 CNKI 中国知网查阅的资料显示，国内学者已经达成共识，均将这类高等教育机构称为"营利性高等教育机构"或"营利性大学"。

事实上，"营利"和"盈利"虽然发音相同，但词义区别很大。1957 年版的《汉语词典》认为，"'营利'即'营谋利益之谓'；今经济学上所谓营利系指增值货币价值之行为。"[43]1985 年版的《实用汉字字典》中指出，"'营'有'经营管理'之意，最早出现在《诗．小雅．黍苗》：'召伯营之。'郑玄笺：'营，治也。'"[44]1991 版的《汉语大词典》中将"营利"解释为"谋求私利；谋求利润"，该词"较早出现在《东观汉记．杜林传》中：'邑里无营利之家，野泽无兼并之民。'"[45]2005 年版的《现代汉语词典》中将营利解释为"谋求利润"[46]。

---

43 中国大辞典编撰处：汉语词典[M]，北京：商务印书馆，1957.1184。
44 上海辞书出版社发行所：实用汉字字典[M]，上海：上海中华印刷厂，1985.966。
45 汉语大词典编辑委员会：汉语大词典（第七卷）[M]，北京：商务印书馆，1991.268。
46 中国社会科学院语言研究所词典编辑室：现代汉语词典[M]，北京：商务印书馆，

1988 年的《汉语大字典》中说："'盈利'即'赢利'，较早出现在"《广雅.释诂四》：'余，盈也。'；《汉书.食货志》：'蓄积盈余。'；《后汉书.马援传》：'致有盈余，盈与赢通。'"[47]1991 年版的《汉语大辞典》将"盈利"解释为"众多之利"，认为"较早使用'盈利'一词的是晋葛洪《抱朴子.行品》：'情局碎而偏赏，志唯务于盈利者，小人也。'"[48]1996 年的《现代汉语词典》认为，"'盈利'同'赢利'"[49]。

从以上两词的词源和释义上看，"营利"强调的是在谋利的目标驱使下、追求利润的经济行为，强调经济行为的活动性和过程性，属于一种主观行为。而"盈利"则是营利活动所带来的增加的收益或所获得的利润，是一种收大于支的经济状态，强调的是经济行为的一种客观结果，作为营利的经济活动可能产生盈利、亏损和收支相抵三种可能结果。据此，本书认为"营利"一词更能反映出美国"for-profit institution"追求利润的组织属性以及组织活动的特征，因此，本书将研究对象"for-profit institution"翻译为"营利性高等教育机构"而非"盈利性高等教育机构"。

1.3.1.2　美国营利性高等教育机构与非营利性高等教育机构

美国营利性高等教育机构作为私立大学的一部分和一种营利的办学形式在美国历史上早就存在，但美国官方正式文件中对"营利性高等教育机构"进行正式界定却是在 1996 年。1996 年以前，美国营利性高等教育机构的名称并不统一，由于它是美国私立大学中的一部分，所以在对其指称上也存在含混现象，既有"private institution"和"proprietary institution"的说法，还有"commercial institution"和"for-profit institution"等说法。

1996 年，美国教育部修改了《高等教育法》（Higher Education Act），重新界定了高等教育机构，在全国高等教育统计中心旗下的中学后教育综合数据（Integrated Postsecondary Education Data Systems，IPEDS）中将高等教育机构正式划分为三类：公立教育机构（Public institution）、私立非营利教育机构（Private not-for-profit institution）、私立营利教育机构（Private for-proit

---

2005.1634。

47　汉语大字典编辑委员会：汉语大字典（第四卷）[M]，成都：四川辞书出版社，1988.2558。

48　汉语大词典编辑委员会：汉语大词典（第七卷）[M]，北京：商务印书馆，1991.1419。

49　中国社会科学院语言研究所词典编辑室：现代汉语词典（修订本）[M]，北京：商务印书馆，1996.1511。

institution），[50]并对三类学校重新进行了界定，将私立营利性教育机构界定为"担负管理职责的个人和机构所得除薪酬、租费以及其他自担风险的费用外，可以获得其他经济形式的补偿或报酬的学校。"[51]自此，美国营利性高等教育机构（For-profit institution）有了统一和独立的界定。有关营利性高等教育机构的招生、学费、教师等方面的基本数据也正式成为美国的中学后教育中心的数据收集对象和报告对象，美国营利性高等教育机构从此从幕后走向前台，开始改变其数百年来一直处于边缘化的地位。

基于公立大学和非营利性私立大学所具备的非营利性组织的特征，本书中将与"营利性高等教育机构"相对的公立大学和非营利私立大学统称为"非营利性高等教育机构"。非营利性组织是指"不以营利为目的，主要开展公益性或互益性社会服务活动的具有独立法人地位的组织。"[52]1993 年，联合国、世界银行、经合组织等共同编写的《国民经济预算体系（SNA）》中，阐明了非营利组织具有以下特征："向社会提供公益性服务；取之于民，用之于民，不以营利为目的；并不意味着其不能创造营运结余，但是其结余不得'分红'。捐赠者不得享受任何形式的经济回报，非营利组织职员的待遇不得超过处于相似情况、履行相似职责、执行相似任务的其他人的收入；非营利组织通常得到优惠的税收政策支持，包括免交所得税；非营利组织受到社会和政策的严密审视，有相应的财务管理制度和监督制度；财产处置的特殊性。"[53]

美国公立、私立非营利性高等教育机构校产属社会公共财产，由"非住校

---

50 U.S Department of Education. INTEGRATED POSTSECONDARY EDUCATION DATA SYSTEM [ED/OL]. https://nces.ed.gov/pubs95/95822.pdf.2021/08/31.

51 Public institution: An educational institution whose programs and activities are operated by publicly elected or appointed school officials and which is suopported primarily by public funds.

Private not-for-profit institution: A private institution in which the individual（s）or agency in control receives no compensation, other than wages, rent, or other expenses for the assumption of risk. These incllude both independent not-for-profit schools and those affiliated with a religious organization.

Private for-profit institution: A private institution in which the individual（s）or agency in control receives compensation other than wages, rent, or other expenses for the assumption of risk.（资料来源：U.S Department of Education. INTEGRATED POSTSECONDARY EDUCATION DATA SYSTEM [ED/OL]. https://nces.ed.gov/pubs95/95822.pdf.2021/ 08/31.）

52 苗丽静：非营利性组织管理学[M]，长春：东北财经大学出版社，2016.3。

53 转引自苗丽静：非营利性组织管理学[M]，长春：东北财经大学出版社，2016.19。

的董事会和住校行政管理官员即校长领导管理",[54]他们代表广大社会利益的名义对院校的长远发展进行指导,"不以营利为目的"是所有这类学校的根本宗旨。公立、私立非营利性高等教育机构虽然不以营利为目标,但为维持学校运转也从事必要的营利活动。和私立营利性高等教育机构相似的是,公立大学和私立非营利性高等教育机构也把全部或部分资金投入到股市或债券市场获取盈利,但当股资获得股息时,公立、非营利性私立大学"通过各种途径所获得的收入盈余,只能用于其组织的发展和组织使命的实现,不能当作红利分配给任何个人。"[55]在纳税方面,公立、私立非营利性高等教育机构作为公益性组织,不仅其营利所得享受政府的免税政策,而且得到政府的税收补贴来支持其运作,"公立高校平均 50%的收入是来自联邦政府、州政府以及地方政府的税收补贴,私立高校大概有17%的收入是来自这些部门的补贴。营利性高等教育机构"作为公司实体组织方式,要把税前约40%的收入用于纳税。"[56]

基于以上分析可以看出,公立、私立非营利性高等教育机构具有非营利性组织属性和特征,因此,本书以"营利"为分界点,将美国高等教育机构划分为两类:营利性高等教育机构(私立营利性高等教育机构)和非营利性高等教育机构(公立和私立非营利性高等教育机构)。

1.3.2 组织

在组织学里,组织是一个有争议的、尚待探讨中的概念,但组织学家通常都认可"组织"一词在使用上有动词和名词之分。在汉语中,"组织"一词最早的涵义是用丝麻等织成布帛,也即将其作为动词,意指"纺织"。《礼记.内则》有"织纤组紃"之说;《吕氏春秋.先己》中有注:"夫组织之匠,成文于手。"汉朝著名的乐府诗《木兰诗》中有"唧唧复唧唧,木兰当户织"的诗句。在英语中,"组织(organization)"源于"器官(organ)"。1873 年,英国哲学家斯宾塞(Herbert Spencer)"首次将组织一次引入了社会科学,他在提出'社会有机体'这一概念的同时,将组织看成已经组合的系统或社会。"[57]可见,作为动词,组织(organize)是指社会活动,从社会活动过程的角度看,组织

---

54 王亭芳:美国高等教育史[M],福州:福建教育出版社,1995.12。

55 苗丽静:非营利性组织管理学[M],长春:东北财经大学出版社,2016.5。

56 [美]理查德.鲁克:高等教育公司——营利性高等教育机构的崛起[M],于培文翻译,北京:北京大学出版社,2006.10。

57 刘延平:多维审视下的组织理论[M],北京:清华大学出版社,2007.6。

"是为了达到某一特定共同目标,通过各部门劳动和职务的分工合作以及不同等级的权力与责任的制度化,有计划地协调各种行动的活动。"[58]作为名词,组织（organization）是指社会实体,从社会实体的角度看,组织"具有明确的目标导向和精心设计的结构与有意识协调的活动系统,同时又同外部环境保持密切的联系。"[59]本书的研究对象——美国营利性高等教育机构组织作为社会实体存在的特征非常明显,所以本书采纳"组织"作为名词的概念,也即组织是随时代转型的一种有机的、动态的存在实体。

在组织学家看来,组织作为一个社会实体,其具有的特性至少体现在以下几个方面:"（1）组织是人的集合的社会实体。组织由人组成,没有人便没有组织。尽管组织的存在需要物质资源,但它主要是一个社会结构,物质资源的配置要通过社会人来完成。（2）组织是一个有理性的社会实体。组织的理性体现在其具有基本的目标和使命,组织目标和使命是组织存在的理由。同时,组织目标实现的过程以组织目标和有效手段之间的联系为基础。（3）组织是超越组织成员和上级领导部门的相对独立的社会实体。相对独立性说明每一个组织都有其独特的行为及其结果。（4）组织是由规范体系、等级系统、信息沟通体制、有关组织成员行为的调整程序等构成的社会实体。社会分工和专业化是提高组织效率的根本途径,分工体系中的个人、群体和部门是组织的组成部分,各个组织部分在组织活动中需要管理的协调才能保障活动目的的达成。（5）组织是具有可确认边界和开放性。作为一个开放系统,组织通过一定的边界同外界环境进行物质、能量、信息的交流与互动。（6）组织是动态发展变革的社会实体。组织不是静止的、僵死的,组织的外在环境和内在结构都处于一种动态平衡中,组织正是在不断变革中求得发展。"[60]

大学组织是组织的亚层次概念,营利性高等教育机构又是大学组织的亚层次概念,都与组织概念具有通约性,上述有关组织内涵的基本界定同样适用于营利性高等教育机构组织。营利性高等教育机构作为一种社会实体,所具有的组织特性主要表现在:（1）营利性高等教育机构组织是由"大学人"这一特殊社会群体集合而成,大学人的主体是教师、学生和管理人员。在营利性高等教

---

58 李桂荣：大学组织变革之经济理性[M]，北京：中国社会科学出版社，2007.20。

59 [美]理查德．L．达夫特：组织理论与设计[M]，王凤彬、张秀萍、刘松博等译，北京：清华大学出版社，2008.11。

60 刘延平：多维审视下的组织理论[M]，北京：清华大学出版社，2007.11。

育机构，学生被视为顾客，是保障学校正常运转的核心，教师被视为公司职员，教师群体中兼职教师为主、无终身教职。（2）营利性高等教育机构是具有使命和目标、并追求经济效益的理性的社会组织。具体到不同的营利性高等教育机构，有不同的办学使命和目标，但追求营利是所有营利性高等教育机构的共同目标。（3）营利性高等教育机构是一个相对独立的社会实体，具有特定的教学、科研与社会服务功能。营利性高等教育机构在社会服务功能方面的倾向性使其具有了可确认的边界和开放性，并通过开放性的边界与环境相互作用。（4）营利性高等教育机构组织由一系列规范体系、等级系统、信息沟通体制、组织成员行为的调整程序构成。（5）营利性高等教育机构组织具有发展的组织结构。营利性高等教育机构的组织结构一般由大学的战略制定层、中间管理层、基层人员等组成。在不同的发展阶段，为适应不同的发展战略要求，营利性高等教育机构架构不同的组织结构形式。（6）营利性高等教育机构组织的外在环境和内在结构都处于动态平衡中。几百年的历史已经充分展现了营利性高等教育机构组织通过完善自我、谋求发展的能力。当代社会的变革环境，更使得变革成为营利性高等教育机构组织生存与发展的常态。

1.4 研究的路线、方法及思路

1.4.1 研究路线

在当今社会，组织的重要性不言而喻。组织是人们为了克服单个人的局限性形成的，它是人类最主要的存在方式与发展形态。一方面可以说组织很复杂：由人构成的组织很复杂；组织与组织之间的关系及组织与环境之间的关系很复杂；组织的形态又多种多样，它所具有的动态变化性和对外部环境的适应性使得其会随着外部环境的变化而演化；各种组织为实现其目的，手段及过程上也表现得千差万别。另一方面也可以说组织很简单：它其实就是一个方法、一个视角和一个解决问题的平台。

1.4.1.1 组织学分析路线

美国管理大学彼得．德鲁克（Peter Druker）认为，现代人必须了解、分析组织，就如他们的先辈必须学习耕作一样，不少学者都从不同视角提出了诸多组织学分析的路线。

1. 达夫特的组织层次分析路线

在美国组织研究专家达夫特（Daft R.L.）看来，应该"通过考察组织的具体特点、性质和构成组织的部门及群体间的关系，以及构成环境的组织集合体等来认识组织。"[61]他认为，典型的组织通常具有四个分析层次，个体是组织的基本构成单位，个体之于组织，就像细胞之于生物体意义。比个体高一个层次的是群体或部门，他们是为完成群体任务而在一起工作的个体的集合。再高一级的分析层次就是组织本身。组织是群体或部门集合而成的，这些群体或部门组成了整个组织。组织本身又可以集合成下一个更高的分析层次，这就是跨组织的集合体和社区。前者是由若干单个组织互动形成的组织群体，后者即社区之中的其他组织，也构成组织环境的重要部分。

在本书看来，达夫特所提出的组织分析路线主要是沿着"组织成员（个体）—组织的机构部门（群体）—组织（集合）—组织与组织构成的环境（集合体）"的线路自下而上、由内而外、从小到大展开的。这样循序渐进的分析路线体现了系统论的分析视角，对组织的分析层次清晰，涉及的范围宽泛（如图 1 所示）。

图 1：达夫特的组织层次分析示意图

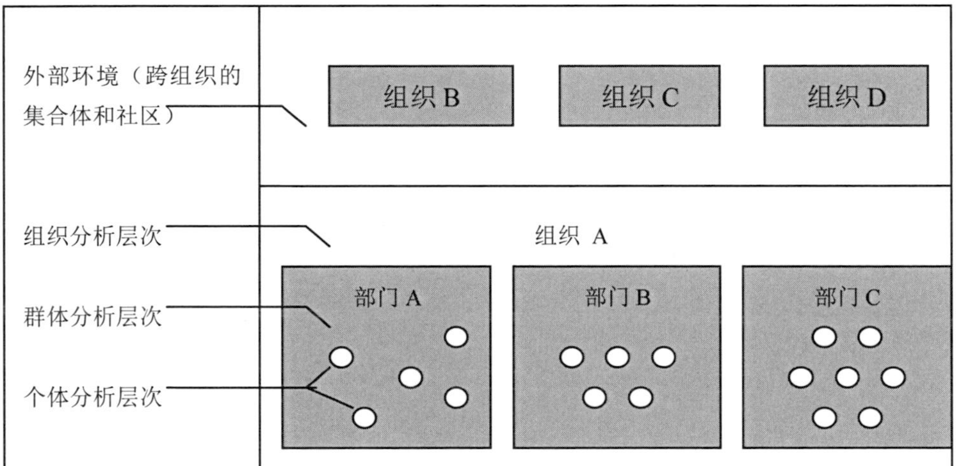

资料来源：笔者根据"Van De Vem A. H, Ferry D. L..Measuring and Assessing Performing[M]. New York: Wiley, 1980. 8; Daft R.L., Steers R.M..Organization：A Micro/Macro Approach. Glenview,II[M]. Scott: Foresman, 1986. 8."整理绘制。

---

61 Daft R.L. Organization Theory and Design [M]. Cincinnati: South-West College Publishing, 2001.37-39.

2. 海尔．G．瑞尼的组织分析路线图

美国当代著名的组织学家海尔．G．瑞尼（Haier G. Rennie）在其撰写的《理解和管理公共组织》一书中提出了一个组织学分析框架（见图2）。他说，组织是人们为追求一个目标而组成的团体，人们组成团体是为了从其所处的环境中获取资源。为了高效地实现其目标，组织力图通过完成任务并运用技术来实现资源转化，并以此获得新资源。

图2：海尔．G．瑞尼的组织学分析框架图示

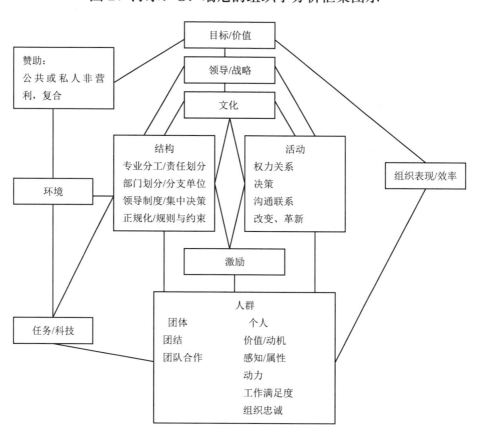

资料来源：笔者根据"[美]海尔．G．瑞尼.理解和管理公共组织[M].王孙禺，达飞译.北京：清华大学出版社，2002.16."整理绘制。

海尔．G．瑞尼认为，组织结构是组织中相对稳定的、是可以观察到的责任分配和任务划分。组织结构的功能是通过由上而下的权威体系、规则和条例，以及个人、团体和分支单位的专业分工而实现。海尔．G．瑞尼强调责任划分，要求个人和单位的活动做到协调一致，组织结构的进程包括确定组织权力关系、决

策、评价、沟通、冲突解决方案，以及改变和革新等。在组织结构的形成过程中，团体和个人对所受到的刺激做出反应，为组织提供高效管理的产品和服务。

可以看出，海尔.G.瑞尼的组织学分析路线是以组织结构为基础的，他的组织分析路线更注重分析组织中成员的责任分工、任务安排、关系协调；重视组织的运作。在他的组织学分析路线中，组织目标、组织决策、组织分工、组织文化、组织活动安排、组织与环境的互动等都成为分析的重点。如果说达夫特的组织分析路线侧重对组织层次静态的分析的话，那么海尔.G.瑞尼的组织分析路线侧重的是对组织成员在实现组织目标或完成组织任务的过程中的动态分析。

尽管不同专家学者从不同视角提出了不同的组织学分析路线，但事实上殊途同归，都符合系统论的分析观点，即都将组织看作是一个系统，无论该系统是开放的还是封闭的，都是社会系统的一个组成部分。由此，本书认为，如果从系统论的组织学分析路线出发的话，既应该看到营利性高等教育机构与社会其他系统之间的联系，也要看到其本身是由关系紧密的子系统构成，子系统中又有次一级的子系统，依次递减。正如美国高等教育专家伯顿.R.克拉克（Burton R.Clark）所说，高等教育的组织观点，是从内部对高等教育系统进行分析的观点，既要求观察者从下至上地研究高教系统，即从教师、学生和地方政府官员的立场和观点去观察分析，也要求观察者从上至下地观察这一系统，都要求分析者从主角的角度去观察情况，从内向外弄清高等教育系统与外部环境的种种关系。对高等教育进行组织学分析，需要回答的是：什么是高等教育对外部条件某种特殊变化所作的反应：或者，随着外部"需求"的产生，谁支持它？谁抵制它？高等教育怎样在组织上得到具体实施？以及"依靠自己的内在逻辑和反应形式而发展的高等教育系统，是以什么方式塑造其他机构和社会的"。[62]

1.4.1.2　美国营利性高等教育机构的组织学分析路线及内容

本书结合美国营利性高等教育机构的实际，借鉴以上组织学分析路线，按照系统分析的方法设计了对美国营利性高等教育机构的组织学分析路线，确定了对营利性高等教育机构组织分析的内容。

---

62 [美]伯顿．R．克拉克：高等教育新论——多学科的研究[M]，王承绪等译，杭州：浙江教育出版社，2001.106。

1. 美国营利性高等教育机构组织学分析的路线

对美国营利性高等教育机构进行组织学分析涉及面很广，它所涵盖的组织要素从组织成员到组织制度以至组织战略、组织决策等等，涉及的范畴包括营利性高等教育机构组织要素的构成、组织类型的划分、组织结构的构建、组织内外环境、组织的运行机制等等。本书将沿着以下的研究线路展开：首先对美国营利性高等教育机构的类型进行划分，在此基础上分析营利性高等教育机构组织结构的样式和特征；其次对营利性高等教育机构的内外部组织环境进行分析；最后分析营利性高等教育机构在运行机制方面的动态的组织特征（见图3）。

图3：美国营利性高等教育机构的组织学分析路线图示

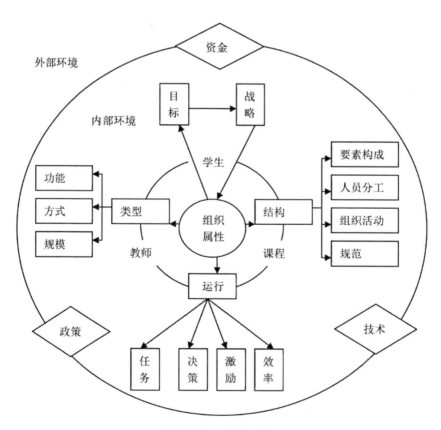

资料来源：笔者绘制。

2. 美国营利性高等教育机构组织学分析的内容

美国人事组织专家弗兰茨（W.French）认为，组织学分析应包括四个方面的内容：一是组织目标；二是组织的各子系统（如人事、物资、生产、市场、组织发展管理等）；三是组织资源（如人、科技知识、物、工具、场所等）；四是组织运行机制（如行政程序和管理过程等）。国内一些组织学研究者认为，组织学分析的范围主要包括以下一些方面：组织的产生及其构成、组织目标、组织设计、组织结构、组织沟通、组织领导、组织成员的激励、组织变革与发展、组织文化、组织战略、组织效能及其优化等问题。

本书综合了诸多组织学家的观点，结合美国营利性高等教育机构的实际情况，认为对美国营利性高等教育机构进行组织学分析的内容主要涉及以下几个方面：

　　· 组织类型分析（organizational types）。组织类型决定了组织具有的普遍特征，分析组织类型其实也是对组织的性质、组成要素及功能进行分析

　　· 组织目标分析（organizational goals or objectives）。组织目标是组织的奋斗方向，分析组织目标包括组织目标的确定过程、组织目标的展开及其管理等

　　· 组织战略（organizational strategy）。战略决定组织活动性质和根本方向的总目标，组织战略的分析包括制定组织战略的原则与方法、制定的过程以及具体内容

　　· 组织决策与决策体制（organizational operating & operating style）。不同的决策行为与方式会形成不同的组织氛围，影响整个组织的成败。分析决策的机制、决策的有效性等非常必要

　　· 组织结构（organizational structure）。分析组织结构既涉及组织构成要素（环境等），又包括组织结构的形式

　　· 组织文化（organizational culture）。组织文化是一个组织所特有的精神和风格，是组织要求全体成员所共同拥有的价值观体系。分析组织文化就要分析组织文化的特点、形成及其重塑

　　· 组织环境（organizational environment）。组织是一个开放系统，组织内部各层级、部门之间和组织与组织之间，时刻都在交流信息。任何组织都处于特定的环境中，并与环境进行着物质、能量或信息交换的获得。组织的外部环境包括经济的、技术的、社会的、政治的和伦理的等

此外，组织分析还可能包括组织控制、组织沟通、组织冲突、组织创新、组织发展、组织学习、组织演进以及组织激励等等。本书并无意面面俱到，将根据研究对象——美国营利性高等教育机构的组织特征，从不同侧面、不同程度地涉及以上内容。

1.4.2　研究方法

本书遵循将现实分析建立在历史考察的基础上，将微观研究置于宏观背景下，将动态研究与静态研究相结合的原则。在研究过程中，主要采用如下一些具体的研究方法。

1.4.2.1　比较法

比较法是比较教育中的主要方法，也是本书的重要方法之一。本书对美国营利性高等教育机构进行组织学分析，必然要牵涉到纵、横两个维度的比较。纵向上要对美国营利性高等教育机构组织的不同发展时期所表现出的不同组织特征进行比较，横向上要将营利性高等教育机构与美国非营利性高等教育机构（公立大学、非营利性私立大学）的组织特征进行比较，并在纵向、横向的比较中寻找到美国营利性高等教育机构组织特征，及其组织特性对于推动营利性高等教育机构发展所产生的影响。

1.4.2.2　文献法

本书的另一个主要研究方法是文献法。在比较教育研究中，实地考察是最理想的和最富有成效的研究方法，例如，在本书过程中到美国主要营利性高等教育机构进行实地考察，但在客观条件不允许的情况下，文献法的意义就更为重要。另外，学者对美国营利性高等教育机构进行研究是近年的事，关于美国营利性高等教育机构的研究文献弥足珍贵但数量有限，由于美国营利性高等教育机构发展的最新动态和数据多见于各营利性高等教育机构官方网站和美国高等教育统计中心官方网站，因此，本书将较多地利用一定的网络资源帮助丰富文献资料。

1.4.2.3　个案法

美国营利性高等教育机构组织特征的形成在其整体外部环境和其内部寻求营利的本质特征方面存在普遍性，但具体到不同学校，在组织类型、组织结构、组织环境、运行机制方面又都有其特殊性。本书为了避免抽象的理论分析和单纯的泛泛而谈，在不同章节选择了相应的有典型特征的营利性高等教育机构进行个案研究，以便更好地反映美国营利性高等教育机构组织特征的个性化和多样化的真实样态。

1.4.3　研究思路

本书从以下几个方面的论题展开。

第一部分为导论：主要包括问题的提出；核心概念界定；研究的路线、方法及思路。

第二部分：美国营利性高等教育机构组织的历史与现状。本部分历时性地追溯美国营利性高等教育机构组织的发端、发展、繁荣与创新发展的三个阶段。

第三部分：美国营利性高等教育机构的组织类型。本部分采取系统的观点，一方面将营利性高等教育机构作为子系统置于美国高等教育系统中，透过"卡内基高等教育分类体系、加州总体规划分类法、美国联邦高等教育分类法"等分类法，分析营利性高等教育机构在美国高等教育系统中的特点、地位和影响。另一方面将美国营利性高等教育机构本身视为一个独立的、封闭的系统，在其系统内部进行具体类别划分。

第四部分：美国营利性高等教育机构的组织结构。本部分运用组织结构理论和组织结构模型，对营利性高等教育机构的组织结构进行分析，以期对营利性高等教育机构的组织结构给予完整和具体的勾勒。

第五部分：美国营利性高等教育机构的组织环境。本部分运用组织环境理论的分析方法，将营利性高等教育机构的组织环境分为外部环境和内部环境，通过对营利性高等教育机构内外部环境因素的探究，以期挖掘出影响营利性高等教育机构发展的组织环境因素。

第六部分：美国营利性高等教育机构的组织运行机制。本部分追索的是在营利性高等教育机构的组织活动是如何有效运转的，本部分借鉴组织理论中关于运行机制的分析路线，从组织目标机制、组织激励机制、组织决策机制、组织发展机制等几个方面分析营利性高等教育机构的运行模式。

最后一部分是结论部分。本部分一方面对于营利性高等教育机构的组织特征进行整体和深度剖析，另一方面希望藉此对中国民办高等教育机构的改革和发展有所启发。

2 美国营利性高等教育机构的历史与现状

美国社会的方方面面，从政治、经济、军事到文化、医疗、教育等的发展过程无不与美国历史的跌宕起伏息息相关。美利坚合众国的发展史上经历过三个影响其历史进程的重大事件：独立战争、南北战争和第二次世界大战，美国的社会历史通常以这三个事件为分水岭划分阶段。本书的研究对象——美国营利性高等教育机构并不是近几十年出现的新现象，它的历史可以追溯到殖民地时期。美国营利性高等教育机构的发端、发展和繁荣与创新发展的过程与美国历史息息相关。本书以三大战争作为标识，将美国营利性高等教育机构的发展过程大致划分为三个阶段。

第一阶段为美国营利性高等教育机构的发端阶段，这一阶段从殖民地时期起，经独立战争时期，到美国南北战争时期结束，这一阶段的营利性学校（proprietary schools）就是营利性高等教育机构的早期雏形。发端阶段又可以细分为两个阶段：萌芽和成型阶段。营利性高等教育机构的萌芽阶段从殖民地时期到独立战争时期，以传授各类职业技能为主的营利性学校与当时的哈佛、耶鲁等传授宗教及古典知识的学院同时产生，虽然这些以家庭作坊形式出现的职业学校规模很小，数量很少，但却表现出极强的生命力，在各教派创办的殖民地学院的夹缝中奠定了当代营利性高等教育机构的雏形。成型阶段从独立战争时期到南北内战时期，在这一时期，虽然营利性学校规模仍然较小，但数量有所增加。当时社会生产力落后，社会经济的发展急需各行各业劳动者，营利性学校所培训的各行业的从业者在一定程度上满足了当时社会发展对职业人才的需求。尽管当时的营利性学校在中学后高等教育市场中还没能占得一席之地，但在这个阶段形却逐渐形成了自己的组织特性，并对后期营利性高等教育机构的发展产生了深刻影响。

第二阶段为美国营利性高等教育机构的发展停滞阶段，该阶段从南北内战时期始，经第二次世界大战到 20 世纪七八十年代结束。这一阶段仍然可以细分为两个阶段：停滞和复苏阶段。停滞阶段从南北战争到二次世界大战时期，在这一时期，联邦政府对高等教育投入增加，相应的扶持政策陆续出台，使得州立大学、农业学院以及社区学院等新兴高等教育机构成了美国高等教育系统中的主流，也使得为边缘人提供教育服务的、处于高等教育系统边缘的营利性高等教育机构的发展因缺乏政府扶持出现了长时间的停滞甚至萎缩。复苏阶段从二战后到 20 世纪 90 年代，在这一时期，虽然营利性高等教育机构的发展仍然非常缓慢，但由于战后社会经济发展对人才需求大量增加、社会人口构成发生巨大变化、传统学校无法满足高等教育的需求等原因使得营利性高等教育机构的发展有所复苏。

第三阶段为美国营利性高等教育机构的繁荣与创新发展阶段。这一阶段从 20 世纪 90 年代前后至 2020 年前后，包括繁荣发展和创新发展两个具体阶段。美国联邦政府教育部于 1996 年出台了《高等教育修订法》，将私立大学正式划分为两类"non-profit institution"和"for-profit institution"，营利性高等教育机构因此获得正名并在美国高等教育系统中获得了合法地位。自 1988 年至 2009 年，营利性高等教育机构成为美国"高教产业中唯一不断发展的部分。"[1]这一时期的营利性高等教育机构无论在组织结构、组织特性还是组织运行模式方面都形成了与美国传统高等教育机构既有联系又有鲜明区别的特征。但自 2010 年至 2020 年间，一些美国营利性高等教育机构在经历了前期迅疾发展的繁荣阶段后，不可避免地暴露出一些问题，如招收不符合条件的学生，扩大甚至虚假宣传，骗取联邦政府补贴等。针对此类问题，美国联邦政府收紧了对营利性高等教育机构的资助政策，加强了对其监督管理。美国营利性高等教育机构发展速度因此放缓，并通过更名、并购、倒闭，以及向非营利性资助机构转型的方式尝试进行创新发展。

---

1 [美]理查德.鲁克：高等教育公司——营利性高等教育机构的崛起[M]，于培文译，北京：北京大学出版社，2006.4。

2.1 美国营利性高等教育机构的发端（殖民地时期——南北战争时期）

自殖民地时期至南北战争时期，美国营利性高等教育机构经历了一个良性但缓慢的发展阶段。本书将此阶段细分为美国营利性高等教育机构的萌芽阶段（殖民地时期——独立战争时期）和组织成型阶段（独立战争时期——南北战争时期）。

2.1.1 萌芽阶段（殖民地时期——独立战争时期）

美国的高等教育始于殖民时代，营利性高等教育机构当然也不例外。虽然美国的高等教育起源于殖民地时期各教派创办的私立院校，但美国的营利性私立大学也并非真正的新生事物，它与这些传统非营利性私立院校一脉相传、共生共长。

2.1.1.1 源头：与各教派创办的殖民地学院共生共长

自 16 世纪前半叶开始，西班牙、荷兰、法国及英国殖民者潮水般陆续涌向美洲大陆，开拓并争夺殖民地。殖民地学院的出现是以当时社会环境的需要为基础的。当最早的殖民者带着建立自己的乐园的理想踏上美洲大陆，等待他们的是北美大陆蛮荒的自然环境和生产力极其落后的社会现状。在浓厚的宗教氛围中成长起来的欧洲殖民者自然要求助上帝的庇佑。弗兰西斯．希金斯（Francis Higginson）在《新英格兰殖民地》一书中写到："令我们倍感安全，并赋予我们抵御一切异己势力的强大动力，源于我们拥有真正的宗教，源于万能的上帝对我们的神圣启示。而设若上帝与我们同在，谁又能反对我们呢？"[2]为了满足人民渴望宗教支持的需求，不同教派就以教派的名义开设殖民地学院或者教士以个人身份开办学校。

到 18 世纪，北美洲大陆的大部分是英属殖民地，最早来自英国的移民中有 90%以上是基督教徒，这决定了美国最早的中学后教育机构复制的是英国教会私立高等院校的模式。殖民地时期最早的学院多是仿照英国牛津和剑桥的类型办起来的。从 1636 年到 1769 年，在 134 年的时间里，不同教教派在殖民地共建了 9 所学院（见表 1）。1636 年公理会在波士顿创立了哈佛学院（Harvard college）。1693 年圣公会在弗吉尼亚创办了威廉和玛丽学院（the

---

2 滕大春：美国教育史[M]，北京：人民教育出版社，1994.57。

College of William and Mary）。1701 年公理会在康涅狄格建立耶鲁学院（Yale College）。1746 年长老会在新泽西建立新泽西学院（the College of New Zealand）。1754 年四个不同的教派在纽约建立金斯学院（Kings College）。1755 年不为任何教派独有（但实际上由圣公会支配）的费城学院（the College of Philadelphia）在宾夕法尼亚建立。1764 年浸礼会在罗德岛建立罗德岛学院（Rhode Island College）。1766 年荷兰归正会在新泽西建立女王学院（Queen College）。1769 年公理会在新罕布什尔建立达特茅斯学院（Dartmouth College）。所有这些学校均为私立的教会学校，教师和管理人员多为教士，学者工作的目标是为上帝服务，教会控制一切教育措施。

表1 殖民地时期九所学院的创办情况一览表

顺序	创办时间	地 点	教 派	初建名称	现在名称	首次授予学位时间
1	1636	马萨诸塞	加尔文教	哈佛学院	哈佛大学	1642
2	1693	弗吉尼亚	圣公会	威廉.玛丽学院	威廉．玛丽学院	1700
3	1701	康涅狄格	公理会	耶鲁学院	耶鲁大学	1702
4	1746	新泽西	长老会	新泽西学院	普林斯顿大学	1748
5	1754	纽约	圣公会	国王学院	哥伦比亚大学	1758
6	1755	宾夕法尼亚	非教会	费城学院	宾夕法尼亚大学	1757
7	1764	罗德岛	浸礼会	罗德岛学院	布朗大学	1769
8	1766	新泽西	归正会	女王学院	拉特格斯大学	1774
9	1769	新罕布什尔	公理会	达特默斯学院	达特默斯大学	1771

资料来源：笔者根据 "H.G. Good. A History of American Education [M]. New York: Macmillan Company,1968：61."整理绘制。

之后，殖民地建立起比当时的宗主国——大不列颠——规模大且数量多的授予学位的高等教育系统。当时的高等教育系统和当前一样极具多样性，有各种规模、类型和结构的学校，学校办学资金来源渠道也极为广泛，有学费收入、私人捐赠、税收补贴、私人投资、社会组织筹办等等。事实上，营利性高等教育机构几乎在同时，甚至还要早于这些学院也已出现。有记录表明，早在 17 世纪 60 年代，先于英国殖民者到达美洲大陆的"荷兰殖民者开办了较好的夜校，讲授数学、阅读和写作。"[3]但由于后续到达美洲大陆的法国、英国殖民势力更迭，最终来自英国的殖民者控制了美洲大陆，自然也将已经有成熟办学经验的营利性学校收入囊中。在英国殖民势力控制北美大陆后，尽管以个人名义创办的营利性高等教育机构仍然陆续出现，但教派创办的学院因其产生的巨大社会影响力而占据了主流地位。营利性高等教育机构在还没能完全走入公众的视线的时候就被挤到了高等教育系统的边缘。但从严格意义上讲，当时美洲大陆上的各类学校都是私人创办的，在当时甚至在此后相当长的时间里都无法说明到底"营利"与否。比如，在整个殖民地时期，荷兰"西印度公司（一家营利性私立机构）对所有的公立和私立教育机构都提供了财政支持"[4]，所以很难说这些最早的教派创办的殖民地学院是否能够和"营利"脱得了干系。

在举办人方面，与殖民地各教派创办的学院相似的是，美国营利性高等教育机构的举办人通常也是牧师出身，他们既是夜校的经营者又是夜校教师，通过设立营利性学校（proprietary schools）维持家庭生活。一些历史学家将这类为谋利而提供的职业训练称为"高贵的生意（genteel business）"，而开办人（以学者居多）则称自己的学校是为"为穷人开办的学校"。最早的营利性高等教育机构几乎完全是按照家族式模式创办的以手工培训为主的类作坊式的学校，这些学校以向学生收取学费维持日常运营并获取盈余补贴家用。在这一时期，开设营利性学校无需政府批准，也不受政府监管；学校不具备授予学位的资格；开设的课程比较单一，最初的课程与其他殖民地学院相仿，与生产实际结合得并不很紧密。但随着社会经济的发展，劳动力开始出现短缺，人们对实用知识和技术的需求不断增长，这些学校开始拓宽课程内容，越来越多的职业课程被包括进来。学校的学生以成人为主，为方便这些工作的学生，授课时间大多在晚上，因此早期的营利性高等教育机构也被叫做"夜校"。在这一时期，虽然各个教派开办的私立非营利性学校占据主流，但营利性的、以职业培训为主的学校也一直存在着，虽然规模小，数量不多，但它们却在当时的一些大城市，如波士顿、纽约、费城以及查尔斯顿等地争取到了立足之地。其中的一些"由于

---

3 Robert F. Seybolt. The Evening School in Colonial America, University of Illinois, Urbana III: College of Education [Z]. University of Illinois: Bureau of Education Research, Bulletin, 1925.24.

4 [美]劳伦斯．A．克雷明：美国教育史——殖民地时期的历程（1607-1783）[M]，周玉军，苑龙，陈小英译，北京：北京师范大学出版社，2003.178。

办学比较成功，后来发展成为正式的营利性高等教育机构。"[5]

2.1.1.2 动力：殖民地社会经济发展的需要

美国营利性高等教育机构的发展经历了数百年的波折起伏，之所以能够存续下来是因为它补充了美国高等教育系统缺失的部分。尽管它们在殖民地时期的数量少、规模小，影响几乎微不足道，但它们能够满足当时殖民地社会经济发展的大环境对不同职业人才的需求。这一时期推动营利性高等教育机构发展的主要动力来自于社会经济的发展。

首先，城市生产建设事业发展迅速，亟需各行各业的人才。在 1713 年前的费城和查尔斯顿之间基本没有城镇存在，但"到 1730 年左右出现了作为北卡罗来纳木材与松脂出口口岸的诺福克和作为马里兰和宾夕法尼亚小麦主要输出口岸的巴尔的摩这样的较大型港口城市。"[6]与此同时，城市的地域得以迅速扩张，大批移民涌向了弗吉尼亚和卡罗莱纳的西北部地区，即所谓的"老西部"地区。尽管从英国、德国等国家移民来的技术人员数量不断增加，但远远无法满足当时城市建设的需求。在费城、纽约、波士顿等地，建筑厂房、开辟交通、兴修水利、航海远洋、测量绘图等领域都亟需中等水平的工程技术人员、企业管理人员等。"行业人才奇缺"和"职业技能匮乏"都不是当时各教派所开设的殖民地学院所关注或愿意解决的问题，也正因为此，这一时期的营利性学校找到了商机，最早的各类营利性职业技术学校在这一时期创办起来。今天，多数营利性高等教育机构仍以职业技术培训为主。可以说，目前营利性高等教育机构多以"培养学生职业技能，促进其职业发展"为宗旨的历史可以追溯至此。

其次，城市商业随城市规模扩大得到扩张，急需各类商业贸易人才。18世纪初，北美殖民地的城市人口大幅增加。据统计，"1670 年北美殖民地只有85,000 人，到 1713 年增至 360,000 人；而从 1713 年到 1754 年人口达到1,500,00 人。"[7]在人口集中的费城，到 1740 年的时候，居民数已突破 4 万人，成为 13 个殖民区中的大城市。这一时期来自德国、苏格兰和爱尔兰的移民持续大幅增加，带来了北美城市人口的急剧增长。城市人口的增加带来了服务

---

5 Richard S. Ruch. The Rise of the For-Profit University [M]. Baltimore: The Johns Hopkins University Press, 2001.51.

6 张友伦、李剑鸣：美国历史上的社会运动和政府改革[M]，天津：天津教育出版社，1992.13。

7 Susan O'Brien. A Transatlentic Community of Saints [J]. American Historical Review, 1986, （4）:314.

行业的发展和商贸活动的活跃。各类商铺、店面不断增加和扩大，对从事商业贸易的人员的需求持续并加速增长。有资料显示，当时殖民地城市人口中从事商贸和服务业的市民甚至达到了当时人口总数的三分一到三分之二。不同商贸行业以及服务行业的从业要求以及对商贸人员和服务人员的需求为私立营利性学校的兴旺创造了条件，专门培训商贸人才和服务人员的营利性商业学校和服务学校应运而生。

再者，当时各教派开设的殖民地学院所提供的教育无法完全满足社会对教育的实际需求。18世纪前后，各教派开办的学校虽然也在增加，但它们所提供的教育内容与当时的社会需求之间存在断层，这为私立营利性学校提供了发展契机。以哈佛学院为例，这一时期以哈佛学院为代表的教会学校开设的课程通常是：第一年开设拉丁语、希腊语、希伯来语、修辞学和逻辑；第二年开设希腊语、希伯来语、逻辑学和自然哲学；第三年开设自然哲学、形而上学和伦理学；第四年开始数学、复习希腊语、拉丁语、逻辑学和自然哲学。应该说，这些学校在传授宗教及古典知识、培养教职人员方面发挥了重要作用，但殖民地生活还需要当时社会经济发展亟需的不同行业的技术人员、商人、服务人员等，而这又是早期以哈佛学院为代表的殖民地学院所不愿涉及的人才培养领域。可以说，这一时期大量出现的以传授各类职业技能为主的营利性学校正是对殖民地学院的有益补充。

总体来看，在美国营利性高等教育机构的发端时期，学校数量少，规模小，学校类型以职业技术培训学校、商业贸易学校、服务行业培训学校等为主。如果说当时的殖民地学院以满足社会上层人群的需求而以核心地位存在于美国高等教育系统中的话，那么营利性学校则是因为满足了一部分人群（主要是社会底层）的需求而在美国高等教育系统的边缘得以生存。虽然这一时期的营利性学校由于产生的社会影响非常有限，几乎没有留下太多相关的记录，但自18世纪初到独立战争前，美国营利性学校的数量还是出现了跳跃性的增加。以纽约和费城为例，两地在17世纪的时候就存在牧师或学者等私人举办的营利性学校，传授实用学科。到18世纪，由于美国社会生产力发展对各类技术工人需求大量增加，营利性学校有所发展，到18世纪90年代，"费城至少有283所营利性学校；纽约至少有260所此类学校。"[8]

8　[美]纳尔逊．曼弗雷德布莱克：美国社会生活与思想史（上册）[M]，许季鸿译，北京：商务印书馆，1994.419。

2.1.2　成型阶段（独立战争时期——南北战争时期）

1783 年，北美殖民地取得了独立战争的胜利，建立了美利坚合众国。从独立战争时期到南北战争时期，美国营利性高等教育机构发展速度加快，主要原因是：独立革命的胜利使得社会生产力得到极大解放，工农业发展速度加快，对各类技术工人需求大量增加。在这一时期，美国有两类营利性高等教育机构发展迅速，形成了一定规模，一类是专门培养农业技术人员的营利性农业技术学校；另一类是专门培养不同行业技术工人的营利性工业技术学校。

2.1.2.1　农业技术学校：在领土扩张和西进土地运动中萌生

美国的营利性农业学校是在美国领土扩张和西进土地运动的过程中产生和发展起来的。

1783 年美国独立，领土翻了一番，西部边界推进到密西西比河。自 1781 年到 1802 年，联邦政府拥有的土地超过了 233,415,680 英亩。此后，美国领土迅速呈扇形趋势向西、向北、向南全面扩张。1803 年，美国从法国拿破仑手中购买了路易斯安那，使其领土扩大了近一倍，西部边界抵达落基山。1842 年，美英签订了韦伯斯——阿什伯顿条约（Webster-Ashburton Treaty），该条约划定了美国和加拿大在缅因州和明尼苏达州的边界，使得美国的边界向北、向西大幅推进。1848 年，美墨战争结束后，双方签订条约，墨西哥把德克萨斯、新墨西哥和加利福尼亚、亚利桑那、犹他、内华达以及科罗拉多的一部分割让给美国，美国得以将西部边界推进到太平洋海岸。建国后短短几十年时间里，美国已发展成为一个南北长 2,575 公里，东西宽 4,500 公里的大国。

殖民地时期的土地管理非常混乱，独立后的联邦政府立刻着手制定符合国家利益的统一的土地政策。1784 年，托马斯．杰斐逊（Thomas Jefferson）授权起草土地法案。1784 年土地法令明确规定，"西部土地属于美国人民，在这块土地上将根据人口增加的情况建立十个以上的新州。"[9]1785 年，联邦政府通过另一项土地法令，对西部土地的测量和出售做出具体规定。1787 年，又一重要土地法令通过，确定了俄亥俄河以北土地处理的原则。三个重要土地法令颁布的最大成果就是为私人开发西部土地贴上了合法的标签。西部土地开发的优惠政策吸引了数量惊人的美国东部以及其他国家的移民，在加入

9　H.S. Commager. Documents of American History[M]. New York: F.S. Crofts & Co, 1943.122-125.

西部土地开发的同时极大促进了农业的发展。据统计,"到19世纪70年代,西部地区的土地开垦面积增加到 19 亿英亩,相当于英法两国土地面积的总和,在 1880 年到 1900 年间,又增加了 3.03 亿英亩耕地。"[10]土地开发带来的最直接和最重要成果就是农业的飞速发展。1815 年后,俄亥俄流域和密西西比河流域的移民通过各种途径把剩余农产品运往东部和南部,满足了东部沿海地区和南部地区对西部农产品需求的显着增加。而且,随着西部农产品的增长,在内地出现了越来越多的谷物贸易中心,辛辛那提、圣刘易斯、纳什维尔、托莱多等城市相继兴起。据统计,"1860 年经纽约出口的粮食为9,148,000 蒲式耳,经巴尔的摩出口的粮食为 2,081,000 蒲式耳,经波士顿出口的粮食为 39,000 蒲式耳。"[11]

在这一时期,美国西部的农产品主要通过增加耕地面积获得。直到 19 世纪初,西部拓荒者所使用的农具和农业机械基本上还是构筑简单、效率低下的老式农具,所掌握的耕作技术还相当落后。农业的快速发展凸显出高效率的农具和农业机械以及农业技术人员的短缺。伴随着农产品增加和农业贸易的繁荣,农场主们越来越认识到科学技术应用到农场经营能带来巨大的经济效益,他们迫切需要接受科学技术教育,以进一步提高生产力。正是在这样的背景下,一些推广农业技术、开展农业教育的营利性学校应运而生。1822 年,罗伯特·哈罗维尔·加德纳(R.H.Garderner)在缅因州创办了第一所农业学校——加德纳学园,并得到缅因州的财政支持。同一时期,在康涅狄格州的德比,宾夕法尼亚州的布里斯托尔、巴克斯,纽约州的怀特斯巴诺、奥图达等地也都先后都出现了个人创办的、营利性的农业学校。1838 年,在纽约,6,000 人签名请愿州政府建立农业大学,但直至 1857 年,第一所州立高等农业学校——密歇根农业专科学校才得以成立。在此之间的 20 年时间里,人们对农业技术的需求并不因为农业学院的迟建而减弱,旺盛的需求为营利性农业技术学校的发展创造了契机,很多成功的营利性农业学校在此期间创办并蓬勃发展。营利性农业技术学校以灵活的方式开设短期训练班、补习班、函授班,为当时的农场主提供了农业技能培训和农业知识普及教育。

---

10 E. L. Bogart. Economic History of the American People [M]. London: Longmans, 1935.495-496.
11 张友伦、李剑鸣:美国历史上的社会运动和政府改革[M],天津:天津教育出版社,1992.54。

2.1.2.2　工业技术学校：受工业革命催化

在这一时期，美国的经济独立不仅表现在农业发展方面还表现在工业生产方面，除营利性农业技术学校蓬勃兴起外，营利性工业技术学校也应运而生。

工业机器的发明标志着工业革命的开始。1790 年，"美国制造业之父"塞缪尔．斯莱特（Samuel Slater）在阿尔梅布朗公司的资助下，在波特基特创办了第一个真正的英国式的纺纱机厂，这标志着美国工业革命的开始。关于美国的工业革命，恩格斯曾说过："当革命风暴横扫法国的时候，美国正在进行一场比较平静的但是威力并不因此减弱的变革。蒸汽机和新的工具把工场手工业变成现代的大工业，从而把资产阶级社会的整个基础革命化了。工场手工业时代迟缓的发展进程变成了生产中的真正的狂飙时代。"[12]随后划时代的机器发明陆续出现。1793 年，伊莱．惠特尼（Eli Whitney）发明了轧棉机；1813 年，洛维尔（Lowell）仿制英国卡特莱特的织布机获得成功。随着工业化的深入开展和生产的高度集中，城市规模扩大，一批工业城市迅速兴起。十九世纪初，在新泽西州出现一个新兴工业城市——帕特森城，在梅里马河畔出现了洛维尔和劳伦斯两工业城市。随着工厂的大量出现，产业工人队伍迅速壮大。1840 年，"在伍斯特和普罗维登斯之间的布莱克斯通地区，有 94 家棉纺织厂、22 家毛纺织厂、34 个机器制造车间和铁工厂，共约有 10,000 工人。"[13]

工业革命初期，许多机器结构比较简单，而工业的发展需要改良机械和增加工具，要求冶铁和制铁的技术得到改进，急需大量具有铸铁、轧铁、锻铁技术的工人。虽然"自 1776 年建国到 1820 年，（教派牵头举办的）学院的数量增加了三十多所，但这些学院仍基本沿袭殖民地学院的古典课程模式，无法满足工农业生产和社会其他部门的发展对专门人才的需求。"[14]在这一背景下，美国营利性工业技术学校应运而生。以马萨诸塞州为例，在 1800 年，该州"还只有 17 所营利性学校，1830 年增加到 68 所，到美国内战前夕的 1860 年已经达到 154 所。"[15]目前拥有 15 所分校的布莱恩特和斯特拉顿连锁商业

---

12 马克思，恩格斯：马克思恩格斯选集（第三卷）[M]，北京：人民出版社，1995.301。

13 Victor S.& Clark Cad T.. History of Manufactures in the United States [M]. New York: Reprint Services Corp,1929.404.

14 王廷芳：美国高等教育史[M]，福州：福建教育出版社，1995.95。

15 [美]纳尔逊．曼弗雷德布莱克：美国社会生活与思想史（上册）[M]，许季鸿译，

学校（Bryant and Stratton Business Schools）就是 1854 年创办的。[16]经过百余年的发展，到 2020 年，该校已获得中部高等教育认证委员会（the Middle States Commission on Higher Education）和美国高等教育理事会（the US Secretary of Education and the Council for Higher Education）等认证机构的认证，能够开设工商管理、刑事司法、电子工程技术、信息技术等专业的学士学位和副学士学位的课程，成为营利性高等教育机构中的先行者。

　　总之，从独立战争时期到南北战争爆发前夕，美国营利性高等教育机构发展的步伐相对加快，在原有的职业培训学校、商业学校和服务学校基础之上，又产生了符合这一时代特征的营利性"农业技术学校"和"工业技术学校"。另外，在学校经营方式上，原有的家族式经营的模式也被打破，一种类似合伙式的企业学校或公司学校出现。合伙人共同拥有、共同经营学校；每个合伙人都有决策权，都有要求分红的权利和承担债务责任的义务。这种合伙出资办学的经营模式，扩大了学校的资金来源渠道。这一时期的营利性学校仍然不具备授予学位的资格，但却提供了更多职业课程，帮助学生提高相关职业的基本技能。

2.1.3　发端阶段的特点

　　从殖民地时期起源，经独立战争洗礼，美国营利性高等教育机构从最初的萌芽阶段逐渐成型。尽管在社会声誉、学校设备、人力、物力等方面，这类教育机构不具备教会学校的办学优势也无法与之抗衡，但它们是时代的产物，符合当时社会经济发展的需求，极富有适应环境的灵活性和生命力。

　　第一，课程内容丰富。当时的营利性教育机构的教学内容非常丰富，除开设一般学校都有的拉丁语、希腊语和数学等课程外，还设置英语作文与文学、现代语言、自然科学、实用商业以及美容、理发、建筑、航海天文学等实用技术课程。随着学生需求的增长和变化，更多的职业培训课程陆续扩充进来，如领航、簿记、书法、商业数学、公文、速记等等。当时有一些注重数理的营利性高等教育机构开设数学、几何、三角、天文学等课程，并以应用数学为基础而教授测量、航海、建筑、武器制造等课程。还有一些营利性教育机构针对当时外贸交流为外语人才的需求，开设了葡萄牙语、西班牙语、意

北京：商务印书馆，1994.419。

16 Bryant & Stratton College. Bryant & Stratton College History [EB/OL]. http://www.bryantstratton.edu/history.aspx 2020-11-24.

大利语，以及法语等课程。在早期营利性教育机构，各种行业技能，各种语言能力，甚至一些高雅艺术如舞蹈、辩论、刺绣等课程都被教授。总之，营利性教育机构课程设置的指导思想非常明确：社会需求决定开设何种课程。在课时安排方面，当时的营利性教育机构打破白天授课的常规，不但白天上课，还选择清晨和夜晚开课，以方便各类学生选择适当的学习时间。

第二，"英语"取代"拉丁语"的教学地位。在这一时期，一种新型的、以英语为基本授课语言的营利性"英语"学校出现，它的出现主要是因为复杂难学的拉丁文法学校已无法适应时代的变化。以英语为教学语言的营利性教育机构大大降低了学生入学门槛，使得课程学习成本更低、更容易普及。这类以英语为教学语言的营利性教学机构具有以下一些特点：（1）对学生入学条件不设身份、地位、年龄、性别等限制；（2）对学习时间不做硬性规定，学生可自由选择上课时间；（3）课程设置随社会需要进行灵活调整，主要分为商业、数学、现代语、地理和历史四大类；（4）办学以营利为目的，但所收学费相对低廉。这类学校在推广英语教学方面做出了贡献。不久，这类学校"被一种正规化、组织化的自治团体学校——私立'文实学校'取代。"[17]英语彻底取代了拉丁语的教学地位。

第三，营利性学校的办学基调确定。在这一时期，营利性教育机构基本确定了为社会经济发展培养技能型人才的办学基调。这从学校类型上可见一斑，这一时期的营利性教育机构主要有商业学校、工业技术学校和农业技术学校三类。今天大多数的营利性高等教育机构组织依然不离"培养职业技能"的主线，只是学校类型在上述三类学校的基础上有了广泛扩展。要指出的是，这一时期的营利性农业技术学校为农业发展做出了巨大贡献。在18世纪的美洲殖民地，虽然商业兴起，但农业仍是美国基本的经济构成。当时美国大部分家庭是农业人口，18世纪末的美国完全是一个农业的国家。在"美国3900万人口中，只有5%的人生活在城镇或城市；其余的95%都在农村。"[18]将最新知识运用到农业生产中成为当时社会经济发展和农民的迫切需求，但当时主流的高等教育机构的主要任务是为所谓的"知识型职业"提供教育，不愿也不能满足农业教育的需求。殖民地早期的营利性农业技术学校既满足了社

---

17 王兆璟：美国私立学校的演化、变革及其成因[J]，青海师范大学学报（社会科学版），1995，（3）：110。

18 [美]威廉.J.本内特：美国通史[M]，刘军等译，南昌：江西人民出版社，2009.148。

会经济发展对推广农业技术的需要，也满足了人们学习农业知识的需求，并为殖民地时期的农业发展做出了贡献。

第四，追求"营利性"的办学目的明确。在殖民地时期，无论是农业技术学校、工业技术培训学校、商业贸易学校，或是夜校、妇女班、短期培训班等，追求营利是所有营利性学校的共同目的。在这一历史时期，任何人都可以自由创办营利性高等教育机构，学校基本处于自生自灭的状态。创办营利性高等教育机构既无需得到政府部门的同意也不必接受政府监督。学校的办学模式强调通过实践的方式传授工作技能和促进职业发展。学校能够提供职业资格证书或文凭，但不具备学位授予的权力。办学经费完全自筹，几乎得不到任何公共经费支持。学校学费收入是学校运作资金和举办人收益的主要来源，收费一般按照授课时间计算。

总之，营利性高等教育机构自创立之初就无可避免地受到社会各方的褒贬，而且正像它们所服务的学生一样，它们也处于社会的边缘。反对者指责其追求营利、无法保证教学质量；支持者认为它们能够满足不同人群职业发展的需要，迎合了社会经济发展对各类人才的不同需求。无论支持还是发对，营利性高等教育机构自出现之日起表现出了旺盛的生命力。教育史学家罗伯特·希伯特（Robert F. Seybolt）认为，这些学校是美国殖民地时期基础教育的主要形式和教育领域的重要特色。

2.2　美国营利性高等教育机构的发展（南北战争时期——20世纪90年代）

美国营利性高等教育机构自南北战争后，经两次世界大战，至20世纪七八十年代，经历了一个缓慢的发展时期。本书将此阶段细分为"停滞"和"复苏"两个阶段。自南北战争至第二次世界大战期间，美国营利性高等教育机构的发展出现停滞甚至萎缩。在这一阶段，由于联邦政府支持创办和发展各类新型高等教育机构，营利性高等教育机构不仅很长时间一直被排挤至高等教育系统的边缘，甚至几乎成为教育产业中不为人知的部分。自二战结束后至20世纪90年代初，美国营利性高等教育机构开始复苏。在这一阶段，为适应战后社会和经济的发展，满足战后各类人群的教育需求，营利性高等教育机构的后继者们调整了办学模式、课程设置等。美国营利性高等教育机构的复苏为其此后的繁荣奠定了基础。

2.2.1　停滞阶段（南北战争时期——第二次世界大战时期）

自南北战争至二次世界大战的近百年时间里，美国营利性高等教育机构的发展进入历史低谷。1861 年，美国爆发了南北战争，南北战争实质是美国的第二次资产阶级革命，它消灭了严重阻碍社会生产力发展的奴隶制度，直接导致了美国南部的工业革命，为资本主义在美国的发展开辟了道路，美国进入现代化起步阶段。据统计，"从 1860 年到 1900 年，美国耕地面积增加了两倍；从 1860 年，美国工业总产值增长了四倍，由居世界第四位跃升至第一位。"[19]生产力的迅速发展和社会的急剧变动引发了美国高等教育的震荡。为新型高等教育机构的建立与发展提供了广泛的社会经济背景。在此后近百年的时间里，联邦政府出台了一系列高等教育扶持政策，各类新型高等教育机构因此建立并发展迅猛，使得本已处于边缘地位的营利性高等教育机构只能被排挤在夹缝中挣扎求存。

2.2.1.1　新型高等教育机构兴起的背景

新型高等教育机构兴起主要有三方面的原因，一是工业生产发展和城市化进程对人才的需求旺盛，尤其需要具有实用知识的高级技术人员；二是人口激增和人口构成的多样化要求数量更多、规模更大、更密切联系社会实际的高等教育机构出现；三是传统高等教育机构因循守旧，无法满足时代对应用型人才的教育需求。正是以上原因促使美国联邦政府出台一系列相关政策兴办新型高等教育机构。

首先，战后美国工业飞速发展，自 1850 年至 1860 年，美国的工业生产突飞猛进，"工厂数目从 12 万发展到 14 万，投资额由 5 亿美元发展到 10 亿美元，工业生产总值由 10 亿美元增加到 20 亿美元。"[20]一方面，随着美国工业的快速发展和大量新技术的采用，专业技术人才的需求量越来越大。美国工业的快速发展要求高等教育培养出既具有扎实的科学文化知识，又具有实用技术的中等专业人才。另一方面，工业的发展推动了城市化的进程，新兴城市拔地而起，城市人口急剧膨胀，"城市规模的扩张和人口的增长导致了对

---

19 王英杰：美国发展社区学院的历史经验及发展中国专科教育之我见[J]，外国教育研究，1992，（01）：18。
20 祈福良：各国高等教育立法[M]，上海：上海交通大学出版社，1992.164。

工业教育和职业教育的需求空前旺盛。"[21]而当时的高等教育机构在数量、类型和质量上都难以满足工业发展和城市化进程的需要。

其次，战后美国人口激增。整个 19 世纪后半叶，来自非洲、亚洲的移民人数超过了欧洲移民，使美国人口迅速膨胀。1870 年到 1900 年的 30 年间，美国人口几乎增长了一倍。人口的增加拉动了对高等教育的需求。在这一时期，"美国高等学校的入学人数增加了约 4.5 倍，由 1870 年的 52,000 余人增加至 1900 年的 273,000 余人。"[22]内战后，黑人有了受教育的机会，黑人子女进学校的比例也大大增加，"以南卡罗来纳州为例，从 1867 至 1870 年，黑人在校学生的人数增加了 4 倍，达 12 万多人。"[23]要求接受高等教育的人数急剧增多，对当时结构单一的、追求"纯粹大学"理想的高等教育系统带来了数量、质量和财政等诸多方面的压力。

再者，这一时期，殖民地时期建立起来的传统高等教育机构因忽略职业教育和工业教育，无法满足现实生活和生产的需要，受到各方的批评。1850 年，布朗大学校长韦兰指出："美国 120 所学院、47 所法学院、42 所神学院，却无一所培养农学家、制造商及机械工或商人的学院。"[24]1870 年，数学家卡尔文．M．伍德沃德（Calvin．M．Woodward）认为，"学校与现代社会不再协调，它所训练的是绅士而不是从事工作的人。"[25]1898 年，美国制造商联合会主席特沃德．赛奇（Theodore Search）认为，教育"不丢古典的和文化的学科是好的，但它们对于工商业现实需要所呈现的物质利益未予重视，就不公正了。"[26]美国联邦政府清楚地认识到，已有的高等教育机构无法适应快速发展的社会需求。在这样的背景下，发展各类新型高等教育机构是必然的。

2.2.1.2 主要的新型高等教育机构

内战后，美国高等教育领域发生巨大变革，赠地学院、初级学院、研究型大学等公立、私立非营利性高等教育机构相继创建并迅速发展，占据了美

21 高晓杰：美国营利性私立高等教育与资本市场[M]，广州：广东高等教育出版社，2009.22。

22 [美]威廉．J．本内特：美国通史[M]，刘军等译，南昌：江西人民出版社，2009.153-179。

23 陈致远：多元文化的现代美国[M]，成都：四川人民出版社，2003.98。

24 John S. Brubacher, Willis Rudy. Higher in Transition, A History of American Colleges and Universities,1636-1976 [M]. New York: Harper & Row Publisher, 1976.62-63.

25 谢安邦、曲艺：外国私立教育[M]，北京：中国社会科学出版社，2003.174。

26 滕大春：美国教育史[M]，北京：人民出版社，2001.326。

国高等教育系统的统领地位。它们的蓬勃兴起将营利性高等教育机构本就狭小的发展空间挤占得所剩无几。

1. 赠地学院创建：营利性高等教育机构的发展领域被挤占

1862 年，美国联邦政府针对贾斯汀.斯密斯.莫里尔（Justin Smith Morrill）以及乔纳森.鲍德温.特纳（Jonathan Baldwin Turner）的创办赠地学院的提议，通过了《对设立学院以促进农业和机械工艺的各州和准州授予公有土地的法案》，也即《莫里尔法案》。随后，大约有 13,000,000 英亩公有土地被授予各州，69 所农工学院随即建立。各个州陆续出现的农业院校，或者大学附设的农业和机械学院，对于促进农业教育事业的发展具有极为重要的意义。根据这一法案创立或资助的康乃尔大学、麻省理工学院和加利福尼亚大学等在美国农业及科学技术方面发挥了重要的作用，它们传授农业新技术、新品种和先进的生产方法，改变了只重视文化及经典教育而忽视农业及工程教育的传统。

《莫里尔法案》的颁布适应了美国工农业迅速发展和人口激增对高等教育的需求，推动了美国赠地学院运动的开展，促进了美国高等教育的职能向为社会经济发展提供直接的服务方向延伸。前加州大学校长，卡内基高等教育委员会主席克拉克.科尔（Clark Keer）宣称，美国现代公立大学体系至此开始产生。在赠地学院的巨大光辉反衬下，营利性农业技术学校则因缺乏联邦政府的资金支撑和政策扶持而几乎销声匿迹。南北战争前出现的红火一时的营利性农业技术学校的发展不可避免地陷入低谷。

2. 初级学院兴起：营利性高等教育机构生源流失

初级学院是当代社区学院的前身。19 世纪末在芝加哥大学校长 W.R.哈珀（W.R.Harper）推动下，作为减压阀的初级学院出现了。初级学院适应了美国大学教育改革，满足了美国民众接受更多高等教育的需要，从诞生之日起得到较快的发展。据美国初级学院运动研究专家吕.库斯（L.V.Koos）的统计，"1900 年，全美共设初级学院 8 所，在校生 100 名；1909 年，初级学院的数量增加到 20 所，1919 年则达到了 170 所。到 1922 年，全美 48 个州有 37 个州创设了初级学院。初级学院的社会猛增至 207 所，在校生约 20,000 人。其中，私立初级学院 137 所，公立初级学院 70 所。"[27]当时的初级学院向学生提供门类众多、范围广泛的职业及终结性课程，办学形式灵活，既提供

---

27 A.F. Lange. The Junior College-What Manners of Child Shall this be? [J]. School and Society, 2002, （7）:211-216.

了转学教育，也兼及一定程度的就业教育，被赋予"人民的学院"和"民主的学院"的称号，其社会影响力之大可见一斑。

初级学院的诞生不仅为城市学生提供广泛的入学机会和更贴近社会实际的多样化的课程，还使得家庭经济条件差、居住在偏僻地区的学生重新获得了接受高等教育的机会。与得到联邦政府资助的初级学院相比，营利性高等教育机构在吸引生源和保留生源方面几乎不具备竞争力。营利性高等教育机构维持运转的资金主要来源于学生的学费，生源的下降和萎缩对于有些营利性高等教育机构带来的影响近乎是毁灭性的。

3. 研究型大学诞生：营利性高等教育机构难以企及

霍普金斯大学开创了另一类新型高等教育机构——美国研究型大学的先河。1867 年，美国著名金融家约翰．霍普金斯（Johns Hopkins）决定用他在巴尔的摩的财产和拥有的俄亥俄铁路股票的资金创办一所学术性大学。1876 年，在丹尼尔．C．吉尔曼（Daniel Coit Gilman）的领导下，通过借鉴德国大学的经验，结合美国的实际，霍普金斯大学研究生院创立，美国真正的研究生教育模式自此发端。自 1876 年成立后到 1889 年，"霍普金斯大学研究生院共授予 151 个博士学位，而同期的哈佛大学授予了 43 个博士学位和 12 个科学博士学位；耶鲁大学自 1861 至 1889 年共授予 101 个哲学博士学位。"[28]在霍普金斯大学影响下，殖民地时期的 9 所学院中有 7 所后来发展成为研究型大学，只有威廉．玛丽学院和达特茅斯学院仍沿用原名，并维系着文理学院式的教育传统。此外，一些州立大学（美国内战前州立大学已达 66 所），如佐治亚大学、迈阿密大学、俄亥俄大学、北卡罗来纳大学等多所学校也成长为研究型大学。

随着美国研究型大学的兴起，学科分类越来越细，学术专业化倾向日益明显。自霍普金斯大学采用建立协会的方式推动学科专业化后，许多大学纷纷效仿。1880 年后，物理协会、化学协会、心理协会等在不同大学相继建立，促进了学科团体的形成，加强了学者间交流，推动了学科性纵深方向发展。此外，研究型院校在数量上、规模上迅速发展，而且大多数学校师资力量雄厚，教学设备设施先进，教学内容和方法也明显优化。研究型大学尤论在软件还是在硬件建设方面所拥有的优势，都是营利性高等教育机构所望尘莫及的。

总之，19 世纪下半叶到 20 世纪初，美国高等教育进行了几项重大改革。

---

28 王绽蕊：大学的理性——美国约翰．霍普金斯大学的文化品行解读[J]，清华大学教育研究，2004，（6）：47。

通过立法设立赠地学院，建立了高等教育为工农业经济发展服务的体制；通过创办二级学院，理顺了高等教育与中等教育的关系，为更多人接受高等教育敞开了大门；通过建设研究型大学，完善了美国高等教育体系，成为社会发展的重要力量。美国大学的教学、服务、科研的三大职能也随之发展起来。19 世纪出现的新型高等教育机构，再加上原有的殖民地学院、州立大学，以及陆续出现的黑人学院、女子学校、师范学校等，使得美国的高等教育系统充实丰满起来。尽管营利性高等教育机构面临着同样的社会背景，但由于缺乏资金，缺少政府政策扶持，再加上此前的营利性高等教育机构的规模和数量以及社会影响力还没有形成足够的竞争力，面对政府重点发展的新型高等教育机构的扩张，只能节节后退，发展陷入低迷。从独立战争到南北战争，"美国共成立了 800 多所大学，到 1900 年只剩下 180 所。"[29]其中倒闭的多为营利性高等教育机构。

2.2.2　复苏阶段（二战后——20 世纪 80 年代）

　　美国营利性高等教育机构经历了短暂的发展阶段后，就进入了一个漫长的停滞阶段，直到第二次世界大战后，才显现出复出的迹象。第二次世界大战以后，美国社会经济进入了空前繁荣的时期，自 1945 至 1970 年成为美国高等教育的黄金时代，在此期间，沉寂多年的营利性高等教育机构开始萌动、复苏。

2.2.2.1　美国营利性高等教育机构复苏的动力

　　美国营利性高等教育机构复苏的动力主要来自两个方面，一是联邦政府通过《退伍军人权利法案》，将营利性高等教育机构涵盖在资助范围之内，为其发展提供了资金来源；二是战后美国社会进入"婴儿潮"时代，再加上来自世界各地的移民增加，使得美国人口激增，高等教育需求随之旺盛，使得营利性高等教育机构生源增加。

1.《退伍军人权利法案》出台：营利性高等教育机构迎来发展转机

　　临近二战结束时，为补偿战争期间参军服役人员所做贡献，弥补其在服役期间所受损失，帮助他们在战后尽早解决就业问题，同时也为美国经济的发展培养专业人才，杜鲁门总统提出资助退役军人接受教育的建议。美国国会于 1944 年 5 月 8 日通过了著名的《退伍军人权利法案》(G. I. Bill of Right)，该法规定联邦政府对退伍军人给予教育补偿。规定对在二战中服役超过 90 天

---

29 陈学飞：美国高等教育发展史[M]，成都：四川大学出版社，1989.52。

的退伍军人提供每年不超过 500 美元的资助，使其有权在任何一所得到教育部批准的教育或训练机构接受教育或训练；退伍军人接受联邦政府资助的教育或训练时间不超过四年；联邦政府向其提供必需的书籍、文具或其他设备，并每月提供 50 美元的生活津贴。这一法案的实施使联邦对高等教育资助达到了一个高峰，20 世纪 40 年代末，美国在校大学生人数是 20 年代的两倍半，到 1951 年为止，"共计补助就学者 800 万名，其中入高等学校者 235 万名，入中等学校者 343 万名，在职学习者 239 万名，总共支出近 140 亿美元，有 37% 的退伍军人根据法案接受了教育。"[30]1966 年美国国会又通过决议，规定"凡服役 6 个月以上的美国公民，均可享受《退伍军人权利法案》中规定的各项待遇，把资助退伍军人接受教育训练作为联邦政府的永久性政策。"[31]

美国营利性高等教育机构自诞生之日起，从未得到联邦政府或州政府的任何资金或政策方面的扶持，也正因为此，与其他的高等教育机构相比，它们就像弃儿一样，苟延残喘在美国高等教育系统的边缘，自生自灭，无人问津。但《退伍军人权利法案》首次将营利性高等教育机构包括在了可获资助的学校范围，该法规定，"在营利性高等教育机构学习的学生（退伍军人）也有获得联邦学生助学金的资格。"[32]与其他高等教育机构一样，美国营利性高等教育机构可以按照注册的学生数领取政府资助。这表明，政府公共资金开始扩大资助范围，并对营利性高等教育机构的发展持支持的态度。虽然从整体看，这一时期有资格获得政府资助的营利性高等教育机构数量不多，规模不大，但美国营利性高等教育机构毕竟还是迎来了前所未有的发展转机。

2. "婴儿潮时代"到来：营利性高等教育机构生源渐增

二战后，美国出现了一次人口生育高潮，这一人口大量出生的时期被称为"婴儿潮时代"（1946-1964 年间）。随后，美国人口总量急剧增加，"1940 年，美国人口为 13,195,4 万人，1950 年、1960 年和 1970 年的人口总数则分别增长到 15,168 万人、18,067 万人和 20,481 万人。"[33]"婴儿潮时代"出生的

---

30 曲秀玉：试析二战后美国高等教育立法及其启示[D]，济南：山东师范大学世界史专业硕士学位毕业论文，2007.34。

31 [美]埃德加·L·莫费特：教育组织与管理[M]，济南：山东教育出版社，1992.240。

32 Kathleen F. Kelly. The Rise of For-Profit Degree-Granting Insitutions: Policy Considerations for States [EB/OL]. http://www.ecs.org.2013-11-22.

33 BBC. Country Profile: United States of America [R]. The Economist Intelligence Unit, 2009.19-21.

人口约占美国人口总数即 2,814 亿人口的近 30%左右。此外，二战后，美国亟需大量产业工人。为配合经济发展的需要，美国到 20 世纪 60 年代中期，还吸引了约 70 万海外劳工进入美国。到 70 年代中期后，在全球经济的迅猛发展的背景下，美国的经济增长不仅需要大量的初级劳动力，更需要有足够的技术劳动工人和部分专业技术人才，初级劳工与高级技工之间的酬劳的巨大差距使得更多人选择了继续接受高等教育。在人口整体数量不断增长以及对高等教育的需求空前高涨的背景下，高等教育机构入学人数也不断攀升，营利性高等教育机构在迅速激增的生源中分得了一杯羹。

面对不断增加的需求高等教育的人群，并不是美国所有的大学都肯对其敞开大门。哈佛、耶鲁等培养社会精英的大学并没有因为生源的增加降低入学标准或扩大招生，注册生数增长的学校主要是公立大学、社区学院。当时的高等教育机构无法完全满足人们的教育需求，这为营利性高等教育机构提供了发展的机遇。此外，从 20 世纪 70 年代起，社会更加强烈地要求大学应主动适应社会需要、参加解决社会的现实问题，使得学生的兴趣明显地从文理学院（liberal arts）转向了应用型文理学院（practical arts）。追逐利润的本质让营利性高等教育机构敏锐地意识到，它们完全可以通过满足一部分学生的职业训练的需要而在高等教育市场中占得一席之地。

2.2.2.2 营利性高等教育机构复苏的表现

自二战后到 20 世纪七八十年代，美国营利性高等教育机构表现出明显的复苏迹象，不少今天已经成为营利性高等教育机构中坚力量的学校就是在这一时期创建或复苏的。在 21 世纪前后已经具有较大发展规模的一些营利性高等教育机构大多创办于这一时期，阿波罗教育集团（Apollo Group）、ITT 教育服务公司（ITT Educational Services Inc.）以及教育管理公司（Education Management Corporation, EDMC）等都创办于这一时期。德夫里教育公司（DeVry Inc.）、斯特拉耶大学（Strayer University）、卡普兰大学（Kaplan Universit）的建校历史虽然较早，但都是经历了一段沉寂后在这一时期复苏。

斯特拉耶大学的历史可以追溯到 1892 年。它的前身是埃尔文. 斯特拉耶（Irving Strayer）博士在马里兰州巴尔的摩市（Baltimore）创立的斯特拉耶商学院（Strayer's Business College）。在最初的五十年里，该校并没有大的发展。直到 1969 年，由于生源的增加，学校发展才有了起色。该校"于 1969 年改名为斯特拉耶学院，获准授予科学学士学位，1987 年又获准授予科学硕士学位；1996 年，Strayer 推出了一项开创性的在线学习计划，使其成为首批通过互联网提供课程的认可高等教育机构之一。1998 年更名为斯特拉耶大学。2018 年随着与嘉佩乐教育公司（Capelle Education）的合并完成，斯特雷耶教育公司更名为战略教育公司。"[34]

德夫里大学（DeVry University.）的历史尽管能够追溯到 1931 年德夫里．赫尔曼（DeVry Herman）博士在堪萨斯州成立的德夫里训练学校，专门培养电子技术工人，但一直在不温不火的状态下持续了将近二十年。直到 1953 年，该公司更名为德夫里技术研究所，开设电子工程技术副学士课程后，办学规模才逐渐扩大。1966 年，"该公司创办人德夫里购买了贝尔和豪威尔教育集团（Bell and Howell Education Group），公司规模进一步扩大，1968 年德夫里技术研究所更名为德夫里技术学院，并获准授予电子工程技术学士、计算机科学学位，并在随后的并购和扩展过程中发展为教育公司。1998 年德夫里教育公司开始提供在线课程。2002 年，德夫里教育公司与凯勒企业学习中心（现称为 DeVryWORKS）合并成为德夫里大学。2013 年大学得到高等教育委员会认证。"[35]

教育管理公司（Education Management Corporation）成立于 1962 年，1970 年该公司收购了匹兹堡艺术学院（The Art Institute of Pittsburgh），开始提供艺术和设计课程。该公司"在 1971 年至 1985 年间通过收购增设了 8 所分校，在学校设施和设备方面加大了投资，加强学生服务，提高师资力量。到 1988 年，该公司的劳德代尔堡艺术学院成为该公司第一所获准授予学士学位的分校。"[36]1994 年后，教育管理公司进入大发展时期，"1996 年该公司完成首次公开募股，筹资 4,500 万美元。到 2010 年 3 月，教育管理公司已经在北美和加拿大拥有 5 个大型子公司和 96 所分校，全、兼职教师人数超过 19,000 人，学生数超过 13，6 万人。"[37]

ITT 教育服务公司（ITT Educational Services, Inc.）成立于 1969 年，该公司总部设在印第安纳州的卡梅尔。在 2010 年 3 月，ITT 教育服务公司"已经在全美 38 个州开办了 105 所技术学院，招生数超过了 70,000 人。"[38]ITT 教

34 Strategic Education, Inc. History [EB/OL]. https://www.strategiceducation.com/about/history/default.aspx.2021/08/31.

35 DeVry. History [EB/OL]. http://www.devryinc.com/corporate_information/history.jsp. 2021-03-04.

36 EDMC. History [EB/OL]. http://www.edmc.edu/About/History.aspx.2020-11-24.

37 EDMC. About EDMC [EB/OL]. http://www.edmc.edu/About/.2020-03-04.

38 ITT Educational Services, Inc.. Corporate Profile [EB/OL]. http://www.ittesi.com/

育服务公司除主要提供"信息技术、电子技术、健康科学、刑事司法等专业的从副学士到硕士学位的课程，并以授予副学士学位为主。"[39]还通过其认可的高等教育机构 ITT Technical Institutes 和丹尼尔韦伯斯特学院（Daniel Webster College）提供以技术为导向的本科和研究生学位课程，以帮助学生发展他们所掌握的技能和知识可以用来在各个领域寻求职业机会。

营利性高等教育机构中的典型代表——阿波罗教育集团（Apollo Group）成立于 1973 年。其创办人是毕业于剑桥大学的经济学家、教授出身的企业家——约翰．斯柏林（John Sperling）。20 世纪 70 年代中期正值婴儿潮时代出生的人进入三十岁左右，斯柏林敏锐地抓住了当时众多成年人寻求高等教育的机会，在美国加州圣何塞州立大学开展成人教育研究，并随后创办了以"使学生能够发展实现职业目标、提高组织绩效以及为社区提供领导力和服务所必需的知识和技能"[40]为使命的凤凰大学（University of Phoenix），并以凤凰大学为核心在而后的十几年间创建了阿波罗集团。自办学初，斯柏林率先在课程内容和教学方法以及学生服务方面进行了改革。此后，阿波罗教育集团的课程在美国各地开展，甚至在美国的海军基地。该公司在 1978 年获得了高等教育委员会北方中央协会认证，1989 年网上课程开始。到 2010 年，阿波罗集团成为全美最大的营利性教育公司，其旗下的凤凰大学（菲尼克斯大学）已经因拥有二十多万注册生和二百多所分校而不仅成为营利性高等教育机构中的典型代表，而且成为全美注册学生数最多的大学。

除以上目前已经成为营利性高等教育机构中的典型代表的教育公司或大学外，还有不少规模稍小的营利性高等教育机构在这一时期成立。美国洲际大学（American InterContinental University, AIU）于 1970 年在欧洲成立，但不久该校将发展的重点转移至美国。该校于 1976 年开设亚特兰大巴克海特分校（Atlanta Buchhead），1982 年又开设洛杉矶分校。目前该校能够提供包括刑事司法、设计、媒体艺术、教育和信息技术等专业的从副学士到硕士学位的课程。美国技术学院（American Institute of Technology）于 1981 年成立于亚利桑那州。卡普兰大学（Kaplan University）于 1972 年在纽约创办，等等。

phoenix.zhtml?c=94519&p=irol-homeProfile&t=&id=&2014-03-04.

39 ITT Educational Services, Inc.. About us [EB/OL]. http://www.itt-tech.edu/about. cfm2020-11-24.

40 Phoenix University. Mission and Vision [EB/OL]. https://www.phoenix.edu/about_us/ about_university_of_phoenix/mission_and_purpose.html2021-09-09.

2.2.3　发展阶段的特点

美国营利性高等教育机构经历了一个跌宕起伏的发展阶段，首先经历了近百年的低迷和萎缩的停滞期，随后出现了全面复苏的阶段，复苏阶段新创办的营利性高等教育机构如雨后春笋显现出了勃勃生机。这一阶段营利性高等教育机构的特点表现为：

第一，营利性高等教育机构数量由大幅下降转为快速增加，经历了一个大起大落的过程。在停滞阶段，营利性高等教育机构的数量下降明显，学校破产、关闭、被收购或并购的情况突出，虽然没有正式的官方统计数据，但营利性高等教育机构数量急剧减少是不争的事实。到复苏阶段，新建营利性高等教育机构的数量明显增加。美国中学后综合数据统计中心数据表明，到1988年，营利性高等教育机构数量已经从几十所增加到到325所（不含分校）。新建的学校主要集中在美国的亚利桑那州、加利福尼亚州、宾夕法尼亚州等地。目前这些州也成为营利性高等教育机构最为集中的地区。

第二，从创办人来看，更多有教育背景、具有较高学历的举办人为实现自身的教育理念而创办营利性高等教育机构，其中不乏拥有哈佛、耶鲁等著名大学博士学位的教授。如琼斯国际学校的创办人格伦．R．琼斯（Green.G.Jones 提出了"在任何时候为任何地方的任何人提供所需要的教育"的理念，并为此开创了网络教学的先河。阿波罗集团的创办人约翰．斯柏林（John Sperling）秉承的是"为成人提供终身学习的机会"的理念创办了教育公司。这与早期营利性高等教育机构举办人单纯的追求营利或满足生存需要的出发点大为不同。

第三，从办学资金来看，这一时期的办学经费的主要来源仍然是学生学费，但联邦政府给予的资助开设渗透，并且所占的比重随着生源的增加逐渐增加。正因为获得了来自政府的资助，这一阶段的营利性高等教育机构摆脱了过去那种自生自灭的困境，并且其社会地位和影响力开始提升。

第四，从开设课程的层次来看，这一时期各营利性高等教育机构主要开设的是两年制的副学士学位课程，少数学校获准授予学士学位。从课程内容来看，主要集中于电子技术、计算机科学、刑事司法、信息技术、健康科学等注重知识应用的课程。当然这一阶段的学生大多仍是已经高中毕业一段时间或者正在做兼职或全职工作的成年人。

这一时期的营利性高等教育机构的复苏成为20世纪90年代后走向繁荣的前奏。

2.3 美国营利性高等教育机构的繁荣与创新发展阶段

20 世纪 90 年代以来至 2010 年，美国营利性高等教育机构的发展犹如驶上了快车道，进入发展的繁荣阶段，无论学校的数量、规模、招生人数，还是学校的教学质量、经济效益等方面都有突出表现，在美国高等教育系统中产生的影响力逐年上升。自 2010 年至 2020 年，联邦政府开始对营利性高等教育机构收紧补贴，加强监督，促使这类教育机构为持续发展而采取创新措施。

2.3.1 美国营利性高等教育机构繁荣的动力

美国营利性高等教育机构的繁荣发展的动力来自于多种因素的合力，如多元化的学生构成对高等教育的多样化需求；来自资本市场的资金保障；现代信息技术的支撑；传统大学存在一定弊端，等等。但核心的动力来自于联邦政府 1996 年修订的《高等教育法》，该法首次对"营利性高等教育机构"进行了界定，并通过法律条文的形式规定了营利性高等教育机构享有获得联邦政府资助的资格，这使得营利性高等教育机构得以正名，并从此在高等教育系统中拥有合法地位。

2.3.1.1 制度支持：1996 年《高等教育法》修订

在 1996 年之前，大多数营利性高等教育机构被排斥在美国高等教育机构之外。1996 年，美国高等教育部修改了高等教育法（Higher Education Act），将营利性高等教育机构正式纳入到美国高等教育系统当中。

1.《1996 高等教育修订法》中与营利性高等教育机构相关的内容

美国联邦政府教育部颁布的《1996 高等教育修订法》中针对营利性高等教育机构的内容主要有五项：

· 对高等教育机构重新进行了界定，将中学后高等教育机构正式划分为三类："公立高等教育机构（public institution）；私立非营利性高等教育机构（private not-for-profit institution）；私立营利性高等教育机构（private for-profit institution）。"[41]自此，营利性高等教育机构有了统一和独立的官方界定，在美

---

41 私立非营利性高等教育机构：掌管私立非营利性高等教育机构内部的个人或机构的所得包括薪酬、租金、或其他一些风险费用外，不得再有其他补偿，这样的个人和机构包括独立非营利性学校和附属的教会组织。公立学校：公立学校是一种基本资金来源于公共资助的学校，学校课程和活动由公众选举或委派的学校官员管理。私立营利性高等教育机构：掌管私立营利性高等教育机构的个人或机构除

国中学后高等教育机构中获得了正式身份

- 规定"营利性高等教育机构中担负管理职责的个人和机构负责薪酬、租金以及其他自担风险方面的费用；联邦政府对营利性高等教育机构给予其他经济形式的补偿或报酬"[42]

- 规定营利性高等教育机构需得到教育部承认的认证机构的认证，新的认证标准要求营利性高等教育机构必须"开设准学士学位或准学士学位以上的课程，课程授课时间至少300个学时，学校至少开办2年，并和教育部签署加入协议"。[43]这是对1992年修订法所规定的不少于600学时的否定，符合诸多营利性高等教育机构开办远程教育的实际，也体现了美国联邦政府鼓励和支持在线教学的态度

- 将第106条中的"学期"改为"学习期"，不再强调学生的学习行为的地理限制。该条扩大了"学习"的边界，为更多的学生申请联邦资助放宽了条件

- 修订法规定"营利性高等教育机构有义务将招生、学费、教师等方面的基本数据提交全国中学后教育中心进行数据收集和分析"[44]，这使得美国营利性高等教育机构不再游离于政府监控之外

2.《1996高等教育修订法》对营利性高等教育机构发展的影响

《1996高等教育修订法》对于营利性高等教育机构的积极影响主要表现在两方面，一是承认了营利性高等教育机构在高等教育机构中的合法身份；二是营利性高等教育机构从此被正式纳入到联邦助学贷款的系统，此后，各种类型的联邦补贴和奖助学金为其发展提供了源源不断的资金支持。

（1）营利性高等教育机构被纳入到高等教育体系

尽管在美国历史上，营利性高等教育机构作为私立大学的组成部分和一种

获得薪金、租金、风险开支的费用外，还可以获得其他方面的补偿。（资料来源：U.S.Education Department. Digest [EB/OL]. http://www. nces.ed.gov/ipeds/glossary/index.asp?id=513 /2020-12-03.）

42 [美]理查德．鲁克：高等教育公司——营利性高等教育机构的崛起[M]，于培文译，北京：北京大学出版社，2006.81。

43 [美]理查德．鲁克：高等教育公司——营利性高等教育机构的崛起[M]，于培文译，北京：北京大学出版社，2006.81。

44 The Institute for Higher Education Policy & National Center for Education Statistics. Students at Private, For-Profit Institutions [R]. U.S. Department of Education Office of Educational Research and Improvement NCES, 2000.17.

营利的办学形式早就存在，但在 1996 年以前，由于美国教育部从未将其正式纳入到高等教育系统，以至于社会对营利性高等教育机构的指称存在含混现象，既有称之为"private institution"和"proprietary institution"的，也有称之为"commercial institution"和"for-profit institution"的现象。自《1996 高等教育修订法》颁布后，营利性高等教育机构被统一名称为"for-profit institute"，这一方面表明营利性高等教育机构获得了与其他高等教育机构同等的官方承认的教育地位，此后有关营利性高等教育机构的招生、学费、教师等方面的基本数据也成为美国中学后教育中心的数据收集对象和报告对象。《1996 高等教育修订法》成为营利性高等教育机构发展的转折点。它将营利性高等教育机构从高等教育系统的外围和边缘纳入到联邦高等教育系统内部，此后的十几年间，营利性高等教育机构中得到权威认证机构认证的数量大大提高，许多颁发职业资格证书和毕业文凭的学校提高办学质量，被获准授予副学士乃至以上学位。

（2）营利性高等教育机构被纳入联邦奖助学金资助范围

《1996 高等教育修订法》颁布后，营利性高等教育机构的学生在获得奖助学金来源、金额、途径上有了极大的改善（见表 2），这使得营利性高等教育机构生源大增。

从获得资助的来源来看，与 1992—93 学年相比，到 1996—97 学年，在营利性高等教育机构就读的学生比在其他中学后教育机构就读的学生更可能获得不同来源的资助。在 1996—97 学年，营利性高等教育机构的学生可以申请到的助学贷款的来源更加多样，如：联邦贷款、斯坦福助学贷款、帕金斯助学贷款、州助学贷款、学校助学贷款以及其他贷款等。可能获得的奖学金包括：联邦奖学金、佩尔奖学金、联邦补充教育机会补助金、州奖学金、校奖学金以及其他奖学金等。

从获得助学贷款的学生比例和金额看，在营利性高等教育机构就读的学生所获得的大多数资助仍然来自于联邦政府的各类学生贷款项目。其中有 54% 的学生得到了斯坦福联邦助学贷款，50% 的学生获得了有贴息补助的斯坦福贷款，32% 的学生得到了无贴息补助的斯坦福助学贷款，3% 的学生获得了帕金斯联邦助学贷款，5% 的学生得到了学校助学贷款，有不到 1% 的学生得到的是其他来源的贷款。在 1996—97 学年，营利性高等教育机构的学生年平均获得的联邦贷款为 3,902 美元；其中斯坦福贷款 3,890；帕金斯贷款 1,441

美元；校贷款 1,933 美元。

从获得奖学金的学生比例和金额看，在 1996—97 学年,联邦奖学金在资助营利性高等教育机构就读的学生方面起到了巨大的作用。营利性高等教育机构中共有约 50%的学生获得了不同形式的联邦奖学金。其中一半的学生获得了联邦佩尔奖学金，获得佩尔奖学金的学生中有 12%得到的是最高限额的奖金。有大约十分之一的学生获得了联邦补充教育机会补助金。在1996—97学年，在营利性高等教育机构就读的学生平均获得的联邦奖学金为 1,543 美元；佩尔奖学金为 1,459 美元；联邦补充教育机会补助金为 374 美元；州奖学金位 2,323 美元；校奖学金为 791 美元；其它来源的奖学金为 3,119 美元。

表2　1996-97 学年营利性高等教育机构获得联邦助学贷款的情况统计表

（单位：%）

类　　型		营利性高等教育机构	高等教育机构总体情况
助学贷款	联邦贷款	54.8	13.2
	斯坦福助学贷款	53.8	12.9
	帕金斯助学贷款	3.0	6.4
	州助学贷款	0.1	-
	学校助学贷款	4.6	0.8
	其它	0.5	0.1
奖助学金	联邦奖学金	56.2	20.0
	佩尔奖学金	49.7	20.0
	联邦补充教育机会补助金	12.4	4.0
	州奖学金	9.0	6.1
	校奖学金	5.7	7.2
	其它	2.2	7.0

资料来源：笔者根据"U.S. Department of Education. 1995-96 National Postsecondary Student Aid Study [EB/OL].http://www.nces.ed.gov/ipeds/glossary/index.asp?id=513/ 2020-12-3."整理绘制。

2.3.1.2　技术支撑：现代信息技术为营利性高等教育机构发展拓展时空

信息技术的革命通过创造一个互相连接的全球化世界加速了高等教育的

变革，并且带来了超越国家的、基于网络的课程爆炸。层出不穷的新信息技术"给学习内容带来了崭新的、丰富的资源；为教育者和学生创造了新的互动的情境，从根本上改变了学生的学习方式以及教学的方法和评价的方式。"[45]以计算机网络为基础的远程学习模式使大学能把校园边界向外扩展，能把大学的知识以多种形式传播，如文本、图像、声音等等，并随时随地为任何学习者服务，利用信息技术开展的远程教育使得教育更加自由和灵活，并打破了传统的通过课时评估对课程进行认证的旧传统。

营利性高等教育机构敏锐地意识到，以计算机为中介的远程学习对成人学生的吸引力尤其巨大，而且远程教学低廉的成本让它们看到了巨大的利润空间。新技术手段和组织方面的效率"使得高等教育成本被降低，营利性高等教育机构可以更好地满足学生需求而获取利润，并与现存的公立和非营利性私立院校竞争。"[46]到 2010 年，多数营利性高等教育机构都开展了在线教学，其中的典型代表是阿波罗集团的凤凰大学，该校在线注册的学生超过了二十万。教育管理公司、ITT 教育服务公司、斯特拉耶大学、美国洲际大学等均开设有在线课程。在线教学使得营利性高等教育机构的办学不再受地域和时间的限制，在时空方面有了极大的延展。

2.3.1.3 市场需求：多元化学生对高度教育的多样化需求

今天在中学后高等教育机构就读的本科生中"只有 16%的学生是介于 18-24 岁之间的全日制住宿生。有超过 60%的学生都在工作，其中一半以上是女性，而且几乎有一半在半工半读。大约有 45%的学生已经 24 岁或者 24 岁以上了。"[47]学生中年龄偏大、单独生活、靠别人资助以及来自单亲家庭的学生较多，有色人种、亚裔，女性（家庭妇女）学生的比例在增长。以 2004——2005 学年为例，"美国获得学士学位的学生中黑人比例为 8.9%，西班牙裔为 6.3%，而营利性高等教育机构中获得学士学位的黑人比例为 15%，西班牙裔为 9.6%。全美获得副学士学位的学生中黑人比例为 11.3%，西班牙裔为 10.4%，营利性高等教育机构中获得副学士学位的黑人比例为 18.1%，西班牙裔为

45 Green, K.. When Wishes Come True: Colleges and the Convergence of Access, Lifelong Learning, and Technology [J]. Change, 1999, （31）:11-15.

46 Winston, G.. For-Profit Higher Education: Godzila or Chicken Little [J]. Change, 1999, （31）:16.

47 Levine A.. How the academic profession is changing[J]. Daedalus, 1997, （126）:1-20.

14.2%。"[48]这种情况还在继续增加，这些"岁数稍大的、半日制的、正在工作的学生，尤其是有孩子的学生，都希望和学校保持一种更像顾客与银行、超市或加油站的关系。"[49]他们希望学校更舒适、距离更近、教学质量高但花费少，能够在夜间或周末开放，能得到所需的任何教师的帮助，能方便停车，能在尽可能短的时间内获得学位，等等。

多元化的学生构成和多样化的教育需求为营利性高等教育机构的发展带来了巨大商机。营利性高等教育机构将满足多元化学生的多样化需求作为努力的方向。一些学生在营利性高等教育机构就读是因为学校基于实践的课程取向符合其求职的目标；一些学生被其他学校拒绝而选择了营利性高等教育机构；一些学生青睐营利性高等教育机构形象而具体的教学模式，该模式与讲课内容集中于抽象的概念和理论的传统模式相悖；一些学生选择营利性高等教育机构远程教育，是为了方便在家或办公室学习，且不用缴纳教学设施保养费、课外活动费，等等。

2.3.1.4 发展契机：非营利性高等教育机构存在一定弊端

伯顿.克拉克曾说过："如果社会不能从原有机构中获得它所需要的东西，它将导致其他机构的产生。"[50]这在一定程度上也说明了美国营利性高等教育机构产生的另一个重要原因：非营利性高等教育机构无法很好地满足高等教育市场需求。正是因为非营利性高等教育机构存在一定的局限性甚至落后性，营利性高等教育机构才能作为它的一种补充在高等教育系统中占得了一席之地。尽管目前营利性高等教育机构在高等教育系统中所占的比重还很少，但却发挥了非营利性高等教育机构在一定程度上欠缺的职业培训的功能，并表现出了极大的灵活性。

非营利性高等教育机构的局限性主要表现在以下两个方面：第一，在生源选择上有明显的学术性倾向。非营利性高等教育机构在审查学生入学资格时重点考察和看重的是学生学术智能测验成绩（SAT）和美国大学测试（ACT）成绩，这使得很多非传统的学生被排斥在外。针对此，营利性高等

---

48 Charles Pekow. For-Profit Schools Popular Destination For Minorities [N]. Diverse Issues in Higher Education Feb 8, 2007. 23.

49 Levine A.. The remaking of the American University' Innovative Higher Education [J] Higher Education, 2001, （25）:253-267.

50 [美]伯顿．克拉克：高等教育新论——多学科的视角[M]，王承绪等译，杭州：浙江教育出版社，1999.35。

教育机构反其道而行之，"向所有学生提供所需要的教育"几乎是每所营利性高等教育机构的基本原则。营利性高等教育机构关注的不是学生进校门需要具备什么条件，而是如何满足学生对职业训练和知识应用方面的需求，以及如何实现较高的毕业生就业率。第二，非营利性高等教育机构在课程设置上表现僵化，缺乏市场灵活性。非营利性高等教育机构的课程设置通常以学科为导向，课程设置往往只是学科的演化，设置或取消一项课程所耗时间可能多达数年甚至数十年，课程的调整对市场需求的关注不够，对市场的反应能力迟滞。而营利性高等教育机构的课程设置则始终服从市场机制的调控，保持快速更新的速度，以使得所服务的顾客——学生能够随时和及时获得满意的产品。

2.3.1.5　个人主义：营利性高等教育机构和学生共同的主导价值观

个人主义是美国社会的主导价值观，是美国营利性高等教育机构和学生共同的价值取向。个人主义（individualism）在《简明不列颠百科全书》中的定义是：个人主义（individualism），一种政治和社会哲学，高度重视个人自由，广泛强调自我支配，自我控制，不受外来约束的个人或自我……作为一种哲学，个人主义包括一种价值体系，一种人性理论，一种对某些政治、经济、社会和宗教行为总的态度、倾向和信念。个人主义主义表现为以下三种主张："一切价值均以人为中心，即一切价值都是由人体验着的；个人本身就是目的，具有最高价值，社会是达到个人目的的手段；一切个人在某种意义上说道义上是平等的。个人主义也指一种财产，即每个人（或每个家庭）都享有最大限度的机会去取得财产，并按自己的意志去管理和转让财产。"[51]

在美国，个人主义渗透到美国人的精神生活和日常生活当中，影响着美国人的思维方式和行为方式。个人主义是美国逐渐强大的动力支撑。在持"个人主义"的观点中，每一个人都是人的社会中的一个，是具体的、具有自主精神、自由意识和自由权利的个人；每一个人都是独立的一个，他既不代表其他任何个人，也决不能被其他任何人所代表，每个人都是自己命运的主宰，他们对各自的行为负责，他们有权根据自己的意志追求各自的生活，他人、社会或家长式的国家不能凌驾于个人之上，更不能干涉个人的自由，侵犯个

---

51 中国大百科全书《简明不列颠百科全书》编译部：简明不列颠百科全书（第三卷）[M]，北京：中国大百科全书出版社，1985.406。

人的利益，集体（国家）的干预（采取强制措施）是对个人权利的践踏和个人利益的损害。社会是一些完全同等的个人的集合，相对于个人来说，集体是虚构的，个人是社会的最终和唯一的实体。这样，个人才能实现其追求的目标，达到个人的幸福。二十世纪九十年代以来，美国的个人主义的一个重要表现形式是"自我中心"，注重自我实现。美国人的生活目标转向追求物质财富和社会地位。"他们为了追求物质财富和地位，争取上大学，努力获得大学学历；去一些职业学校，学习职业技能……妇女更是努力地去'提高自己'和'完善自己'，目的是为了赚更多的钱和争取适合自己的职业。"[52]个人主义作为美国文化的核心，在美国社会发展过程中发挥着不可替代的作用。个人主义所带来的强烈的"竞争意识"和"追求成功的欲望"以及"创新的精神"都成为营利性高等教育机构快速发展的精神驱动力。

2.3.2　美国营利性高等教育机构繁荣的表现

20 世纪 90 年代到 2010 年前后，美国营利性高等教育机构数量急剧增长，在营利性高等教育机构注册的学生数直线上升，整体办学质量有了较大改观。很多营利性高等教育机构"由大的教育公司管理，年收益已经超过了五十多亿。"[53]

2.3.2.1　营利性高等教育机构数量激增

营利性高等教育机构的繁荣发展首先体现在学校数量的激增。自 1988 年到 2010 年秋，美国所有的高等教育机构（营利性高等教育机构、公立大学以及非营利性私立大学）的数量从 3,575 所增长到 4,352 所，共增加了 777 所，增幅为 21.7%。其中公立大学从 1,582 所增加到 1,685 所，增加了 103 所，增幅为 6.5%，非营利性私立大学从 1,658 所下降到 1,624 所，呈负增长状态，下降了 34 所，增幅为-2%，而营利性高大学（两年制和四年制）的数量从 325 所突增到 1,043 所，共增加了 708 所，增幅为 211.3%。其中，四年制大学从 53 所增加到 490 所，增加了 437 所，增长率高达 892.4%；两年制大学从 272 所增加到 553 所，增长了 281 所，增长率为 103.3%，也就是说，

---

52 Gery C. Heard. Basic Values and Ethical Decisions. An Examination of Individualism and Community in American Society [M]. Malabar: Robert E. Krieger Publishing Inc., 1990.13.

53 Carol Everly Foayd. Earning from Learning: the Rise of For-Profit Universities [J]. Review of Higher Education, 2007, （31）:115.

美国高等教育机构在二十年间的增长部分主要集中在营利性高等教育机构部分，而且营利性高等教育机构的增长速度迅疾，其中增长较快的部分是四年制大学（见表3）。

表3　全美1988-89学年至2007-08学年高等教育机构增长状况统计表

（单位：所）

学年度	公立大学			非营利性私立大学			营利性私立大学			共计
	四年制	两年制	总计	四年制	两年制	总计	四年制	两年制	总计	
1988-1989	598	984	1582	1478	180	1658	53	272	335	3575
1998-1999	613	1088	1701	1510	184	1694	144	470	614	4009
1999-2000	615	1092	1707	1536	184	1720	169	500	669	4096
2000-2001	615	1092	1707	1536	184	1720	169	500	669	4096
2001-2002	612	1069	1681	1531	164	1695	192	480	672	4048
2002-2003	622	1076	1698	1551	144	1695	277	512	789	4182
2003-2004	628	1085	1713	1541	135	1676	318	490	808	4197
2007-2008	653	1032	1685	1532	92	1624	490	553	1043	4352

资料来源：笔者根据"U.S. Department of Education. Degree-granting institutions and branches, by type and control of institution and state or jurisdiction:2007-2008[EB/OL]http://nces.ed.gov/programs/digest/d08/tables/dt08_266.asp.2020-10-31."整理绘制。

2.3.2.2　营利性高等教育机构普遍获得认证机构认证

美国营利性高等教育机构非常注重争取权威认证机构的认证。在美国，认证制度作为一种教育行业自律和教育质量控制方法是美国所独有的，它是高等教育机构办学质量的主要标志。全美最著名的认证机构有两家，它们是美国高等教育认证理事会（Council for Higher Education Accreditation，CHEA）和美国联邦教育部（the United States Department of Education, USED）。此外，在美国被认为最可靠的学校认证机构是六大地区的学校和学院委员会，它们是：中北部学校和学院委员会（North Central Association of College and Schools, NCA）、中部学校和学院委员会（Middle States Association of College and Schools, MSA）、西部学校和学院委员会（Western Association of College and Schools, WACS）、南部学校和学院委员会（Southern Association of College and

Schools, SACS）、西北部学院和大学委员会（Northwest Commission on Colleges and University, NCCU）、新英格兰学校和学院委员会（New England Association of College and Schools, NEASC）所属的高校认证机构。这些认证机构得到联邦教育部的认可，具有极大的权威性和深远的影响力。在美国公众看来，只有经过可靠的认证机构所认证的学校才是被承认的学校，"任何学校如得到这六大地区性认证机构之一的认证，即表明学校的综合实力得到社会承认，学生所修的学分通常可以互转。"[54]另外，美国还有六七十个得到美国高等教育认证理事会和美国联邦教育部认可的专业性认证机构和全国性的认证委员会，能够获得专业认证机构则是对学校具有一定学术地位和较高专业水平的肯定。

　　如前所述，历史上的美国营利性高等教育机构主要开展的是职业技能培训，颁发职业资格证书和文凭，不具有学位授予资格。在很长的一段时期，营利性高等教育机构一般都并不积极争取认证机构的认证，它们甚至认为根本不需要得到认证机构的认证。因为当时的营利性高等教育机构的举办既很少受制于联邦政府和州政府的管理监督，也几乎得不到政府的任何资助，获得认证机构的认证与学校增加收益之间没有任何联系。但在《1996 高等教育修订法》颁布后，联邦政府将营利性高等教育机构纳入到资助范围，资助的条件之一就是要求营利性高等教育机构需获得联邦教育部承认的权威认证机构的认证，这就使得营利性高等教育机构转而重视争取认证机构的认证。首先，营利性高等教育机构将获得认证机构的认证看作是向联邦政府、州政府申请资助，补充办学资金的重要途径，这对于初创大学或者办学资金紧张的大学来说尤为重要。其次，营利性高等教育机构将获得认证机构的认证看作是扩大社会宣传、吸引生源，提升在高等教育市场中地位的招牌。营利性高等教育机构认识到，不申请认证或者未通过认证在表面上会削弱营利性高等教育机构向学生授予学位的能力和对学生的吸引力，实质上影响的是营利性高等教育机构的根本目标——获得利润的达成。也正因为此，目前多数营利性高等教育机构都在积极争取权威认证机构的认证（见表4），而且很多学校除获得多个权威认证机构的认证外，所开设的若干学位课程还获得了专业认证机构的认证。

---

54 王建成：美国高等教育认证制度研究[M]，北京：教育科学出版社，2007.6。

表 4　主要营利性高等教育机构获得认证情况统计表

学校名称	认证机构
凤凰大学	高等教育委员会、中北部学校和学院协会、商务学院和课程委员会、高级护理教育委员会、教师教育委员会
德夫里教育公司	中北部高等教育委员会、全国护理专业认证委员会、高级护理教育委员会、西部高等教育委员会、社区和初级学院地区认证委员会
ITT 教育服务公司	美国教育部、中北部学校和学院委员会、高等教育委员会
教育管理公司	中部学校和学院协会、中部高等教育委员会、高等学习委员会、美国律师协会、美国药剂学教育专业认证机构
斯特拉耶大学	中部学校和学院协会、华盛顿地区认证委员会
布朗．麦基学院	全国独立学院和学校委员会、中北部学校和学院协会
莱明顿学院	全国独立学校和学院委员会、全国职业学校和学院委员会

资料来源：笔者根据以上主要营利性高等教育机构的网站资料汇总整理而成，资料内容收集日期截止到 2009 年 11 月 27 日。

2.3.2.3　营利性高等教育机构注册生数跃升

学费是营利性高等教育机构的主要收入，所以能否吸引足够的生源成为营利性高等教育机构可持续性发展的关键。美国营利性高等教育机构坚持"帮助学生提供实践技能，促进学生职业发展"的办学理念，提升学位授予的层次，开设迎合市场需求的课程，吸引了越来越多的成年学生。自 1996 年至 2010 年间，美国营利性高等教育机构的注册学生数以惊人的数字增加，这从营利性高等教育机构在此期间所授予的学位数可见一斑（见表 5）。

自 1996-97 学年到 2006-07 学年的十年里，美国高等教育机构所授予的学位（包括副学士、学士、硕士、博士四个层次的学位）数量总体上呈上升趋势。从表中可以看到，公立大学在各个层次上授予的学位数增长的比例都在 20%左右；私立非营利性高等教育机构所授予的副学士学位呈下降趋势，降幅达到 10%以上，但授予的硕士和博士学位有大幅上升，涨幅在 40%以上；与它们形成鲜明对比的是，营利性高等教育机构所授予的学位数在任何层次上都大幅度跃升：所授予的副学士学位数从 56,564 人上升到 117,750 人，增幅为 108.2%；授予的学士学位数从 12,116 人上升到 70,774 人，增幅达到 484.1%；授予的硕士学位数从 5,060 人上升到 50,936 人；增幅高达 906.6%，授予的博士学位数从 344 上升到 1,903，增幅达到了 453.2%。从以上数字可以看出，营利性高等教育机构的注册学生数增长的幅度远远高于非营利性高等教育机构，其中增长最快的部分主要为申请硕士学位的学生，申请学士学位和博士学位的学生的增幅也较高，即使申请副学士学位的学生相对少些，但也远高于非营利性高等教育机构。

表5　1996-97学年至2006-07学年美国高等教育机构授予学位情况统计表

学位类型	学　年	合　计	公　立	私　立		
				共　计	非营利性高等教育机构	营利性高等教育机构
副学士学位	1996-97	571,226	465,494	105,732	49,168	56,564
	2006-07	728,114	566,535	161,579	43,829	117,750
	百分比	27.5	21.7	52.8	-10.9	108.2
学士学位	1996-97	1,172,879	776,677	396,202	384,086	12,116
	2006-07	1,524,092	975,513	548,579	477,805	70,774
	百分比	29.9	25.6	38.5	24.4	484.1
硕士学位	1996-97	419,401	233,237	186,164	181,104	5,060
	2006-07	604,607	291,971	312,636	261,700	50,936
	百分比	44.2	25.2	67.9	44.5	906.6
博士学位	1996-97	45,876	29,838	16,038	15,694	344
	2006-07	60,616	36,230	24,386	22,483	1,903
	百分比	32.1	21.4	52.1	43.3	453.2

资料来源：笔者根据"Education of U.S. The Condition of Education 2009[R]. http://nces. ed.gov/pubsearch/pubsinfo.asp?pubid=2020-08-09."整理绘制。

2.3.2.4　营利性高等教育机构授予学位层次提高

到2009年10月，据美国联邦政府教育部统计，全美有学位授予权的营利性高等教育机构的数量已经达到了1,043所，其中有四百多所是近十年间新创办的。具有授予学位的资格是美国营利性高等教育机构吸引学生的一个重要因素，是营利性高等教育机构赖以分割高等教育市场并与其他类型的高等教育机构竞争的重要手段。在授予学位方面，营利性高等教育机构尽管以授予副学士、学士学位为主，但从整体上看，营利性高等教育机构在授予学位上出现了逐渐升级和学位层次"上移"的现象。

为了提高社会知名度和竞争力，在2000年后，许多早先创办的营利性高等教育机构将原来开设的资格证书和文凭教育课程升格为副学士，这也是营利性高等教育机构中授予副学士学位的学校数量激增的主要原因。这些学校在办校之初并不向学生授予学位，但随着其成人市场份额不断被掠夺，其他类型的办学机构不断涌现，生存的压力使得它们选择了申请获准授予学位。而新创办的营利性高等教育机构则在设立之初就将自身定位于开设学位课程而不是文凭课程和学历课程的高等教育机构，为此，它们通过并购、收购等走捷径的方式寻求与有学位授予权的院校的合作，办学起点较高，授予的学位层次可能涵盖从副学士到博士各个层次。从整体上看，虽然营利性高等教育机构中具有博士、硕士学位授予权的学校数量还不多，但这个数字在持续增加而且增长速度稳定，具有博士、硕士学位授予资格的学校除瓦尔登大学、凤凰大学、德夫里大学及其分校外，阿格西大学及其分校也进入了这个行列。

营利性高等教育机构授予学位的层次上移体现在授予不同层次学位的学校数量的增长比例上。本书以每 10 年为一个阶段，分为两个阶段（1988—89 学年至 1998—99 学年为第一阶段；1998—99 学年至 2008—09 学年为第二阶段）对此进行分析。在第一阶段，营利性高等教育机构中两年制授予副学士学位的学校从 272 所增加到 470 所，增长率达到 72.1%，四年制授予学士及以上学位的学校从 53 所增加到 144 所，增长率达到 171.6%。在第二阶段，营利性高等教育机构中授予副学士学位的学校从 470 所增加到 553 所，增长率为 17.6%，四年制授予学士及以上学位的学校从 144 所增加到 490 所，增长率高达 240.2%（见表 6）。从这两个时间段的数字中可以看出，营利性高等教育机构中新开办的学校当中，授予副学士学位的数量少于授予学士学位的学校，授予学士学位的四年制学校增长速度最快。

表 6　1989-99 学年至 2008-09 学年营利性高等教育机构增长状况统计表

（单位：%）

时　间	两年制院校	增长率	四年制院校	增长率
1988-89	272		53	
1998-99	470	72.1%	144	171.6%
2008-09	553	17.6%	490	240.2%

资料来源：笔者根据"U. S. Department of Education. College Navigator[EB/OL]. http://nces.ed.gov/collegenavigator/?s=CA&ct=2+3&e1=1&e2=1&pg=12021-3-11."整理绘制。

2.3.2.5 营利性高等教育机构经济效益突出

美国高等教育市场巨大的利润空间吸引了众多投资者投资举办营利性高等教育机构，在 1996 年至 2010 年间，营利性高等教育机构从中获得了丰厚的经济效益。本书以阿波罗集团和教育管理公司两家大型教育公司为例。

在营利性高等教育机构当中，阿波罗集团创造的经济效益最为突出，该公司收入中的 96% 来自其旗下的以开设在线课程为主的子公司——凤凰大学。根据阿波罗集团 2009 年年度报告，公司自 2007 年到 2009 年的三年中，总收入呈稳定上升趋势（见表 7）。在这三年当中，阿波罗集团的注册学生数始终呈快速增长趋势，该公司的学费收入、教育服务收入、教学资料收益等各项收入均有增无减。在 2007 年，阿波罗集团的净收益超过了 20 亿美元；即使在 2008 年全球性经济危机的冲击下，该公司当年的净收益居然突破了 30 亿；在 2009 年全球经济依然低迷的情况下，该公司依然创造了不俗的业绩，公司的年度报告数据显示，"截止到 2009 年第四季度，阿波罗集团的注册生数达到了创纪录的 443,000 人，公司的综合收入突破 40 亿美元，净收益达到 39 亿，比 2008 年增加 8 亿美元。"[55]

表 7　2007 年-2009 年阿波罗集团净收入统计　（单位：百万美元）

	2009		2008		2007	
学费和教育服务收益	3,835.7	96%	2,996.1	95%	2,553.1	94%
教学资料收益	226.4	6%	184.4	6%	161.0	6%
服务收益	83.2	2%	77.7	3%	73.6	2%
其他收益	28.3	1%	43.9	1%	48.5	2%
总收入	4,173.6	105%	3,302.1	105%	2,836.2	104%
减去：折旧	(199.4)	(5%)	(161.2)	(5%)	(112.4)	(4%)
净收益	3,974.2	100%	3,140.9	100%	2,723.8	100%

资料来源：笔者根据"Apollo Group Inc. Apollo Group, Inc.2009Annual Report http://www.apollogrp.edu/Annual-Reports/2009%20Apollo%20annual%20report.pdf2010-3-13."整理绘制。

再以教育管理公司为例，该公司 1962 年在宾夕法尼亚州注册成立，公司最初的几年里由于资金及经验的等原因，并没有急于创办自己的办学实体或

---

55 Apollo Group Inc.. 2009 Annual Report [EB/OL]. http://www.apollogrp.edu/Annual-Reports/2009%20Apollo%20annual%20report.pdf2020-3-12.

子公司。公司于 1970 年首次收购了有学位授予权、得到认证的匹兹堡艺术学院；在 1975 年到 1985 年间仅收购了 8 所学校；自 1995 至 2002 年间才集中资本进行了大规模收购和并购，并于 1996 年正式上市，当年筹集资金达 4,500万美元。该公司的股票价格在二十年时间里翻了十多倍，"股票平均价格从 1996 年的 4.18 美元到 2006 年上涨为 42.99 美元。"[56]到 2010 年，教育管理公司已经开设了将近一百家分支机构，该公司的 2010 年第一季度财务报表宣布，"2010 财年度第一季度的净收入为 1,580 万美元，比上年同期增长了 23.1%。"[57]

2.3.3　繁荣发展阶段的特点

美国营利性高等教育机构的繁荣表现本身已经反映了其繁荣阶段的一些特征。此外，与发端、发展阶段相比，营利性高等教育机构繁荣阶段的特征还表现在以下几方面。

第一，营利性高等教育机构的竞争力大幅提升。这从营利性高等教育机构的急剧扩张的规模上可见一斑。首先表现在营利性高等教育机构数量急剧攀升。这一阶段的营利性高等教育机构由于追求规模化发展，跨地区、跨国界开设分支机构，学校数量急剧增长，如前文所述，到 2010 年，营利性高等教育机构的数量从 1988 年的 325 所增至 1043 所。其次表现在生源的大量涌入。到 2010 年，在营利性高等教育机构注册的学生数已经从 1988 年的十几万人达到了二百多万人。从美国高等教育系统整体来看，到 2010 年，营利性高等教育机构在其中占据的份额是 24.2%，从整体来看，还不足四分之一，但这个份额在 1996 年还只有百分之五左右，仅仅不到二十年的时间，营利性高等教育机构已经从美国高等教育系统的边缘迅速向核心蚕食，表现出了较强的竞争力。

第二，营利性高等教育机构的办学主体发生转变。在营利性高等教育机构的发端，学校举办人一般以个人为主，出现了较多"夫妻店"或者"家庭作坊"式的学校。在其发展阶段，尤其在复苏阶段，营利性高等教育机构的办学主体出现转变，一些秉承先进教学理念的有高等教育背景的办学人或者合

---

56 EDMC. Stock Price History [EB/OL]. http://phx.corporate-ir.net/phoenix.zhtml?c= 87813&p=irol-stocklookup.2020-11-15.

57 EDMC. Investor Relations/Press Release [EB/OL]. http://phx.corporate-ir.net/phoenix. zhtml?c=87813&p=irol-newsArticle&ID=1351178&highlight=2020-11-09.

伙办学人出现。到其繁荣阶段，学校举办主体发生了更大转变，除继续存在个人以及合伙人办学的形式外，一些投资公司开始投资教育，成为真正的学校法人。投资公司办学的目的当然以营利为主，它们具备雄厚的经济实力和成熟的公司制管理机制。投资公司一般通过收购、控股等方式直接接手一些办学资金不足或面临倒闭的营利性高等教育机构，通过大量注资、移植办学模等方式，教育投资公司能够迅速创造经济效益，能够避免自己创办学校可能面临的起点低、见效慢等问题。

第三，营利性高等教育机构办学层次提高。在发端阶段，营利性高等教育机构不具有学位授予资格，个别学校发放职业资格证书和文凭；在发展阶段，多数营利性高等教育机构以颁发职业资格证书和文凭为主，其中一些学校获得了学位授予资格，但主要以授予副学士学位为主。到繁荣阶段，营利性高等教育机构重视提高教学质量，积极争取认证机构的认证，授予学位的资格相应得到提升。尽管目前营利性高等教育机构仍然以授予副学士学位居多，但已经具备授予从副学士、学士、硕士到博士学位的资格，其中授予学士以上学位的营利性高等教育机构的增长速度很快。繁荣阶段的学位课程内容更是得到较大丰富和扩充。

第四，营利性高等教育机构与非营利性高等教育机构之间出现边界渗透。在营利性高等教育机构的发端和发展阶段，营利性高等教育机构与非营利性高等教育机构之间几乎是隔绝的。到繁荣阶段，营利性高等教育机构的社会地位和影响力促使非营利性高等教育机构与其开展合作。例如，在最近几年，"阿波罗集团与威斯康星州的卡第纳尔·斯特里奇大学、爱荷华州的威廉姆·佩恩学院、印第安纳州的印第安纳·卫斯理大学都结成了伙伴关系，辅助这些学校进行市场化运作，帮助他们用凤凰大学的模式开展课程，作为回报，阿波罗集团收取其所得利润的1%。"[58]可以说，营利性高等教育机构已经参与到非营利性高等教育机构的营利性活动当中。

2.3.4 从繁荣发展转向创新发展

虽然营利性组织有一个明确的目标——对股东的价值，但事实上，如果任何社会企业的唯一目的是赚钱，那么它在经济上或法律上都是不可行的。

---

58 Ann I. Morey. Globalization and the Emergence of For-Profit Higher Education [J]. Higher Education, 2004，（48）:146.

自 2010 年至 2020 年，美国营利性高等教育机构在经历了短期的高速发展阶段后，逐利的组织属性使其必然暴露出一系列的问题。如，学生提起欺诈起诉的案件增多，有数据显示"在美国营利性高等教育机构注册的学生提起欺诈投诉、要求退还联邦贷款的可能性是在非营利性高等教育机构注册的学生的 200 倍。"[59]另一份调查报告显示"有 83% 的营利性高等教育机构并未真正执行学术进步标准，1165 所营利性高等教育机构中有 766 所在招聘过程中有歪曲事实的现象，有 533 所在不同程度上夸大了就业安置率，有 366 所对学生所获得的奖学金做了不实的宣传，有 399 存在通过广告扩大或虚假宣传的情况。"[60]

学生贷款违约也集中发生在营利性高等教育机构。有资料显示"在 2004 年进入盈利性行业的所有新生中，近一半曾在之后的 12 年内（至 2021 年）违约……几乎是其他行业的四倍。"[61]历史资料显示"在美国颁布第一个联邦学生援助计划期间（1934-1943 年），美国传统大学中有八分之一的学生获得了贷款资助，当时营利性高等教育机构不在受助范围。即便当时对高校没有认证的要求，但也没有重大丑闻披露。"[62]1958 年，在创建艾森豪威尔威尔总统的国防教育法案时，艾森豪威尔威尔总统和国会将资金限制在公共和非营利机构。此期间也没有与此相关的重大丑闻的报道。自 20 世纪 70 年代初至 20 世纪末，在营利性高等教育机构注册的学生获得了与在其他高等教育机构就读的学生同样的从联邦政府贷款的资格，但在此期间及此后，联邦贷款被滥用的行为却被频频曝光。有资料显示"联邦贷款和拨款的供应恶化了营利性高等教育机构劣质的招聘、广告和招生的做法，允许边缘学校增加数千名学生加入注册名单。"[63]

59 Robert Shireman • The Century Foundation • 05.09.2018. Background on Bogus Nonprofit Conversions [R]. https://sites.ed.gov/naciqi/files/2018/05/Shireman-NACIQI-conversions-050918.pdf2021-09-09.

60 David Whitman, "The Reagan Administration's Campaign to Rein In Predatory For-Profit Colleges," The Century Foundation, February 13, 2017.

61 Judith Scott-Clayton, "The looming student loan default crisis is worse than we thought," Brookings Institution, January 11, 2018.https://sites.ed.gov/naciqi/files/2018/05/Shireman-NACIQI-conversions-050918.pdf2021-09-09.

62 See Kevin P. Bower, Bower, K. （2004）. "A favored child of the state: Federal Student Aid at Ohio Colleges and Universities, 1934-1943." History of Education Quarterly, 44 （3）, 364-387.

63 "Proprietary Vocational and Home Study Schools," Final Report to the Federal Trade Commission and Proposed Trade Regulation Rule, Federal Trade Commission, December 10, 1976, 318.

针对愈演愈烈的此类情况，进入 21 世纪后，联邦政府收紧了对营利性高等教育机构的资助政策，同时加强了监管。为了继续保持发展势头，美国营利性高等教育机构尝试采取创新发展的战略，如或创新课程内容，利用互联网创新授课方式，开展线下与线上混合教学；转变组织属性，将营利性组织转为非营利性组织等。

德夫里大学与 ITT 教育服务公司是开展线上与线下混合教学改革的创新典范。截止到 2016 年 9 月 30 日，ITT 教育服务公司"在美国 39 个州为大约 48,000 名学生提供线上和线下教育服务，拥有并经营着 130 多个 ITT 技术学院，为职业发展者和其他专业人士提供短期信息技术和商业学习解决方案。"[64]到 2021 年 8 月，"德夫里大学已经拥有 40 多个能 100% 提供在线课程的，并承诺每周七天全天 24 小时提供一对一教育服务。"[65]斯特拉耶大学重视创新课程内容，通过获得认证提高课程设置的标准。到 2021 年 8 月，将"通过创新的学习计划，致力于为在职成年人创造经济流动性"[66]作为办学使命的斯特拉耶战略公司已经拥有 7 家子公司，得到了中东部高等教育委员会认证和华盛顿地区认证委员会认证，除颁发各类职业资格证书和文凭外，已经具有授予从副学士到硕士学位的资格。教育管理公司的创新战略是"在 2017 年向非营利性公司机构转型，将 31 个艺术学院、南方大学和阿格西大学出售给给非营利性组织梦想中心基金会（Dream Center Fundation）。"[67]非营利性大学的地位已经成为其至关重要的营销工具。

---

64 ITT. About ITT Educational Serivices, Inc. [EB/OL] http://www.ittesi.com/index. php?s=45.2021-09-09.

65 DeVry. Welcome to DeVry Inc. [EB/OL]. http://www.devryinc.com/index.jsp.2021-03-04.

66 Strategic Education, Inc. Responsibility [EB/OL]. https://www.strategiceducation.com/about/corporate-responsibility/default.aspx.2021-08-31.

67 Bloomberg Government. Conflicts of Interest seen as For-Profit Schools Eye Norprofit Status [EB/OL] https://www.nytimes.com/2015/03/03/business/some-private-colleges-turn-a-tidy-profit-by-going-nonprofit.html2021-9-24.

3 美国营利性高等教育机构的组织类型

组织学认为对组织进行分类，是深入研究该组织的一种必要的和有效的手段。深入研究美国营利性高等教育机构的组织特征就意味着应首先从其组织分类切入。组织学向来提倡应用系统理论的一般原理、方法，来全面分析组织类型。系统论的基本思想方法是把所研究和处理的对象当作一个系统，分析系统的结构和功能。系统论认为"组织是一个整体，一个与外界环境进行相互作用而又对内部子系统的结构和功能进行相应调整的'开放系统'"[1]从系统论的角度看营利性高等教育机构的类型的话，一方面营利性高等教育机构与公立大学、非营利性私立大学一样，都同样是美国高等教育系统中的子系统；另一方面，美国营利性高等教育机构自身与公立大学、非营利性私立大学有着相对清晰的组织边界，自成系统。为此，本书将在以上两个系统中对美国营利性高等教育机构进行类别分析：一方面将营利性高等教育机构置于美国高等教育的宏观系统中进行类型分析，一方面将营利性高等教育机构作为一个独立的系统，在其系统内部进行类型分析。

3.1 美国高等教育系统中的营利性高等教育机构

营利性高等教育机构的繁荣发展，使得美国高等教育机构的概念内涵发生了巨大的变化，增加了美国高等教育机构类型的多样化与复杂性，对美国

---

1 刘延平：多维审视下的组织理论[M]，北京：清华大学出版社，2007.219。

整个高等教育系统的构成和分类提出了挑战。在美国，将中学后高等教育机构作为一个系统进行分类的主要有卡内基高等教育分类体系（Carnegie Classification of Institute of Higher Education）、加州高等教育总体规划（Master Plan for Higher Education in California）和联邦教育部的教育系统分类框架。应该说，这些高等教育分类框架一直试图反映美国高等教育系统中的新发展，试图反映出不断衍生的新的高等教育机构，分类标准也一直随着时代的变迁有所变化。目前以上三种常见的高等教育机构分类法已将营利性高等教育机构纳入到美国高等教育系统当中进行类型分析。本书依托这三种常见的分类法，在美国高等教育整体系统中，对营利性高等教育机构的分类进行全面深入的分析。

3.1.1　卡内基高等教育机构分类体系中的营利性高等教育机构

卡内基的高等教育机构分类是现代美国高教界较为认可或占主导地位的大学分类。致力于资助教育事业的卡内基教学促进基金会（the Carnegie Foundation for Advancement of Teaching）创立于 1906 年。到 1970 年，为了更好地对美国高等院校的教学、科研进行了解、分析和研究，该基金会首次制定了卡内基的高等教育机构分类标准。该分类法最初将高等教育机构划分为五大范畴：博士学位授予学院、综合性大学和学院、文理学院、两年制学院学位教育机构和特殊教育机构，外加职业学校和技术学校。卡内基分类法已经成为美国乃至全世界最有影响的高等教育机构分类法，并已被广泛地应用于高等教育研究当中。该分类法每隔几年对数据进行更新，以反映高教系统内部的变化。本书选取了 2000、2005 和 2018 年卡内基分类的数据对营利性高等教育机构开展研究。"2000 年卡内基分类"首次将营利性高等教育机构纳入到美国高等教育系统中进行类别划分。"2000 年卡内基分类"能够反映处于发展鼎盛时期的营利性高等教育机构的态势。由于"2021 年卡内基分类"在 2022 年 1 月公布（晚于本书排印时间），本书将基于"2018 年卡内基分类"体系（其中对营利性高等教育机构的分类有所调整），分析营利性高等教育机构在美国高等教育系统中的地位、影响和特点。

3.1.1.1　"2000 年的卡内基分类体系"中的营利性高等教育机构

美国营利性高等教育机构于 1996 年正式得到了联邦政府教育部的官方正名。到 2000 年，营利性高等教育机构发展到 617 所。营利性高等教育机构迅疾发展的势头使得"2000 年卡内基分类"开始关注这一新型高等教育机构的发展，并试图在其分类框架中反映出来。"2000 年卡内基分类"依照其传统的办学功能的划分标准对美国高等教育系统进行了统计和分类，将高等教育机构分为六大范畴："博士/研究型大学、硕士学位授予院校、学士学位授予院校、副学士学位授予院校、专业院校、部落院校与大学"，首次将"营利性高等教育机构"与"公立大学"、"私立非营利性高等教育机构"作为美国高等教育系统的子系统并列纳入到统计范畴（见表8）。

表 8　2000 年卡内基高等教育机构分类体系中的营利性高等教育机构一览表

学校类型	总数	公立高等教育机构	私立非营利性高等教育机构	营利性高等教育机构	营利性高等教育机构所占比例	主要营利性高等教育机构
总计	3941	1643	1681	617	15.7	
博士/研究型大学	261	166	93	2	0.8	瓦尔登大学、萨拉索塔大学、科罗拉多科技大学
博士/研究型大学一综合型	151	102	49	0	0	斯特拉耶大学、休伦大学、佛罗里达城市大学及其 8 所分校
博士/研究型大学一小型	110	64	44	2	1.8	波托马克学院、德夫里技术学院（在加利福尼亚州、伊利诺伊州、密苏里州和俄亥俄州等州开设的分校
硕士学位授予院校	611	272	331	8	1.3	丹佛技术学院、沙利文学院、莫里森学院、美国国民大学等
硕士学位授予院校 I	496	249	246	1	0.2	西部职业学院、亚特兰大艺术学院、夏威夷商业学院、ATI 职业培训中心、肯塔基商业学院等
硕士学位授予院校 II	115	23	85	7	6.1	西南针灸学院、东方医学研究院等
学士学位授予院校	606	91	499	16	2.6	德夫里技术学院、ITT 技术学院等
学士学位授予院校一文理学院	228	26	202	0	0	凤凰大学、凯勒管理学院等

学士学位授予院校—综合学院	321	50	266	5	1.6	西部艺术学院、视觉艺术学院等
学士/副学士学位综合学院	57	15	31	11	19.3	托马斯.杰斐逊法学院、西部州法学院等
两年制副学士学位授予学院	1669	1025	159	485	29.1	美国军事大学、卡佩拉大学、新英格兰烹饪学院
专业学院	766	67	593	106	13.8	
神学院及与信仰有关的学院	312	0	311	1	0.3	
医学院和医学中心	54	30	24	0	0	
其他独立的保健学校	97	2	84	11	11.3	
工程技术学院	56	9	16	41	62.1	
商贸管理学院	49	0	34	15	30.6	
艺术、音乐和设计学院	87	5	57	25	28.7	
法律学院	25	2	21	2	8.0	
教师学院	6	1	5	0	0	
其他专门学院	70	18	41	11	15.7	
部落学院和大学	28	22	6	0	0	

资料来源：笔者根据"The Carnegie Foundation for the Advancement of Teaching: Down loads[EB/OL]. https://carnegieclassifications.iu.edu/downloads.php. 2021-09-02." 整理绘制。

从"2000 年卡内基分类体系"当中可以看出，在 2000 年前后，在美国高等教育机构系统共有 3,941 所高等教育机构，营利性高等教育机构只有 617 所，在全美高等教育机构中所占比例还相当小，只有 15.7%。从学位授予资格来看，到 2000 年，营利性高等教育机构已具备授予从副学士、学士、硕士到博士学位的资格。从学位授予的数量来看，营利性高等教育机构中的具有博士学位权的学校/研究型大学所占比例极少，从数量上看仅有 2 所，在全美 261 所研究型大学中所占比例为 0.8%；营利性高等教育机构中的硕士学位和学士学位授予学校也相对较少，只有 8 所（全美共 611 所）和 16 所（全美共 606 所），在美国高等教育机构中的比例分别为 1.3%和 2.6%；副学士学位授予学校是营利性高等教育机构中的主流，共 485 所，全美共 1,669 所，这一层次的营利性高等教育机构在美国高等教育机构中所占比例达到 29.1%；营利性高等教育机构中的专业学院共 106 所，全美共 766 所，所占比例为 13.8%；营利性高等教育机构中没有部落学院和大学。

从"2000 年卡内基分类"中可以得出以下结论：在 2000 年前后，在美国高等教育系统中，营利性高等教育机构数量相对较少。与公立大学和私立非营利性高等教育机构相比，美国营利性高等教育机构中研究型大学极少，非研究型大学所占比例较大；所授予的博士学位和硕士学位数量较少、学士学位稍多、副学士学位较多；营利性高等教育机构中专业学院较多，专业划分较细，所开设的专业以商贸、医学、法律、艺术、音乐、设计、工程技术等为主；营利性高等教育机构的课程中通识课程所占比例较少，职业课程和专业课程所占比例较多。

3.1.1.2 "2005 卡内基分类体系"中的营利性高等教育机构

"2005 年版的卡内基分类体系"包括综合性分类体系和选择性分类体系两种。综合性分类体系主要包括五个子类：学士及以下学位课程计划；硕士及以上学位课程计划；高校学生注册情况；学士及以下学位授予院校学生情况；高校规模和学生就读方式。选择性分类体系虽然是卡内基分类体系在结构上的新突破，但该体系很大程度要依赖高等教育机构的意愿以及其所提供的教学、科研活动数据的完备性和可靠性。所以本书主要从"2005 年卡内基分类体系"的综合性分类体系对营利性高等教育机构的类型进行分析。"2005 年卡内基分类体系"的分类体系纳入了美国所有的有学位授予资格的高等教育机构和在校学生（截止到 2004 年秋），该分类体系的综合性分类体系中的各个子类能够反映营利性高等教育机构在美国高等教育机构中的具体情况，以其中的"学士及以下学位课程计划"子类为例（见表 9）。

表9 2005年卡内基分类体系中"学士及以下学位课程计划"子类中院校分布统计表

	公立大学	私立非营利性高等教育机构	营利性高等教育机构	公立高等教育机构所占比例	私立非营利性高等教育机构所占比例	营利性高等教育机构所占比例
只授予副学士学位的院校	1067	125	497	63.2%	7.4%	29.4%
授予副学士学位为主的院校	42	44	73	26.4%	27.7%	45.9%
授予学士为主的院校	551	957	64	35.05%	60.8%	4.07%
高等人文和科学院校（学位不互认）	5	89	1	5.3%	93.7%	1.1%
高等人文和科学院校（部分学位互认）	8	38	0	17.4%	82.6%	0.0%
高等人文和科学院校（学位互认）	7	12	2	33.3%	57.1%	9.5%
人文和科学院校（学位不互认）	13	61	1	17.3%	81.3%	1.3%
人文和科学院校（部分学位互认）	36	53	0	40.4%	59.6%	0.0%
人文和科学院校（学位互认）	29	18	1	60.4%	37.5%	2.1%
专业院校（学位不互认）	28	92	1	23.1%	76.0%	0.8%
专业院校（部分学位互认）	125	169	2	44.0%	55.3%	0.7%
专业院校（学位互认）	70	21	3	74.5%	22.3%	3.2%
专业院校（学位不互认）	29	97	4	22.3%	74.6%	3.1%
专业院校（部分学位互认）	125	169	11	41.0%	55.4%	3.6%

专业院校（学位互认）	48	16	3	71.6%	23.9%	4.5%
高等专业院校 （学位不互认）	12	53	6	16.9%	74.6%	8.5%
高等专业院校 （部分学位互认）	10	66	22	10.2%	67.3%	22.4%
高等专业院校 （学位互认）	2	10	7	10.5%	52.6%	36.8%
专门院校	45	594	167	5.6%	73.7%	20.7%
不适用	2	12	1	13.3%	80.0%	6.7%
未纳入分类框架	30	13	107	20.0%	8.7%	71.3%
总计	1737	1745	909	39.6%	39.7%	20.7%

资料来源：笔者根据 The Carnegie Foundation for the Advancement of Teaching. Standard Listing[EB/OL].https://carnegieclassifications.iu.edu/downloads.php.2021-09-05 整理绘制。[2]

首先，从表 9 中可以看出营利性高等教育机构的增长速度迅疾。与 2000 年相比，到 2004 年秋，经过 5 年的发展，全美高等教育机构从 3,941 所发展到 4,391 所，增长了 11.4%。其中公立大学从 1,643 所增加到 1,737 所，增加了 94 所，增长比例为 5.7%；私立非营利性高等教育机构从 1,681 所增加到 1,745 所，增加了 64 所，增长比例为 3.5%；营利性高等教育机构则从 617 所增加到 909 所，增加了 292 所，增长比例为 47.3%，超过了非营利性高等教育机构。到 2004 年秋，"美国高等教育机构注册学生总数为 17,570,569 人，其中公立大学注册生总数为 13,081,219 人；私立营利性高等教育机构注册生总数为 3,589,454 人；营利性高等教育机构注册生总数为 899,896 人。"[3]可以看出，自 2000 到 2005 年，尽管从绝对数量来看，营利性高等教育机构的注册学生数还远远低于非营利性高等教育机构，但从增长的相对比例来看，

2　在"2005 年卡内基分类体系"中，高等教育机构被按照授予学位的水平划分为：只授予副学士学位的机构；副学士学位占主导的机构（即授予副学士学位多于学士学位的机构）；学士学位占主导的机构（授予学士学位的机构又分为：高等人文和科学院校（学生中至少有 75%主修人文和科学）；人文和科学院校（学生中至少有 50%但不足 75%主修人文和科学）；专业机构（学生中有 50%但不足 75%主修不同专业）；高等专业机构（学生中至少有 75%主修专业学科）。

3　The Carnegie Foundation for the Advancement of Teaching. Summary Tables [EB/OL]. http://classifications.carnegiefoundation.org/summary/basic.php2013-03-06.

营利性高等教育机构的注册学生数远远超过了公立大学和私立非营利性高等教育机构。

其次，表9反映出营利性高等教育机构所授学位以"副学士"为主。在"学士及以下学位课程计划"这一子类中，营利性高等教育机构中"只授予副学士学位"和"以授予副学士学位"为主的院校分别为497所和73所，在同类院校中所占的比例分别为29.4%和45.9%，而"授予学士学位为主"的营利性高等教育机构只有64所，在同类院校中所占比例仅为4.07%。由此可以看出：尽管如前文所述，营利性高等教育机构授予的学士以上学位数在最近几年里增长幅度最大，但从此表中可以看出，营利性高等教育机构中"只授予副学士学位"和"以授予副学士学位"的院校占多数；所授予的学位偏低，以副学士学位为主。

再者，表9反映出营利性高等教育机构中授予学士学位的院校多是"高等专业院校"或"专业院校"。从表中可以看出，"2005年卡内基分类体系"将授予学士学位的院校分为四类，它们分别是"高等人文和科学院校、人文和科学院校、专业院校和高等专业院校"。在营利性高等教育机构内部，"高等人文和科学院校"和"人文和科学院校"所占比例很低，而"专业院校"和"和高等专业院校"所占比例稍高。

3.1.1.3　"2018卡内基分类体系"中的营利性高等教育机构

在"2018卡内基分类体系"中，被统计的美国高等教育机构总数为4324所，比2015年更新的机构总数少了7.3%。一些高等教育机构的关闭，以及更多的合并和重组能够解释这些变化。

表10　2015-2018"卡内基分类体系"中有本科学位授予权的高等教育机构的数量变化

	2018更新后			2015年后关停	2015年总计
	自2015至2018续存	新　增	总　计		
公立	1627	27	1654	23	1650
两年制	873	9	882	16	889
四年制	754	18	772	7	761
私立非营利	1670	71	1741	90	1760
两年制	81	20	101	8	89

四年制	1589	51	1640	82	1671
私立营利性	808	121	909	454	1262
两年制	382	87	469	166	548
四年制	426	34	460	288	714
总计	4105	219	4324	567	4672

资料来源：Carnegie Classifications.2018 Update Facts & Figures[EB/OL]. https://carnegieclassifications.iu.edu/downloads.php2021-09

从表 10 可以看出，自 2015 年至 2018 年三年间，从整体看，美国有本科学位授予权的各类高等教育机构的数量均有不同程度的变化。其中，美国公立高等教育机构略有增加，从 1650 所上升至 1654 所。私立高等教育机构均有所减少。私立非营利性高等教育机构从 1760 所减少到 1741 所。私立营利性高等教育机构是美国高等教育系统中变化最大的部分。整体数量从 1262 所减至 909 所。但无论是更名、合并、停办、新建或是转为非营利性组织，这类高等教育机构都是美国高等教育系统中最活跃的部分。

总之，营利性高等教育机构的出现改变了卡内基高等教育的分类标准和内容，从营利性高等教育机构被纳入到卡内基高等教育机构分类当中能够得出几个结论：一是营利性高等教育机构增加了美国高等教育的多样化特征。营利性高等教育机构的发展使得美国高等教育机构的多样化特征更加显着，甚至在一定程度上改变了美国高等教育系统的整体结构；二是表明了营利性高等教育机构的社会影响力和作用正在抬升。基于目前营利性高等教育机构在美国高等教育系统中的扩张态势和发展模式，其未来对非营利性传统大学构成竞争甚至威胁不是不可能的；二是营利性高等教育机构办学层次较低。尽管有极少数营利性高等教育机构跻身研究型大学的行列，但多数营利性高等教育机构以授予副学士学位为主。四是在营利性高等教育机构中，各类专业院校兴起说明了营利性高等教育机构以提供职业教育为主，在满足市场对人才多样化需求方面做出了努力并取得了成效。

3.1.2 美国教育部"公私立高等教育机构分类法"中的营利性高等教育机构

自 1996 后，美国联邦政府教育部已将营利性高等教育机构纳入分类系统中。从整体上看，美国联邦政府教育部的高等教育机构分类法主要以"办学资金的来源"和"办学所有权"为分类依据，所以该法通常被称作"公私立高等教育机构分类法"。

20 世纪 90 年代后营利性高等教育机构的迅速崛起，对美国高等教育机构系统带来了不小的冲击。营利性高等教育机构的快速发展促使美国联邦政府教育于 1996 年修改了《高等教育法》，此后，教育统计和政府文献中正式将"营利性高等教育机构"与"公立大学"和"私立非营利性高等教育机构"一并作为全美中学后教育的统计对象。美国联邦政府教育部按照公私立高等教育机构分类法，将高等教育机构划分为三大系统：公立大学（public institute）、私立非营利性高等教育机构（private non-profit institute）和私立营利性高等教育机构（private for-profit institute），又按照学制将这三类大学系统细分为：两年制公立大学、四年制公立大学；两年制私立非营利性高等教育机构、四年制非营利性高等教育机构；两年制营利性高等教育机构、四年制营利性高等教育机构。

联邦政府教育部自 1996 年给予了营利性高等教育机构官方地位后，教育部对高等教育机构的调查和统计通常按照公私立高等教育机构分类法展开。如在"完成学位状况、学生注册分布、专业受欢迎程度的调查、毕业生的数量和收入、学费标准、教师类型、开设学科的种类、研究活动层次、获得联邦政府资助经费"等具体方面的调查和统计，联邦教育部都是沿着"公立大学、私立非营利性高等教育机构和私立营利性高等教育机构"三条线路展开。

联邦教育部将营利性高等教育机构纳入到高等教育系统当中，将其涵盖在数据统计和调查研究范围之内带来了诸多积极影响：首先，营利性高等教育机构丰富了美国高等教育系统的内涵，扩大了其外延；其次，营利性高等教育机构的统计数据被纳入到联邦教育部中学后数据统计中心，增强了美国高等教育机构统计数据的客观性和全面性；再者，营利性高等教育机构得到官方正名和被纳入到官方数据统计中心，有利于获得联邦政府的资金和政策的扶持，有利于规范办学，提高整体办学质量和接受社会监督，有利于持续、健康发展。

3.1.3　加州高等教育总体规划分类中的营利性高等教育机构

如果说"卡内基高等教育机构分类框架"和联邦政府的"公私立高等教育机构分类法"纳入了全美所有的高等教育机构，能够反映出营利性高等教育机构在美国高等教育整体系统中的地位和影响，那么《加州高等教育总体规划》（Master Plan for Higher Education in California, 1960-1975，以下简称《总体规划》）则是在加利福尼亚州范围内，将所有的高等教育机构作为研究对象进行类别划分的，能够反映出营利性高等教育机构在加州高等教育系统中的状况。在 1960 年的《总体规划》，由于营利性高等教育机构当时发展低迷，没有被纳入到规划系统当中。在 2004 年的《总体规划》中，营利性高等教育机构因其迅疾的发展势头受到关注，而被正式纳入到《总体规划》分类系统中。

1960 年，克拉克.克尔主持制定了《加州高等教育总体规划》。该规划的提出是为了应对二十世纪中后期加州高等教育学生人数激增、公立高等教育各部分无序竞争、加州财政紧张等问题。该规划对加州高等教育发展前景进行了策划，以法律的力量规范了不同类型高等教育机构的功能。最早的《总体规划》主要将加州的公立高等教育系统分成了三部分，它们分别是：加州州立大学系统、加州大学系统及社区学院。当时的《总体规划》并未将营利性高等教育机构组织置于总体规划范围，而是将其与私立院校至于系统之外的"私立学院和大学委员会（Association of Independent Colleges and Universities, ALCU）"。该规划确定并区分了不同院校系统的功能："加州大学系统是首要的学术研究机构，提供从本科到研究生各个层次、包括专业教育在内的教育服务，是唯一可以独立授予博士学位的机构，所开设的研究生学位的课程主要有法律、医学、牙医学、兽医学等。加州州立大学系统的主要任务是从事本科到硕士研究生层次的、包括专业教育在内的教育服务，能够和加州大学或私立高校联合授予博士学位，授课方式主要以传统的教室教育为主。社区学院系统的首要使命是为各个不同年龄段的人提供本科阶段前两年的学术准备或职业教育，主要提供的教育服务有：补偿教育、作为第二语言的英语教育、成人非学历教育、社区服务教育和劳动力培训服务等。"[4]可以看出，在最初的《总体规划》的分类体系中，营利性高等教育机构并未被正式纳入到三个子系统中，而是与私立非营利性高等教育机构一起被作为旁支归入到私立院校当中。

20 世纪 90 年代后，营利性高等教育机构崛起，尤其在加州，营利性高等

---

4 马崇刚：从加州高等教育总体规划看中国高校分类定位问题[D]，西安：西北大学，2008.20。

教育机构的数量和规模都以惊人的速度扩张，2004 年修改的《总体规划》也因此调整了分类框架。在 2004 年修改过的《总体规划》中，营利性高等教育机构与私立非营利高等教育机构一起被纳入到总体规划当中。2004 年的《总体规划》将加州的高等教育机构重新进行了划分，将原先的三个系统扩充为四个系统，即"加州州立大学、加州大学、社区学院、加州独立学院"四大类。先前被排除在总体规划之外的"营利性高等教育机构"与"私立非营利性高等教育机构"一起被作为"独立学院"划归到"加州独立学院"系统当中。此后，《总体规划》根据加州高等教育机构的调整变化每年都更新数据。

截止到 2021 年 9 月，从授予学位的层次看，营利性高等教育机构能够提供从副学士、学士到硕士和博士的各个层次的学位课程。《总体规划》主要按照学校授予学位的层次对高等教育机构进行类别划分。"加州州立大学"系统主要提供学士、硕士学位层次的教育，课程内容广泛，强调博雅、科学和应用，招生范围划定在高中毕业生中的前 12.25%；"加州大学"系统除了提供与加州州立大学系统相同的学位课程外，还授予所有学术领域博士学位的资格，课程内容广泛，学生可以选择成为工程师、律师、牙医、建筑师、社工人员等不同的职业课程，招生范围扩大到高中毕业生中的前 33.3%；"加州社区学院"主要提供学士以下学历证书和副学士学位，主要提供职业与技术课程，也提供一般的博雅课程，在入学资格上更加宽松，只要是高中毕业生或年满十八岁者都可进入社区学院就读。"加州独立学院"（包括 75 所加州营利性高等教育机构和私立非营利性高等教育机构）"能够授予从副学士到博士的所有学位，所开设的课程以工商管理、法律、金融、护理学、兽医等专业为主，在入学资格上营利性高等教育机构基本不设门槛。"[5] 这四部分形成了很好的分工体系，构成了加州高等教育系统。

从数量来看，"加州独立学院"系统中的营利性高等教育机构超过了非营利性私立大学。营利性高等教育机构之所以能够跻身于加州高等教育总体规划中，主要原因就在于营利性高等教育机构在加州独立学院系统中的数量和影响力均赶上并超过了非营利性私立大学。在 2004 年的《总体规划》中纳入的 75 所独立学院当中，"营利性高等教育机构共有 41 所，非营利性私立大学共有 34 所，从数量上看，营利性高等教育机构比非营利性私立大学多 7

5 California Colleges. edu. Admissions [EB/OL]. http://www.californiacolleges.edu/admissions/apply-for-admission.asp 2021-12-03.

所。"[6]从 2009 年秋季注册学生的数量来看，加州独立学院系统中注册生数最多的大学是两所营利性高等教育机构："加州美术学院（Academy of Art University）和凤凰大学南加州分校（University of Phoenix-Southern California Campus），前者注册生数为 13,181，后者注册生数为 12,339。"[7]到 2021 年 9 月份，加州美术学院已经发展成为美国最大的私立营利性艺术和设计专业学校。所开始课程涉及广告、动画、建筑到通信、游戏开发和网页设计等各个领域。

从发展规模来看，营利性高等教育机构中的主要典型代表，如凤凰大学、德夫里大学、阿格西大学等，在加州都开办了数所分校，并在加州高等教育系统中表现优异。具备"授予博士学位资格的营利性高等教育机构主要是阿格西大学（Argosy University），该校在加州洛杉矶、圣迭戈等地有 5 所分校；能够授予从副学士到硕士学位的营利性高等教育机构主要是在洛杉矶等地有 2 所分校的德夫里大学（DeVry University）；在南加州等地有 4 所分校的凤凰大学（University of Phoenix）。"[8]在加州独立学院中"授予副学士学位的营利性学校数量较多，约有 20 多所，规模较大的主要有：有 8 所分校的海尔德学院（Heald College）；有 5 所分校的美国加州艺术学院（California College of the Arts）；有 4 所分校的韦斯特伍德学院（Westwood）的；有 2 所分校的时尚设计商学院（Fashion Design School of Business）。"[9]

总之，从《总体规划》中可以看出，一是营利性高等教育机构在加州的独立学院系统中占据了半壁江山之多，在独立学院系统中，乃至在加州高等教育系统中已经形成一股不可小觑的力量；二是作为独立学院，营利性高等教育机构与非营利性私立大学同样得不到州政府的资金支持，学校的运行更依赖于学费收入和社会资金；三是不同的营利性高等教育机构规定了不同的入学条件和标准，体现了营利性高等教育机构致力于满足学生个性化需求的以学生为顾客的办学理念；四是"所有的营利性高等教育机构均须获得西部

6　Education Department of U.S. College Navigator [EB/OL] http://nces.ed.gov/collegenavigator/?s=CA&ct=2+3&e1=1&e2=1&pg=52021-09-04.

7　Education Department of U.S. College Navigator [EB/OL] http://nces.ed.gov/collegenavigator/?s=CA&ct=2+3&e1=1&e2=1&pg=12021-09-04.

8　National Center for Education Statistics/U.S. of Education Institute of Education Sciences. College Navigator [EB/OL]. http://nces.ed.gov/collegenavigator/?s=CA&ct=2+3&e1=1&e2=1&pg=12021-09-04.

9　National Center for Education Statistics/U.S. of Education Institute of Education Sciences. College Navigator [EB/OL]. http://nces.ed.gov/collegenavigator/?s=CA&ct=2+3&e1=1&e2=1&pg=12020-12-04.

学院和大学委员会的认证方可成为独立学院委员会成员"[10]，这也说明《总体规划》对营利性高等教育机构的办学质量有严格的要求；五是《总体规划》所纳入的营利性高等教育机构所授予的学位涵盖了从副学士、学士到硕士、博士等所有层次，但其中授予副学士学位的营利性高等教育机构数量居多，凸显了营利性高等教育机构的职业培训的倾向。加州高等教育总体规划的提出主要针对的是本州岛的高等教育，虽然从地域上有一定的局限性，但该规划对本州岛高等教育发挥了显着的调控作用，在全美也产生了一定的影响力。营利性高等教育机构被加州每年进行数据更新的《总体规划》纳入到独立学院系统中，也在一定程度上印证了营利性高等教育机构在加州高等教育系统中所发挥的不可替代的作用和正在提升的地位。

3.1.4 民间大学排行榜中的营利性高等教育机构

最近几十年，无论是出于扩大国际招生的商业目的，还是出于促进大学学术发展的目的，美国民间非政府组织不断发起对大学进行排名，但在层出不穷的民间大学排行榜中，营利性高等教育机构部分目前还没有得到太多的关注。

在民间大学排行榜中，有的是对美国大学进行综合排名的，如"美国研究型大学排名、美国公立大学排名、美国最有价值大学排名、全美科研实力前五十名学校排名、美国大学毕业率排名、美国大学本科录取率排名"等。有的是对同一专业类型的学院进行排名，如"美国文理学院排名、美国教育学院排名、美国工程学院排名、美国大学金融专业排名"等。有的打破院校格局，按照专业受欢迎程度排名，如"美国大学计算机专业排名、美国大学土木工程专业排名、美国大学航空航天工程类专业本科排名"等。还有的按照地区排序，如"美国北部地区大学排名、美国南部地区大学本科最有价值排名、美国南部公立大学（本科）排名"等。

到2021年9月，在以上各类民间大学排行榜中还很少见到营利性高等教育机构。营利性高等教育机构不能荣登民间大学排行榜的主要原因在于：这些排行榜的排序依据通常以大学的科研成果和学术表现为划分依据。如教师获诺贝尔奖的数量、在世界顶级刊物《科学》和《自然》上发表的论文数、被

---

10 AICCU. About Us [EB/OL] .http://www.aiccu.edu/index.php?option=com_content&ask=view&id=3&Itemid=172020-12-09.

SCI（科学引文索引）和 SSCI（社会科学引文索引）收录的论文数等、国际引用率等等。营利性高等教育机构以职业培训为办学方向，在办学功能方面不是以科研为主，而是以服务社会为主，整体学术水平还无法与其他大学相比，同时客观上也确实存在着一些营利性高等教育机构办学质量不高的问题。但是，本书认为，以上的各类排行榜也存在一定的问题，仅凭以上统计数据来衡量大学的质量还无法做到客观和全面，营利性高等教育机构在人才培养和社会服务方面具有的优势可能反倒成为其进入民间大学排行榜的劣势。

3.2　美国营利性高等教育机构系统内部的分类

与公立大学、私立非营利性高等教育机构相比，营利性高等教育机构是一个独立的高等教育机构系统。在该系统内部，尽管营利性高等教育机构组织具有的共性使它们成为了一个独立的论题，但组织共性的重要性不能掩盖组织之间的差异。对营利性高等教育机构进行组织分类，有助于揭示某它的组织特性，也有助于概括出它有别于公立大学、私立非营利性高等教育机构的组织特性。由于分类标准多种多样，所以分类的方式也多种多样。本书按照以下三种分类标准（尽管标准不是非常严格）对营利性高等教育机构进行分类：按照拥有校园的数量将营利性高等教育机构分为单一校园大学和多校园大学；按照授课模式将营利性高等教育机构分为在线大学和非在线大学；按照办学规模将营利性高等教育机构分为巨型大学和微型大学。

3.2.1　单一校园大学和多校园大学

本书首先依据拥有校园的数量将营利性高等教育机构划分为单一校园大学和拥有两个以上校园的多校园大学，要说明的是，本书中的"单一校园"或"多校园"主要是对营利性高等教育机构地理意义上的划分，其中既包含总校区以外建设的分校区也包括在新的办公地点设立的分支机构。目前，在营利性高等教育机构系统内部，有不足一半的学校是单一校园大学，有超过一半的学校是多校园大学。通常情况下，单一校园大学由个人或小公司举办并运作，多校园大学多由合伙人共同举办或者大型教育投资公司创办。所有的营利性高等教育机构都是从初创时期的单一校园发展到多校园、再到巨型大学的。

3.2.1.1 单一校园大学

单一校园是所有营利性高等教育机构发展的必经之路。投资人之所以举办营利性高等教育机构都是抱着营利的目的，但在严酷竞争的美国高等教育市场环境中，单一校园大学的生存和发展非常艰难。多数单一校园大学的经济效益和社会影响力较小，生源不稳定，由于经营状况不佳，被收购或被迫关闭的情况时有发生。当然也有一些单一校园大学度过了初创时期的困境，走向规范化、规模化发展的道路。

在营利性高等教育机构系统内部，办学历史较长、生源较稳定、办学质量口碑较好的、为数不多的大型单一校园大学的代表是瓦尔登大学（Walden University）。瓦尔登大学一直为多元化的成人学习者社区提供机会，让他们有机会将自己转变为学者和实践者，从而实现积极的社会变革。

在学位授予上，瓦尔登大学以授予硕士、博士等高层次学位为主。瓦尔登大学的历史可以追溯到 1854 年，但直到 1970，在两位纽约老师，伯尼（Bernie）和丽塔．特纳（Rita Turner）发起下，瓦尔登大学才正式确定了为在职的成人的职业发展提供相应的博士学位课程的办学方向，明确了"更高学位，更高目标（A higher degree, A higher purpose）"的办学目标。1979 年瓦尔登大学的博士学位授予资格得到明尼苏达州高等教育协调委员批准，但事实上，早"在1972 年，瓦尔登大学就授予了 46 个哲学博士学位和 24 个教育博士学位。自 1970 年到 2004 年，瓦尔登大学的 17 门学位课程专业的注册学生数超过了 13,000 人，其中的 6,000 人已经获得了学位。在 2009 年，瓦尔登大学增设了 15 个学士、硕士和博士学位课程。正是由于该校高层次的办学目标吸引了众多生源，作为一所单一校园大学，在 2010 年 9 月，该校注新册学生数达到了创纪录的 36,000 人。"[11]到 2021 年 9 月，瓦尔登大学"83%以上的学生在攻读硕士和博士学位。共有来自美国各地和超过 115 个国家/地区的55,000 多名学生正在该校在线攻读 100 多个在线学位和证书课程。"[12]

在课程设置上，瓦尔登大学是以开设硕、博士学位课程为主的学校，瓦尔登大学所开设的博士课程主要有："管理学、教育学、心理学、人类服务学、

---

11 Walden University. History [EB/OL]. http://www.waldenu.edu/About-Us/18861. htm2021-09-12.

12 Walden University. Academic Excellence [EB/OL]. https://www.waldenfacts.com/# section12021-09-16.

工商管理、卫生服务、公共卫生、公共政策与管理等近十个专业；所开设的硕士学位课程主要有：工商管理、医疗管理、信息系统、护理学、法医心理学、心理健康咨询、非营利性组织管理和领导、项目管理、软件工程、系统工程等近二十个专业。"[13]围绕这些专业，瓦尔登大学下设了五个学院，它们分别是：理查德．W．赖利教育领导学院（Richard W. Riley College of Education and Leadership）；管理技术学院（College of Management and Technology）；健康科学学院（College of Health Sciences）；社会及行为科学学院（College of Social and Behavioral Sciences）；本科生研究中心（Center of Undergraduate Studies）。瓦尔登大学的课程设置注重与社会需求的密切联系，所开设的硕、博士学位课程以工商管理、卫生保健、护理学、信息系统等为主，能够满足高层次人才对职业发展的更高要求，瓦尔登大学因此也成为营利性高等教育机构中不多的研究型大学。

在获得认证方面，瓦尔登大学于 1990 年获得了联邦教育部高等教育委员会承认的中北部认证委员会的认证。随后，该校的越来越多的学位课程因较高的学术水平和专业地位而获得了不同专业认证委员会的认证，如该校开设的心理健康咨询硕士学位课程获得了"咨询与相关教育课程认证委员会（Council for Accreditation of Counseling and Related Educational Programs，CACREP）"的专业认证；护理学硕士学位课程获得了"高等护理教育委员会（Commission on Collegiate Nursing Education，CCNE）"的专业认证。瓦尔登大学在 2013 年再次得到高等教育委员会（HLC）的认证后，2019 年，教育工作者预备委员会（CAEP）对瓦尔登大学初等教师和高等教师预备课程给与了 7 年有效认证（自 2019 年至 2026 年）；2020 年，公共卫生教育委员会（CEPH）对瓦尔登大学的公共卫生博士（DrPH）课程进行了认证。"[14]能够获得区域认证机构的认证是挺进高等教育市场的必要条件，而专业认证委员会的认证则说明了瓦尔登大学的部分学位课程具备了较高的学术水平。

在学生构成方面，瓦尔登大学的学生充分体现了营利性高等教育机构学生构成的"多元化"的特点（见表11）。瓦尔登大学的学生中女性学生明显多于男性学生，两者的比例分别为 65.2% 和 34.8%，这也反映出营利性高等教育

13　Walden University. Degree Programs [EB/OL]. http://www.waldenu.edu/Degree-Programs.htm2021-09-12.

14　Walden University. University Accreditation （Regional） [EB/OL]. https://www.waldenu.edu/about/accreditation2021-09-12.

机构在争取和吸引女性学生方面的成果。学生中以成人学生为主，其中 24-29 岁的占总数的 20.8%；30-39 岁的占 25.7%；40-49 岁的占到 15.4%；50-59 岁的占 4.7%；23 岁以下和 60 岁以上的学生共占总数的 33.4%，可以看出，学生的年龄分布非常分散，既有不足 23 岁的也有年满 60 岁的学生，但从整体上看，学生中以 24-39 岁的成年学生居多，这反映出营利性高等教育机构在满足学生终身学习需要和迎合成年学生职业发展方面做出的努力和取得的成绩。瓦尔登大学学生中来自于少数族裔的占到了一半以上，其中"白人的比例为 41.6%；西班牙/拉丁美洲裔的比例为 28.3%；黑人的比例为 26.8%，美洲印地安人、亚裔等的比例接近 10%。"[15] 从表中还可以看出，少数族裔学生所占比例较大且继续增多，尤其是黑人和西班牙裔/拉丁裔的学生所占比例呈上升趋势。在美国社会中，移民数量众多，少数族裔往往是社会边缘群体的代表，而关照边缘群体的教育需求一直是营利性高等教育机构传统，也是营利性高等教育机构挺进高等教育市场的切入点。

表 11　瓦尔登大学学生构成情况一览表　　　　　　（单位：%）

性　别		种　　　族						年　　龄			
男	女	白人	黑人	西班牙/拉丁裔	混种	亚洲/太平洋岛民	美洲/阿拉斯加印地安人	24至29	30至39	40至49	小于23；大于60
34.8	65.2	41.6	26.8	28.3	6	1.7	1.0	20.8	25.7	15.4	33.4

资料来源：笔者根据"Walden University. Students[EB/OL]. http://www.waldenu.edu/About-Us/33560.htm2021-09-12."整理绘制

3.2.1.2 多校园大学

布莱恩特和斯特拉顿学院（Bryant & Stratton College, BSC）是营利性高等教育机构中多校园大学的典型代表。布莱恩特和斯特拉顿学院由 H.B.布莱恩特（H.B.Bryant）、H.D.斯特拉顿（H.D.Stratton）和 J.C.布莱恩特（J.C.Bryant）三人共同于 1860 年在纽约州的布法罗市创办，至今已有一百五十多年的历史。该校提出的办学理念是"个性化的教育，终身的成功（Personal Education.Lifetime Success.）"。[16] 与其他营利性高等教育机构一样，该校致力

---

15 Walden University. Students [EB/OL]. http://www.waldenu.edu/About-Us/33560.htm 2021-09-12.

16 Bryant & Stratton College. Why Bryant & Stratton [EB/OL]. http://www.bryantstratton.

于为成年学生提供所需的职业教育。

在开办连锁校园方面，布莱恩特和斯特拉顿学院"最早的分校园是成立于 1970 年的威斯康星州的密尔沃基校园，随后该校于 1973 年在纽约州的罗切斯特建立了新校园。至 2021 年，该校在美国的纽约州、俄亥俄州、弗吉尼亚州、威斯康星州四个州共开办了 16 个校园（见表 12）。"[17]

表 12　布莱恩特和斯特拉顿学院的连锁校园一览表

州　名	校园名	数　量
纽约州	奥尔巴尼（Albany Campus）、阿莫斯特（Amherst Campus）、巴弗罗（Buffalo Campus）、格里斯（Greece Campus）、亨利耶塔（Henrietta Campus）、南方城市（Southtown Campus）、希拉克丝（Syracuse Campus）、北希拉克丝（Syracuse North Campus）	8
俄亥俄州	克利夫兰（Cleveland Downtown Campus）、东湖（Eastlake Campus）、帕尔马（Parma Campus）	3
弗吉尼亚州	里士满（Richmond Campus）、弗吉尼亚海滩（Virginia Beach Campus）	2
威斯康辛	贝绍尔（Bayshore Campus）、密尔沃基（Milwaukee Campus）、沃沃特撒（Wauwatosa Campus）	3

资料来源：笔者根据布莱恩特和斯特拉顿学院网站资料"Brant Stratton. Campus Locations[EB/OL].http://www.bryantstratton.edu/campus/locations.aspx.2021-09-10."整理绘制。

在学位授予方面，该校"自 1866 年开始授予文凭，到 1930 年获得了学位授予资格，主要授予副学士和学士学位。到 2021 年，学校共开设有 21 门学位课程，主要的学士学位课程有："工商管理、刑事司法、金融服务、健康服务管理、虚拟办公室信息管理、电子工程技术；主要的副学士学位课程有：会计、行政助理、营销、刑事司法、电子技术、平面设计、人力资源、医疗协助、餐厅及酒店管理、旅游管理等。"[18]与其他营利性高等教育机构一样，该校制定了灵活的授课时间，无论日间、晚上还是周末，学生都可以根据自己需要选择合适的学习时间,选择在线学习或者非在线学习的学习方式。在 2021

---

edu/history.aspx2021-09-10.

17 Bryant & Stratton College. Bryant & Stratton College History [EB/OL]. http://www.bryantstratton.edu/history.aspx2021-09-10.

18 Bryant & Stratton College. Degree Offered [EB/OL]. http://www.bryantstratton.edu/campus/all_degrees.aspx2021-09-10.

年秋季学期，基于新冠病毒大流行带来的影响，布莱恩特和斯特拉顿学院宣布将于 2022-2023 年免除所有学生学费，提供免学费的线上、线下的从副学士到博士的所有学位课程。

在获得认证方面，布莱恩特和斯特拉顿学院所有校园开设的课程都得到了联邦教育部承认的认证机构的认证。除得到美国高等教育委员会认证外，该校还非常重视获得州认证机构和专业认证机构的认证。到 2021 年，该校"已经获得了纽约州评议局（New York State Board of Regents）、俄亥俄大学校务委员会（Ohio Board of Regents）、俄亥俄州护理委员会（Ohio Board of Nursing）、弗吉尼亚州高等教育委员会（State Council of Higher Education for Virginia, SCHEV）、弗吉尼亚州护理委员会（Virginia Board of Nursing）、威斯康星州教育认证委员会（State of Wisconsin Educational Approval Board, EAB）的认证。"[19]该校由于得到诸多权威认证机构的认证而获得了良好的社会声誉。

在帮助学生获得奖助学金方面，布莱恩特和斯特拉顿学院一方面帮助学生及时获得联邦政府的各项助学贷款，如佩尔助学金（Pell Grant）、补充教育机会助学金（FSEOG）、勤工助学金（FWS）、联邦斯坦福贷款、联邦父母贷款（PLUS）等；另一方面，该校为学生提供各类奖学金，如"根据学业成绩向学生提供'学术卓越奖学金'（Academic Excellent Scholarships），对于获得其他任何组织奖学金的学生，该校都提供数额相等的'匹配奖学金'（Matching Scholarships），为吸引优秀生源，该校向优秀高中生提供'早期接受奖学金项目'（Early Acceptance Scholarship Program）等。"[20]便捷的助学金申请和优厚的奖学金待遇在吸引生源方面作用明显。

3.2.2　在线大学和非在线大学

根据办学模式的不同，本书将营利性高等教育机构分为以开设在线课程为主的在线大学和不以开设在线课程为主的非在线大学。需要说明的是，营利性高等教育机构中的在线大学的情况比较复杂，有些单一校园是在线大学，有些多校园大学的个别校园提供在线课程。在线大学不是完全不进行教室授

---

19 Bryant & Stratton College. Campus Degree [EB/OL]. http://www.bryantstratton. edu/campus/accredited.aspx2021-04-10.

20 Bryant & Stratton College. Scholarship Programs [EB/OL]. http://www.bryantstratton. edu/campus/scholarships.aspx2021-04-10.

课，非在线大学也并不是完全不开展网络教学。本书按照办学模式上的偏向性，将偏重网络教学的营利性高等教育机构划分为在线大学，将偏重传统教室授课的划分为非在线大学。

3.2.2.1 在线大学的典型

从整体上看，营利性高等教育机构中的在线大学所占比例较大，数量较多。根据联邦政府教育部的统计，"在 2010 年，在全美 1043 所营利性高等教育机构中有 800 所（两年制、四年制）在开展在线教学，在线大学所占比例高达 76.7%。"[21]在 2014 年，超过 480 万学生参加了一些在线课程以攻读本科学位。由于新冠病毒大流行的影响，到 2021 年，几乎所有的高等教育机构都提供在线课程，在高等教育机构注册的所有学生都或长或短地接受了在线教育。由于在线大学实际是运用现代信息技术、在传统的非在线大学基础上发展起来的新的办学模式，而且营利性高等教育机构中多数是在线大学，所以本书重点分析营利性在线高等教育机构的办学特点。

1. 最早的在线大学：琼斯国际大学

营利性高等教育机构中最早开展在线课程的是成立于 1987 年的琼斯国际大学。琼斯国际大学的创办人格伦．R．琼斯（Green.G.Jones）致力于满足"任何人在任何时间在任何地点的学习需要。"[22]他于 1987 年创办了琼斯国际大学，率先尝试通过电视网络教学的方式向三十所不同院校的三万多名学生提供远程教育，这成为在线大学的最初萌芽。格伦．R．琼斯也从最初的尝试中看到了在线大学的发展前景，他认为，在线大学是教育的未来发展方向。在他的努力下，"琼斯国际大学于 1993 年成为最早获得官方认证的营利性在线大学。该校不仅通过了高等学习委员会的认证，还成为北中部委员会（North Central Association）的成员。"[23]

琼斯国际大学主要提供"工商管理学士、工商管理硕士、工商管理博士、文学硕士、文学副学士、理学副学士、数字媒体副学士"等学位课程，同时还提供各类职业资格证书课程和学历课程。琼斯大学一直宣称自己拥有顶尖大

---

21 U.S. Department of Education /National Center for Education Statistics. Fast Facts [EB/OL]. http://nces.ed.gov/fastfacts/display.asp?id=80#2021-3-11.

22 Jones International University. History [EB/OL]. http://jonesinternational.edu/about/history/index.php/2021-06-03.

23 Jones International University. History [EB/OL]. http://jonesinternational.edu/about/history/index.php/2021-06-03.

学的课程，因为该校的课程是由哥伦比亚大学、斯坦福大学和宾夕法尼亚大学的权威教授团队设计的。在该校注册的学生可以通过互联网链接获得所有的电子课程。在琼斯大学，每门课程都被划分为每周模块，学生被要求每周完成一个在线教学单元，并在线参与班级论坛讨论等。该校"建议本科学生每周上网的时间不少于 10 个小时，硕士阶段不少于 15 个小时。学生可以按照自己的计划完成模块学习。如果学生提出转学，在琼斯大学的在线课程所获得的学分可以得到其他得到认证的任何学校的承认，同样，转入的学生已经修得的学分也能得到琼斯国际大学的承认。"[24]

琼斯国际大学的图书馆是 100% 的全球电子图书馆，能够为学生提供全天候 24 小时的服务。该图书馆所提供的服务和资源包括：网上图书（电子图书）、研究数据库、一般参考资料、文献传递服务、政府文件库、技术支持等。其中，"电子图书多达 36,000 多种；研究数据库超过 40 多个。包括年鉴、字典、地图、百科全书等一般参考资料多达 150 多种，被分成了 15 个类别；学生可以查阅到来自 250 多个政府部门的 10 万份以上的官方文件。"[25]

现代技术的便利和快捷为琼斯国际大学开展在线课程提供了平台，琼斯国际大学因其能够满足"随时随地"的学习要求，吸引了许多非传统的生源，该校注册学生来自于全球 44 个国家，学生的平均年龄为 37 岁。该校"于 2001 年被联合国开发署（UNDP）选定为其开发新的虚拟发展学院，以便为联合国开发署的国际职员提供高级咨询服务。"[26]2010 年，琼斯大学被墨西哥政府选中为其四万余名政府官员提供项目管理、谈判、公关管理等在线课程。到 2021 年秋季，作为全美第一所 100% 在线、完全认可的大学，琼斯国际大学"有数百种不同的在线学位课程可供希望接受高等教育的学生使用，旗下的大学和学院授予从副学士学位到博士学位不同层次的在线学位，来自北卡罗来纳大学教堂山分校、加州大学洛杉矶分校和卡内基梅隆大学等知名机构的课程专家专门为琼斯大学开发了所有在线课程。"[27]

24 Jones International University. Taking Classes [EB/OL]. http://www.getmymba.com/about/faq/taking-classes.php#classes.2021-01-07.

25 Jones International University. Library Services [EB/OL]. http://www.getmymba.com/student_services/library-services.php2021-03-12.

26 Jones International University. Global Connections [EB/OL]. http://www.getmymba.com/about/global.php2021-03-16.

27 e Learners Jones International University. About [EB/OL]. https://www.elearners.com/colleges/jones-international-university/2021-09-15.

2. 最大的在线营利性高等教育机构：凤凰大学

凤凰大学不仅是营利性高等教育机构中而且是全美中学后高等教育机构中规模最大、注册生数最多、经济效益最突出的在线大学。约翰．斯柏林（John Sperling）于 1976 年在亚利桑那州创立了凤凰大学。该校在 1978 年获得了联邦高等教育委员会和中北部认证委员会的认证。到 1980 年，斯柏林在圣何塞开办了第一家分校。凤凰大学在 1989 正式开设在线课程，并同时保有传统的校园课程。为了适应在线大学查阅资料的要求，该校于 1995 年建立了电子图书馆。到 1997 年，该校招生数首次超过所有的其他营利性高等教育机构。"到 1998 年，凤凰大学开始开辟海外市场，在加拿大的哥伦比亚省创办国际学校。到 2000 年，凤凰大学在册学生超过十万。到 2003 年，该校在美国、加拿大和波多黎各招收学生超过了二十万。在 2009 年的最佳在线大学评比中，凤凰大学在一百四十多所在线大学（包括公立、私立非营利、营利三类高校）中排名第二。"[28]到 2021 年，凤凰大学"利用领先的互联网技术为学生提供电子图书馆、虚拟组织、模拟实验室、卓越数学中心、卓越写作中心、课程指南、职业指导。"[29]

（1）多数在线课程获得专业认证机构认证

凤凰大学提供二百多个专业的在线课程。主要的学位课程有艺术与科学、工商管理、金融服务、财会、人力资源管理、刑事司法和安全、教育、信息技术和健康护理等。在学位授予上，该学校具有授予从副学士到博士的所有学位的资格，但以授予副学士、学士学位为主。凤凰大学于 1978 年首次获得中北部的高等学习委员会的认证后，并通过了随后每五年一次的再认证。凤凰大学的许多在线课程不仅得到了该机构的认证，而且获得了专业认证机构的认证（见表 13）。获得专业机构的认证既是对凤凰大学在线课程专业水平的认可；也成为凤凰大学在线课程吸引生源的招牌。在凤凰大学，全部在线课程都通过互联网教授，无需学生到校面授。到 2021 年 9 月，凤凰大学在美国 20 个州获得高等教育办学许可，所开设课程获得的专业认证覆盖了"商业、医疗保健、护理、咨询、教育"等领域。

---

28 University of Phoenix/History. Milestones mark steady growth [EB/OL]. http://www.phoenix.edu/about_us/about_university_of_phoenix/history.html.2021-01-07.

29 University of Phoenix. Classroom Technology [EB/OL]. https://www.phoenix.edu/about_us/about_university_of_phoenix/technology_in_the_classroom.html2021-09-15.

表 13　凤凰大学在线课程获得认证的情况统计统计表

大学/课程	认证机构	已认证时间
凤凰大学	北中部认证委员会的高等学习委员会（The Higher Learning Commission of the North Central Association of Colleges and Schools）	1978、1982、1987、1992、1997、2002、2012、2019
商业课程	商业学院和课程委员会（Association of Collegiate Business Schools and Programs）	2007、2017
护理科学学士课程	高等护理教育委员会（Commission on Collegiate Nursing Education）	2005、2010、2015、2020
	全国护理评估联盟（National League for Nursing Accrediting Commission）	1989、2005、2010、2015、2020
护理科学硕士课程	高等护理教育委员会（Commission on Collegiate Nursing Education）	2005、2010、2015、2020
	全国护理评估联盟（National League for Nursing Accrediting Commission）	1996、2005、2010、2015、2020
法律咨询硕士课程	法律咨询和相关教育课程认证理事会（Council for Accreditation of Counseling and Related Educational Programs）	2001、2009、2014、2019
中小学教师教育、艺术教育硕士学位课程	教师教育认证委员会（Teacher Education Accreditation Council）	2007、2012、2017

资料来源：笔者根据阿波罗集团历年年度报告整理绘制，见 Apollo Group Inc. .Apollo Group, Inc. Annual Report[EB/OL].http://www.apollogrp.edu/Annual-Reports /2021-03-17.

（2）在线课程中运用多种现代技术手段

凤凰大学运用现代技术手段开展在线课程的特点主要表现在以下九个方面：

· 电子书集合（ebook collection）：凤凰大学的电子图书馆收藏有数以百计的电子教科书和阅读材料，并为不同教材配了相应的数字阅读器

· 虚拟组织（virtual organization）：通过互联网，创建虚拟的社会组织，如公司、企业等，模拟真实生活中的问题，为学生提供他们在实际工作中可能遇到的问题的预演，学生们解决问题的记录都被完整备案，并作为其学业成绩的一部分

· 模拟系统（simulation）：学生通过先进的现代信息技术手段探索和处

理问题，其处理问题的思路和方式在受控的环境中被评估

· 卓越数学中心（Center for Mathematics Excellence）：凤凰大学建立了卓越数学中心，向学生提供灵活的虚拟实验室环境，全天对学生开放，学生在数学方面的问题可以随时得到帮助，学生的实验过程随时能够得到联机指导，实验结果也能马上得到反馈

· 卓越写作中心（Center for Writing Excellence）：为提高学生的书面表达能力和口头沟通技巧，凤凰大学"建立了虚拟写作中心为学生提供丰富的资源，资源被分为六个主要部分，其中包括 WritePointsm 系统、导师检查、西班牙语写作实验课、论文服务、个别指导教室、抄袭检查软件 Turnitin。"[30]

· WritePointsm 系统：该系统为学生提供语法、标点、文字等写作资源，提高学生的文字表达风格并对学生的表现及时反馈。在几秒钟之内，系统就能把学生书面表达中出现的语法、语用等问题标识出来并插入修改意见。"WritePointsm 系统平均每个月处理超过二十五万份的作业。该软件自使用以来已经处理的作业超过二百多万份"[31]

· 学生剽窃检测软件 Turnitin（Turnitin Plagiarism Checker）：该系统是一种检查工具。该系统以互联网和 ProQuest 等数据库中心的资源为标准，来辨别学生所交文档中出现的匹配项，从而判断是否存在作弊的情况。被认定为作弊的文档被阻挡进入 WritePoint 系统；无作弊现象的文档才能被 WritePointsm 系统接收

· 导师在线检查（Tutor Review）：除了 WritePointsm 系统外，凤凰大学还为学生提供导师在线检查服务，"检查内容包括语法、标点符号、语言表达等，同时指导学生论文写作，还要在 48 小时之内对学生的文档给予反馈，该系统每个月检查七千多份文档"[32]

· 个别指导与领航（Tutorials and Guides）：该系统"对学生的论文写作

---

30 University of Phoenix. Classroom Technology [EB/OL]. https://www.phoenix.edu/about_us/about_university_of_phoenix/technology_in_the_classroom.html2021-09-15.

31 University of Phoenix. Classroom Technology [EB/OL]. https://www.phoenix.edu/about_us/about_university_of_phoenix/technology_in_the_classroom.html2021-09-15.

32 University of Phoenix. Classroom Technology [EB/OL]. https://www.phoenix.edu/about_us/about_university_of_phoenix/technology_in_the_classroom.html2021-09-15.

和个别要求提供帮助，针对性帮助学生提高写作技巧。该系统还向学生提供额外的教学资源，如向双语学生提供双语教程等"[33]

凤凰大学通过各种方式保证在线课程的学术质量。该校规定在线班级的人数不超过 13 人，宣称完全可以帮助学生在两至三年内获得所需学位。考虑到成年学生和在线课程的特点，为进一步提高学生学习的目标管理和教学过程，凤凰大学在上个世纪 80 年代就成立了大学评估基金会，专门设有学习评估办公室，重点评估成人学生的学习成果。凤凰大学自成立至 2021 年以来，"在 40 年间，一直获得高等教育委员会（HLC）及其前身的认证。参加了 30 次地区认证机构的评审，获得了在 20 个州和地区开展高等教育的许可，接受过来自联邦教育部的 10 次以上的行政审查。"[34]这证明了凤凰大学具备和一直保持较高的学术质量。

作为在线大学的典型代表，凤凰大学甚至改变了联邦政府的教育政策。美国教育部的法律曾规定，任何高等教育机构必须保证每周不少于 12 小时的教室授课时间，并将该条规定视为能否获得联邦政府奖助学金资助的基本条件。在 2000 年，"凤凰大学还曾因为无法保证每周 12 小时的教师授课而不得不向教育部缴纳了 600 万美元的罚金。但到 2001 年，这项保证教师周授课时数的法律却被废弃。"[35]从凤凰大学的实践中，美国教育部可能已经认识到，固定教室授课和限定面授时数已经成为在线教学的羁绊。

总之，琼斯国际大学和凤凰大学利用现代信息技术开展在线教学，使得高等教育成本被降低，能够通过更好地满足学生需求而获取利润。可以看到，营利性高等教育机构通过教学模式的转变正在提高与非营利性高等教育机构竞争的能力。2008 年，由"弗雷德．杜勒斯（Fred Diulus）教授在网上发起的'全球十佳网上大学'排名中，营利性高等教育机构中的凤凰大学排名第二，仅次于英国伦敦大学；琼斯国际大学排名第六，也进入了全球前十名。"[36]

33 University of Phoenix. Classroom Technology [EB/OL]. https://www.phoenix.edu/ about_us/about_university_of_phoenix/technology_in_the_classroom.html2021-09-15.

34 University of Phoenix. Accreditation [EB/OL] https://www.phoenix.edu/about_us/ accreditation.html2021-09-15.

35 George Ritzer. Assessment, Knowledge, and Customer Service: Contextualizing Faculty Work at For-Profit Colleges and Universities [J]. The Review of Higher Education, 2008, （3）：287-301.

36 Jones International University/Newsroom. JIU named one of the Top Online Universities in the world [EB/OL]. http://www.getmymba.com/about/newsroom/

在线课程能够以低成本所带来巨大收益是营利性高等教育机构对其青睐的主要原因。以教育管理公司为例，该公司"在 2010 年，96 所分支机构的平均利润为 15%左右，但其中的在线分支机构的平均利润却在 30%以上。到 2021年，教育管理公司与美国劳工部、美国内政部、就业团运营商、州教育部、大学和州青年惩教机构等开展了广泛的稳定的在线人才培训合作项目，在线平均利润已经超过了 50%。"[37]开设在线课程是美国营利性高等教育机构主要的办学模式。到 2021 年 9 月，美国营利性高等教育机构中主要的在线大学还有科罗拉多技术大学（Colorado Technical University）、三角技术学院（Triangle Tech）、柯林斯教育公司（Corinthian Colleges Inc）、雷明顿学院（Remington College）、马里奇学院（Maricopa College）等。

3.2.2.2　非在线大学的典型

非在线大学的典型是位于佛罗里达州的凯泽大学（Keiser University）。凯泽大学创办于 1977 年，2002 年获得了地区认证，成为佛罗里达州第一所授予护理学专业副学士学位的学校。凯泽学院不是一个大型的上市高等教育公司，也不是微型的单一校园，它是中等规模的拥有 16 所连锁学校中的一所以非在线授课模式为主的大学。

凯泽大学制定了明确的教育目标，其内容如下："①要持续性地改变、提高和保证所开设的课程对于学生职业成功的有效性；②要吸引和保留有较高专业学术水平和实践技能的教师队伍，并保证其能将专业知识和实践技能传授给学生；③不仅要提高学生的口头和书面表达能力，还要提高学生的分析能力以及职业技能；④提供必要的教学设施帮助学生发展专业技能。⑤吸引和接纳不同背景的优秀学生；⑤提供一个学术自由的教学氛围，鼓励公开交流观点、思想。"[38]

凯泽大学重视学生职业能力的培养。凯泽大学认为，学生绝不会因为热爱学习或者受现代化的学校设施吸引而来上学，学生之所以来是因为他们可能面临职业发展的困难，学校应当致力于给予学生所寻求的东西，所以学院

---

media/top-10_10-16-08.php2013-03-16.

37 EDMC.Education Management Corporation Reports Fiscal First Quarter Results [EB/OL]. http://www.edu-mgt.com/service_provided.htm/2021-09-15.

38 Keiser University. Mission Statement [EB/OL]. https://www.keiseruniversity.edu/mission-statement/2021-09-10.

的目标主要是为学生的职业发展做准备。凯泽大学要求学生严格地按照职业要求着装，不同课程着不同颜色的职业服装，男生需打领带，非医学专业的学生需着正装、套裙、礼服，凯泽大学设有专门人员检查学生的日常着装。凯泽大学认为，来就读的学生大多有其他工作且收入较低，传统学校的教学方式对他们是不适合的，为此，凯泽大学建立了一个模块化学习系统，周期为一个月，学生每周需保证 12-25 个小时的上课时间。学校认为，"成人学生没有能力同时学习四门互不相关的课程，因此实行小班额授课，每个班平均有 15 名学生，学生可以自愿选择课后辅导。"[39]为保证教学质量，"与一些大型上市教育公司不同的是，凯泽大学注意以合理的速度控制学生数量的增长，年平均增长率为 12-14%。"[40]

凯泽大学雇佣教师的标准非常严格。正式授课前，教师须创建一个标准化教学大纲，制定日常教学计划，在正式开课前 30 天上交，得到校长、校董事会的批准后方可执行。此外，学校要求教师在课外时间对学生提供帮助，如，在晚上与缺勤的学生取得联系，为他们补课；定期对学生进行访谈。在每个模块周期结束时，教师要面临评估，评估的标准包括"学生在该课程学习前后的测试分数对比、学生的出勤记录；学生对老师的评价；校长的评价等，这些数据综合起来绘制成一个钟形曲线图，在曲线图上端的前 5%的教师受到奖励，下端的教师被要求尽快改进，否则面临被解雇的危险。"[41]

凯泽大学认为，职业学院要努力使自己成为政策的制定者。其创办人贝林达．凯泽（Belinda Keiser）注重将营利性高等教育机构的发展信息带到国会和佛罗里达州议会。1999 年以来。凯泽大学已经"向国会和佛罗里达州议会提供了七万多美元的资金支持，协助建立了职业学院联盟政治行动委员会（Career College Association's political-action committee）"[42]并因此取得了成效。在贝林达．凯泽的努力下，佛罗里达州的营利性高等教育机构的课程被纳入到该州共同课程编号系统。佛罗里达州教育主管部门将所有高校的普通

39 Anne Marie Borrego. For-Profit for Students: Keiser Colleges offers Courses Designed to Lead to Better Jobs [J]. Higher Education, 2002, （42）:25.

40 Anne Marie Borrego. For-Profit for Students: Keiser Colleges offers Courses Designed to Lead to Better Jobs [J]. Higher Education, 2002, （42）:25.

41 Anne Marie Borrego. For-Profit for Students: Keiser Colleges offers Courses Designed to Lead to Better Jobs [J]. Higher Education, 2002, （42）:25-26.

42 Anne Marie Borrego. For-Profit for Students: Keiser Colleges offers Courses Designed to Lead to Better Jobs [J]. Higher Education, 2002, （42）:25-28.

课程以编号的方式纳入统一管理系统，相同课程被分配给相同的号码，选修同一号码课程的学生可以从该州的社区学院转到私立或公立大学或其他高等教育机构，而无需重新学习相似的课程。自营利性高等教育机构的课程被纳入到州共同课程编号系统后，在该州营利性高等教育机构就读的学生的学分在其他同类大学得到承认。

到 2021 年 9 月，凯泽大学已经获得了南方学院和学院委员会的认可，可以授予副学士、学士学位、硕士、专家和博士级别的证书和学位。根据美国《新闻与世界》报道"在 2022 年最佳大学排名榜上，凯泽大学再次被评为美国最好的大学之一，在为学生提供社会流动性方面。凯泽大学在最佳表现者中名列第 5 位，并且是佛罗里达州排名第一的大学。"[43]

3.2.3　巨型大学和微型大学

本书根据办学规模（拥有的注册学生数和开办的分支机构的数量），将营利性高等教育机构分为巨型大学和微型大学。本书将注册生数在 1 万人以上、分支机构超过 10 所的学校称为巨型大学；将注册生数少于 500 人，未开设分支机构的学校称为微型大学。需要补充说明的是，在美国营利性高等教育机构系统内部，自 20 世纪 80 年代至 21 世纪初，集团化办学成为该类教育机构的主要发展战略，到 2010 年前后，营利性高等教育机构集团化办学达到顶峰，内部出现了一批巨型大学。但在 2010 年至 2021 年间，由于联邦政府政策、资金收紧等原因，一些巨型大学的扩张速度减缓，甚至有些巨型大学因为财政紧张将部分分支机构出售。基于此，本书有对营利性高等教育机构的巨型大学开展分析的必要，巨型大学集中出现在在 2010 年前后。

3.2.3.1　巨型大学

在 2000 年至 2010 年间，在美国营利性高等教育机构系统内部，跨国公司形式的巨型大学所占比重很大。本书中的巨型营利性高等教育机构，指的是开设众多分支机构、拥有多处校园并同时开展在线教学的营利性高等教育机构，这些大学以"教育公司"的形式出现并以公司模式跨地区、跨国经营。广设分支机构是营利性高等教育机构追求规模经济的路径选择，也是营利性

---

43 American News and World Report. Seahawk. Kaiser University is ranked 5th in social mobility [EB/OL]. https://seahawknation.keiseruniversity.edu/keiser-university-ranked-no-5-in-social-mobility-by-u-s-news-and-world-report/2021-09-15.

高等教育机构处于发展上升期的一种标志。在 2010 年前后，美国营利性高等教育机构中主要的巨型大学有：阿波罗集团（Apollo Group）、教育管理公司（Education Management Inc.）、ITT 教育服务公司（ITT Education Service）、德夫里教育公司（DeVry Education Inc.）、斯特拉耶教育公司（Strayer Education Inc.）、职业教育公司（Career Education Inc.）、柯林斯恩学院公司（Corinthian Colleges Inc.）等，作为产业化经营的跨国公司，它们表现出一些共同的特征。

1. 众多的分支机构

巨型营利性高等教育机构的出现既是营利性高等教育机构产业化经营、规模化发展的原因也是产业化经营、规模化发展的必然结果。巨型营利性高等教育机构最突出的表征就是规模庞大、拥有众多分支机构、分支机构地域分布广泛。巨型营利性高等教育机构在分支机构的设置方面一般分为两个层次：第一个层次是以全资或者合资的形式创办子公司，第二个层次是以子公司为基础开办分支机构。以阿波罗集团为例，如阿波罗集团在美国、波多黎各、加拿大等国都设有分校或学习中心，其旗下的全资子公司主要有凤凰大学（the University of Phoenix）、职业发展中心（Institute for Professional Developmen）、金融规划学院（College for Financial Planning）、西部国际大学（Western International University）和玛丽特斯大学（Meritus University，Inc.）。此外，阿波罗集团于 2007 年与凯雷集团（Carlyle Group）合资创办了"阿波罗环球公司（Apollo Global）"，主要从事国际教育服务投资业。第二个层次是以子公司为核心开办分支机构，通常以子公司加上分支机构的驻地命名，如以"凤凰大学加州分校"这样的名称命名。

在 2010 年前后，巨型营利性高等教育机构的分支机构一般都在 50 家以上，其中阿波罗集团、ITT 教育服务公司、柯林斯恩公司学院开设的分支机构均超过了一百多家，阿波罗集团的分支机构甚至超过了二百多家。从分支机构的分布来说，巨型营利性高等教育机构大多都在跨国经营。巨型营利性高等教育机构通常首先在美国本土开办分支机构；随后向邻近的加拿大、墨西哥、拉丁美洲诸国开辟市场；由于美洲与欧洲历史上的渊源，许多巨型营利性高等教育机构将市场延伸至欧洲的英国、法国、意大利等国家，并逐渐开辟亚洲市场（见表 14）。

表 14　美国巨型营利性高等教育机构的子公司、分支机构一览表

学校名称	创立时间	一级子公司	二级分支机构	分支机构分布
阿波罗集团	1973	凤凰大学、职业发展中心、金融规划学院、西部国际大学和玛丽特斯大学、阿波罗环球公司、远见学校公司	>200	美国、加拿大、墨西哥、波多黎各、智利、英国、印度
教育管理公司	1962	艺术学院、阿格西大学、布朗麦基学院、南方大学	96	美国、加拿大
ITT 教育服务公司	1969	ITT 技术学院、丹尼尔韦伯斯特大学	105	美国
德夫里教育公司	1931	高级学者公司、阿波罗学院、贝克尔职业学院、张伯伦护理学院、德夫里大学、罗斯大学、西部职业学院、凯勒管理学院	>90	美国、加拿大、巴西、拉丁美洲
斯特拉耶教育公司	1892	斯特拉耶大学等	78	美国
职业教育公司	1994	美国洲际大学、布鲁克研究中心、科罗拉多科技大学、哈林顿设计学院、INSEEC 学校、国际设计与技术学院、拉尼埃罗.马兰格尼学院、北美蓝带、桑福德.布朗大学	90	美国、法国、意大利、英国
柯林斯恩学院公司	1995	艾佛勒斯学院、Wyo 科技、希尔德学院	>100	美国、加拿大

资料来源：根据各营利性高等教育机构官方网站资料整理绘制，网站地址见脚注[44]。

2. 庞大的师生群体

巨型营利性高等教育机构的另一个显着特征就是组织成员众多，即拥有

---

44 Apollo Group. About Apollo [EB/OL] http://www.apollogrp.edu/About.aspx2020-03-13; EDMC. About EDMC http://www.edmc.edu/About/2020-03-13; DeVry. Corporate Information. About DeVyr [EB/OL]. http://www.devryinc.com/corporate_information/mission_values.jsp2020-03-13; ITT Educational Ser, Inc. Overview [EB/OL]. http://www.ittesi.com/phoenix.zhtml?c=94519&p=irol-homeProfile&t=&id=&2020-03-13; Strayer Education, Inc. Overview [EB/OL]. http://www.strayereducation.com/about.cfm2020-03-13; CEC. CEC: Leader in a Growing Industry [EB/OL]. http://www.careered.com/about_industry.aspx2020-03-13; The Art Institutes. School locations [EB/OL]. http://www.artinstitutes.edu/locations.aspx2020-03-13; Corinthian Colleges. Inc.. About CCI [EB/OL]. http://www.cci.edu/about2020-03-13.

庞大的师生群体。由于巨型营利性高等教育机构既开展多校园教学也开设网络课程，并且为了广纳生源，基本不设招生门槛。能够"满足各类学生的不同教育需求"对学生产生了巨大吸引力。巨型营利性高等教育机构的注册学生数一般都超过 5 万人，其中注册学生数最多的是阿波罗集团。2009 年秋季注册学生数达到了创纪录的 44.3 万人。2009 年秋季新注册学生数超过十万的学校除阿波罗集团以外，还有教育管理公司、职业教育学院和柯林斯恩学院公司等公司（见表 15）。

庞大的学生群体带来了教师数量的增加，营利性高等教育机构一般不设终身教职，师生比通常在 1：12 左右。营利性高等教育机构教师由全职教师和兼职教师构成，出于降低成本的考虑，营利性高等教育机构以雇佣兼职教师为主，兼职教师的比例通常占总体教师的一半以上。由于营利性高等教育机构教师以兼职为主，部分学校（德夫里教育公司、斯特拉耶教育公司）没有提供教职员工的数量，但从能够统计上来的数字看，巨型营利性高等教育机构的教职员工基本在万人以上。其中阿波罗集团和教育管理公司的教师数量在两万人左右。庞大的学生群体能够为巨型营利性高等教育机构带来巨大的经济效益，而数量众多的兼职教师大大降低了学校经营的成本。

表 15　巨型营利性高等教育机构的教师、学生数量统计表（单位：人）

学　校	阿波罗集团	教育管理公司	职业教育公司	柯林斯恩学院公司	ITT 教育服务公司	德夫里教育公司	斯特拉耶教育公司
学生（人）	443,000	136,000	116,000	105,000	80,000	70,000	55,000
教师（人）	21,500	19,000	13,000	12,500	11,000	？	？

资料来源：根据各营利性高等教育机构官方网站资料整理绘制，网址见脚注[45]。

---

45 Apollo Group. About Apollo [EB/OL] http://www.apollogrp.edu/About.aspx2020-03-13; EDMC. About EDMC http://www.edmc.edu/About/2020-03-13; DeVry. Corporate Information. About DeVyr [EB/OL]. http://www.devryinc.com/corporate_information/mission_values.jsp2020-03-13; ITT Educational Ser, Inc. Overview [EB/OL]. http://www.ittesi.com/phoenix.zhtml?c=94519&p=irol-homeProfile&t=&id=&2020-03-13; Strayer Education, Inc. Overview [EB/OL]. http://www.strayereducation.com/about.cfm2020-03-13; CEC. CEC: Leader in a Growing Industry [EB/OL]. http://www.careered.com/about_industry.aspx2020-03-13; The Art Institutes. School locations [EB/OL]. http://www.artinstitutes.edu/locations.aspx2020-03-13; Corinthian Colleges. Inc.. About CCI [EB/OL]. http://www.cci.edu/about2020-03-13.

3. 包罗各个层次的课程

对于营利性高等教育机构来说，课程就是产品，课程的设置和调整完全依据市场的需求，也就是说营利性高等教育机构满足的是能够带来经济效益的课程需求。各巨型营利性高等教育机构基于自身办学的宗旨，根据的市场需求所开设的课程几乎涉及到各个层次（见表16）。营利性高等教育机构既开设从副学士到博士的学位课程和学历课程，同时仍然保持着其历史上就有的开展职业技能培训、开设职业资格证书课程的传统，另外还开办各种短期培训班、预科班、岗前培训班、考前辅导班等。

大多数营利性高等教育机构在课程设置上经历过三个阶段：第一阶段也是营利性高等教育机构的初创阶段，学校一般不具备学位授予资格，也不开设学历课程，主要开展职业教育和技能培训班，发放职业资格证书；第二阶段也即营利性高等教育机构的发展复苏阶段，随着办学层次的提高，开设开设学历课程，除继续发放职业资格证书外开设颁发相应文凭；第三阶段也就是营利性高等教育机构的发展繁荣阶段，这一阶段的营利性高等教育机构大多已经具备从副学士至博士的学位授予资格。但在营利性高等教育机构，虽然课程的设置经历了循序提升的发展阶段，但并不存在非此即彼的取代关系，而是一种课程体系的逐渐丰富和提升。在营利性高等教育机构看来，获得学位授予资格、提高授予学位的层次固然重要，但更重要的是吸引生源，增加经济效益，所以在营利性高等教育机构，无论学位课程还是学历课程，或是证书课程的开设都由市场需要决定，并不存在孰轻孰重的问题，只存在是否带来经济效益以及经济效益是否可观的问题。

表 16 巨型营利性高等教育机构开设的课程情况统计表

学校名称	学位课程	授予学位	其他课程
阿波罗教育公司	艺术与科学、工商管理、刑事司法与安全、医疗保健、护理学、工程技术	副学士、学士、硕士、博士	各类职业岗前培训、职业资格证书课程；法律、金融、营销、会计、精算科学人力资源等学历课程；各种预科学校
教育管理公司	艺术创作和应用方面的课程、行为科学、教育学、卫生科学、商业	副学士、学士、硕士博士	艺术创作和应用等方面的学历课程；职业发展培训

职业教育公司	视觉传达设计技术、信息技术、营销学、烹饪艺术、健康教育	副学士、学士、硕士	基于网络的学历课程和证书课程
柯林斯恩学院公司	商业、会计、刑事司法、信息技术、医疗保健、建筑、	副学士、学生、硕士	短期文凭课程；律师、财会职业资格证书课程
ITT 教育服务公司	信息技术、软件工程技术、数字娱乐和游戏设计、计算机绘图与设计、工业自动化工程技术	副学士、学士	施工管理、施工技术、网页设计等证书课程
德夫里教育公司	计算机工程技术、计算机信息系统、电子和计算机技术、电子工程技术、网络系统管理、通信管理、教育技术、电气工程、企业管理、法律	副学士、学生、硕士	注册会计师、注册管理会计师、特别金融分析师等职业资格培训课程
斯特拉耶教育公司（北卡罗莱纳只开设学位课程）	会计、工商管理、经济学、国际商务、互联网技术、刑事司法、市场营销	副学士、学生、硕士	会计、电子商务、企业管理、网络设备、计算机信息系统等学历课程 证书课程：会计、合同收集与管理、网络设备、网络安全、信息库等证书课程

资料来源：根据各营利性高等教育机构网站资料整理绘制，网址见脚注[46]。

4. 持续走高的年收益

追求利润是营利性高等教育机构的本质，经济效益的好坏几乎是评判营利性高等教育机构办学成功与否的标志。在 2010 年前后，巨型营利性高等教育机构由于产业化经营、规模化发展，取得的经济效益显着，总收入呈急剧上升趋势（见表 17）。在巨型营利性高等教育机构的收入中，学费收入是其收入的主要来源，通常学费收入占到总收入的 95%以上，其他收入占到 5%左右；支出则主要集中于"教育服务及教学设施、总务和行政、折旧和摊销、资

---

46 Apollo Group. About Apollo [EB/OL] http://www.apollogrp.edu/About.aspx2020-03-13; EDMC. About EDMC http://www.edmc.edu/About/2020-03-13; DeVry. Corporate Information. About DeVyr [EB/OL]. http://www.devryinc.com/corporate_information/mission_values.jsp2020-03-13; ITT Educational Ser, Inc. Overview [EB/OL]. http://www.ittesi.com/phoenix.zhtml?c=94519&p=irol-homeProfile&t=&id=&2020-03-13; Strayer Education, Inc. Overview [EB/OL]. http://www.strayereducation.com/about.cfm2020-03-13; CEC. CEC: Leader in a Growing Industry [EB/OL]. http://www.careered.com/about_industry.aspx2020-03-13; The Art Institutes. School locations [EB/OL]. http://www.artinstitutes.edu/locations.aspx2020-03-13; Corinthian Colleges. Inc.. About CCI [EB/OL]. http://www.cci.edu/about2020-03-13.

产减损"等几个方面。

根据各个公司提供的 2010 年前后的年度报告（ITT 教育服务公司未发布 2009 年的年度报告），截止到 2009 年 12 月底，在横向上看，在巨型营利性高等教育机构中，总收入过亿的有 4 家，它们分别为：阿波罗集团、教育管理公司、职业教育公司、柯林斯恩公司学院。其中，阿波罗集团通过产业化经营取得的效益达到了 40 亿，教育管理公司、职业教育公司、柯林斯恩公司学院的年收入也都在 10 亿以上。从纵向上看，自 2007 年至 2009 年，巨型营利性高等教育机构的年总收入整体呈上升趋势。即使在 2008 年全球经济危机影响下，各巨型营利性高等教育机构的总收入依然超过了上年。在 2009 年，美国经济还未摆脱经济危机重创的情况下，各巨型营利性高等教育机构的生源却仍持续增加，年度总收入持续攀升，基本都超过了上年。在 2007 年，巨型营利性高等教育机构中年总收入过 10 亿美元的有 3 家。在 2008 年，总收入超过 10 亿的巨型大学达到了 5 家。在 2009 年，有两家巨型大学的总收入超过了 20 亿，他们是阿波罗集团和教育管理公司（ITT 教育服务公司未提供 2009 年的财务数据）。

表 17 巨型营利性高等教育机构 2001-2009 年的总收入情况统计表

（单位：亿美元）

时 间	阿波罗集团	教育管理公司	职业教育公司	柯林斯恩公司学院	ITT 教育服务公司	德夫里教育公司	斯特拉耶教育公司
2007	27	13,6	17.47	0.919	0.869	0.933	0.318
2008	31	16.8	17.07	10.68	1.01	10.9	0.511
2009	40	20	18.3	13.07	?	14.6	0.96

资料来源：根据各营利性高等教育机构官方网站发布的 2009 年年度报告提供的资料整理绘制，网址见脚注[47]。

---

47 Apollo Group Inc/Investor Relations.2009 Apollo Group, Inc. Annual Report [EB/OL]. http://www.apollogrp.edu/Investor/AnnualReports.aspx2020-03-15.; EDMC. Education Management LLC Reports Fiscal 2009 Fourth Quarter and Full Year Results [EB/OL]. http://phx.corporate-ir.net/phoenix.zhtml?c=87813&p=irol-news&nyo=120 20-03-15.; Career Education Corporation/Investor Relations. Press Release [EB/OL]. http://phx.corporate-ir.net/phoenix.zhtml?c=87390&p=irol-newsArticle&ID=1392123 &highlight2020-03-13.; Corinthian Colleges/Financial Reports.2009 Annual Report [EB/OL]. http://investors.cci.edu/phoenix.zhtml?c=115380&p=irol-reportsAnnual20 20-03-15.; ITT Educational Services, Inc./Annual Reports.2008 Annual Report

3.2.3.2 微型大学

营利性高等教育机构中的微型大学的数量很多，无论是多校园大学还是巨型大学基本都经历过初创时期的微型规模阶段。在微型营利性高等教育机构当中，既有办学历史长、注重教学质量、有一定社会影响力的老牌微型大学，也有办学时间短，办学资金有限，生源不足，办学质量难以得到保障的学校。总体上看，微型大学的注册学生数很少，学校规模很小，有的学校只有几十个学生，多数微型大学的学生数在 100 人左右，即使招生数稍多的微型大学，注册学生数通常也都在 500 人以下（见表 18）。微型大学校园规模通常较小，甚至有些微型大学没有固定校舍，以租赁校舍为主。

表 18　营利性高等教育机构中的主要微型大学一览表

学校名称	所在州	学生数	授予学位层次
布莱恩学院（Bryan College）	田纳西州	175	副学士
宾夕法尼亚商学院（Business Institute of Pennsylvania）	宾夕法尼亚州	171	副学士
奥斯汀商学院（Austin Business College）	德克萨斯州	177	副学士
南海岸学院（South Coast College）	加利福尼亚州	452	副学士
索耶学院（Sawyer College）	印第安纳州	314	副学士
巴德学院（Bauder College）	乔治亚州	419	学士、副学士
科罗拉多理工大学（Colorado Technical University）	密苏里州	425	
西海岸大学（West Coast University）	加利福尼亚州	55	学士、副学士
沙利文国际大学（Schilller International University）	佛罗里达州	190	硕士、学士、副学士
辛辛那提艺术学院（Art Academy of Cincinnati）	俄亥俄州	220	硕士、学士、副学士

资料来源：笔者根据 2005 卡内基高等教育分类体系资料整理绘制，见 The Carnegie Foundation for the Advancement of Teaching. Standard Listings[EB/OL]. http://classifications.carnegiefoundation.org/lookup_listings/standard.php2021-04-10.

[EB/OL]. http://www.ittesi.com/phoenix.zhtml?c=94519&p=irol-reportsAnnual2020-03-15.; DeVry Inc. Annual Report. DeVry 2009 Annual Report [EB/OL]. http://www.devryinc.com/investor_relations/annual_report/2009_Annual_Report.pdf2020-03-15.; Strayer Education, Inc./Annual Report. 2009 Anuual Report [EB/OL]. http://www.strayereducation.com/annuals.cfm2020-03-15.

  成立于 1869 年的俄亥俄州的辛辛那提艺术学院（Art Academy of Cincinnati）是微型大学的代表。该校将自身是全美最小的四年制艺术学院看作是其最大的优势，他们声称能够为学生的个性化要求配备特殊教师。辛辛那提艺术学院早就获得了全国高等教育委员会和中北部高等教育认证机构的认证，是全国艺术设计委员会（the National Association of Schools of Art and Design, NASAD）的特许成员。到 2021 年，"该校注册学生数为 220 人（其中本科生为 200 人，硕士研究生为 20 人），全职教师 14 名，兼职教师 24 名。"[48]该校具有"授予艺术教育硕士学位；美术、传播艺术、艺术史学士学位和平面设计副学士学位的资格，能够同时开始在线课程和非在线课程。"[49]经过近一百五十年的发展，辛辛那提艺术学院以其优质的办学质量获得了良好的口碑，但该校至今还没有扩大招生规模和开设分支机构的计划。该校宣布将继续保持目前的经营规模，并提出了"学校虽小，承诺很大（We may be small, but our commitment is big）"[50]的办学理念。

---

48 Art Academy of Cincinnati. About the Art Academy [EB/OL]. http://www.artacademy. edu/about/2021-04-10.

49 Art Academy of Cincinnati. Academy & Programs [EB/OL]. http://www.artacademy. edu/academics_and_programs/2013-04-10.

50 Art Academy of Cincinnati.About the Art Academy [EB/OL]. http://www.artacademy. edu/about/2021-04-10.

4 美国营利性高等教育机构的组织结构

在现代组织中，由于组织规模的不断扩大，组织内外环境的日益复杂，组织结构的作用越来越突出和重要。那么什么是组织结构呢？组织结构是指一个组织内的各构成要素及它们之间的相互关系。组织结构主要涉及组织部门构成、基本的岗位设置、权责关系、管理流程及组织内部协调与控制机制等。这个定义体现了组织结构对组织的重要作用：一方面它提供一个关于责任、命令链关系等劳动分工的框架，另一方面它提供了一套联系和协调组织要素使其成为和谐整体的机制。美国营利性高等教育机构作为一种社会组织，自然也有组织目标、组织结构、组织运行机制等，其中，组织结构是营利性高等教育机构组织运行的依托。营利性高等教育机构组织结构的优劣、合理与否直接影响到起所追求的组织目标的实现。本书将营利性高等教育机构的组织结构定义为：营利性高等教育机构为实现其组织目标，在运营中进行分工协作，在职能范围、责任、权力等方面形成的结构体系。

4.1 美国营利性高等教育机构组织结构分析的理论依托

美国营利性高等教育机构组织结构的设计、发展和创新，与组织结构理论自身的发展和完善密不可分。不同的组织结构理论对组织结构的类型提出了不同的观点，也成为本书分析美国营利性高等教育机构组织结构的理论依托。

4.1.1　组织结构理论的发展

组织结构理论主要经历了从古典组织结构理论、近代组织结构理论到现代组织结构理论的三大阶段的发展历程。

4.1.1.1　古典组织结构理论及评价

古典组织结构理论认为，所有的组织都共同拥有一种最好的组织结构，即通过一种层级制的安排，将组织活动由统一规定的事无巨细的计划和制度来支配。这一理论的主要代表人物有：提出科学管理理论的美国的弗雷德里克．温斯洛．泰勒（Frederick Winslow Taylor, 1856-1915）；提出行政管理理论的法国的亨利．法约尔（Henri Fayol, 1841-1925）；提出官僚制组织理论的德国的马克思．韦伯（Max Weber, 1864-1920）。

1. 科学管理理论

泰勒被西方誉为科学管理之父，他提出了科学管理理论。科学管理理论对组织结构理论做出的重要贡献主要体现在三个方面：①根据劳动分工的原理，把计划职能（管理）与执行职能（作业）分开，并强调计划（管理）的重要性，要求执行（作业）部门接受计划职能部门的控制和监督。②主张实行职能管理制，科学管理理论不仅提出要单独设置职能管理部门，而且要求管理职能专业化、标准化。③提出了组织中的例外原则，就是"高级管理人员把一般的日常事务授权给下级管理人员去处理，而自己只保留对例外事项的决策和监督权。"[1]例外原则是泰勒对组织结构理论的重大贡献，该原则也成为现代分权理论的来源。正是在例外原则的启发下，后来的组织结构理论中发展出了分权管理体制与事业部制组织结构形式。

2. 行政管理理论

法约尔与匡威克（Lygndall F．Urwick）等人在泰勒之后提出了行政管理理论。如果说泰勒的科学管理理论更多的是重视个体工作的话，法约尔与匡威克的行政管理理论关注的则是整个组织管理的基本原理问题。法约尔认为管理就是实行计划、组织、指挥、协调和控制。行政管理理论也成为后来的管理过程学派或管理职能学派的理论起点。法约尔的行政管理理论在组织结构理论方面的贡献主要表现在三个方面：①在组织管理方面提出了被称为"法约尔原则"的 14 条基本原则；②在组织结构设计方面提出了"法约尔跳板"。

1　郭咸纲：西方管理思想史[M]，北京：北京联合出版公司，2014.89。

"法约尔跳板"的提出是基于这样的观点：即认为上下级之间应当根据权力执行路线建立信息传递渠道，又认为为了提高信息的畅通和工作的效率，应在横向层级间建立信息沟通的"桥梁"。"法约尔跳板"是对层级原则的补充，至今仍被广泛采用。③为了提高组织效率，提出了"直线职能型"的组织结构模式，该模式至今仍被广泛采用，已经成为组织结构的基本形式。

3. 官僚制（科层制）组织理论

韦伯在《社会和经济组织理论》提出了理想行政组织体系——官僚制（科层制）组织的概念，官僚制（科层制）组织的核心思想是不凭家族世袭地位、人际关系、个人情感等进行组织，而是按照严密的行政组织、严格的规章制度来组成管理机构。在韦伯看来，官僚制（科层制）是提高组织效率的有效途径。如果说泰勒的组织结构理论的重心在于管理方法的科学化，法约尔的重心在于组织管理原理和原则的理想化，那么韦伯的重心则在组织制度的科学化和体系化。官僚制（科层制）组织理论把组织看作是一个经过理性设计的科层结构，强调组织内部的专业分工、等级制度、制度化管理等。韦伯强调，官僚制（科层制）管理不是以"传统权力"与"魅力权力"为特征的，而是以理性为基础的"法制权力"。官僚制（科层制）所提倡的金字塔型组织结构形式是对组织结构理论的重要贡献。

总体上讲，在古典组织结构理论中有一个共同的观点，即组织是一个存在明确分工的、责权分明的、具有法规制度的社会结构。古典组织结构理论用科学的严格性和普遍性来解释组织结构变化的原因，强调的是组织理性、组织的非人格化和组织的效率。当然，由于所处时代的局限性，现在看它也存在着一些不足，如，它将组织视为一个机械系统，忽视了个人对组织的能动作用等。但毋庸置疑，古典组织结构理论为现代组织结构理论的发展奠定了牢固的基础，古典组织结构理论之后的组织结构理论都建立在它的基础之上并对它进行了充实和完善。

4.1.1.2 近代组织结构理论及评价

近代组织结构理论始于20世纪三、四十年代，主要的代表人物有乔治.埃尔顿．梅奥（George Elton Mayo, 1880-1949）和切斯特．巴纳德（Chester Barnard），主要的代表理论有：人际关系学派的组织理论和社会系统学派的组织协作理论。

1. 人际关系学派的组织理论

20 世纪 50 年代后，针对古典组织结构理论对组织中人的能动性忽视的缺陷，以梅奥为代表的人际关系组织结构理论出现。梅奥通过"霍桑试验"发现，影响组织生产效率的因素并不仅仅是劳动条件本身，还有组织中人的因素，这使他转向了对组织中人的行为和非正式组织的研究。通过研究，梅奥做出了人不是以经济利益的满足为目的的"经济人"，而是有更丰富需求的"社会人"的论断。他指出组织的效率取决于"士气、劳动集体成员之间满意的相互关系（一种归属感），以及有效的管理。"[2]他认为组织结构的设计更需要考虑组织中的人的需要和特点。人际关系学派理论的积极意义主要表现在两方面：①对古典组织理论进行了修正与补充。②提出了组织结构设计时必须考虑"人"的需要和特点。后来，马斯洛（Abraham H. Maslow）的需要层次理论、赫茨伯格（Frederick Herzberg）的双因素理论以及麦格雷戈（Douglas Mcgregor）的人性假设理论等又都进一步丰富和发展了人际关系学派的组织理论。

2. 社会系统学派的组织协作理论

切斯特·巴纳德在人际关系组织结构理论的基础之上，运用社会性的观点来研究组织的问题和管理理论，发展了社会系统学派的组织结构理论。巴纳德认为，社会的各级组织都是一个协作的系统，都是由相互协作的个人组成的系统，合作是个人和组织成功的途径。巴纳德在《经理人员的职能》一书中阐述了对组织的理解：①组织是人与人的合作系统。②提出了权力接受论，即组织中的权力不是像古典组织理论中所说的来自行政领导，而是要看下级是否接受和理解。③提出了诱因和贡献平衡论。即组织中每个人都有个人需要，若要求成员对组织做出贡献，组织就必须对其提供适当刺激以满足个人需要。巴纳德将这些诱发个人对组织做出贡献的因素称为"诱因"，他认为诱因不局限于物质，还包含威望、权力、参与管理等社会因素，只有当诱因与贡献达到平衡时，对成员的管理才有效。④强调非正式组织的职能。巴纳德认为，组织中的非正式组织产生于与工作有关的广泛联系中，有助于提高个人的自尊心和维护正式组织的团结。在组织结构设计时要考虑非正式组织的影响，充分发挥其作用。⑤提出了信息交流原则。在巴纳德看来，信息

---

2 郭咸纲：西方管理思想史[M]，北京：北京联合出版公司，2014.164。

在组织的发展中起到支配作用，所以对于任何一个组织，要统一领导与行动就必须统一信息，为了统一信息，就必须在组织结构设计中设置信息系统和信息管理人人员。

总体来看，针对古典组织结构理论对人的能动性的忽视，近代组织结构理论（行为科学组织结构理论）转而以研究组织中的人为根本点，强调组织中的社会、心理系统及人的行为因素对组织的影响和作用，这是对古典组织结构理论的补充和修正。该理论还提出了一系列不同于古典组织理论的组织原则，如人格尊重原则、相互利益原则、人性激发原则、协调一致原则、相互领导原则等。近代组织结构理论既建立在古典组织结构理论的基础之上，也是对古典组织结构理论的完善和发展。许多初创时期的营利性高等教育机构在架构组织结构过程中都受到了古典组织结构理论的影响。

4.1.1.3 现代组织结构理论及评价

现代组织理论（Modern Organization Theory）形成于 20 世纪六七十年代，主要的理论流派有权变理论学派、经验主义学派理论、新组织结构学派等。主要代表人物有乔治．C．霍曼斯（George Casper Homans）、弗里蒙特．E．卡斯特（Fremont E．Kast）、詹姆斯．E．罗森茨韦克（James E Rosenzwig）等。

1. 权变理论学派的组织结构理论

权变学派理论产生于一般系统论，保罗．罗杰．劳伦斯（P．R．Laurence）、杰伊．威廉．洛西（J．W．Lorch）和琼．伍德沃德（J．Woodward，1916-1971）等人是现代权变学说的创始人。权变理论学派的基本观点是：组织是一个开放的、具有整体性能的社会技术系统，一个组织与其他组织的关系以及与环境的关系依赖于具体的情境。权变学派强调组织变化无常的性质。它认为组织结构本身无优劣之分，与环境变化相适应的组织结构就是有效率的；既并不存在普遍适用的组织结构和管理方法，也不存在一种适合于任何组织的组织结构；组织结构的选择要具体情况具体分析。劳伦斯和洛西在他们合写的《组织和环境》一书中论述了外部环境和组织结构的关系，他们主张按照不同的形势、不同的企业类型、不同的目标和价值采取不同的组织结构。在权变理论的观点中，当组织环境比较稳定，组织结构的划分可以相对细些，可以较多地运用正规手段（如权力等级、计划于规章等）；当组织外界环境变化较大，组织结构的划分可以相对粗线条，较多采用灵活的手段实现部门的协调和配合。总之，在权变理论学派的组织结构的观点中，没有一成不变的、普遍适用的、最好的组织结构和管理对策，组织结构必须根据其所处的内外环境权宜应变。

2. 经验主义学派理论

彼得．德鲁克（Peter F．Drucher）是当代著名的经验主义管理学家。德鲁克最大的贡献在于他将常见的组织结构分为五类：职能制、事业部制、规划-目标结构（矩阵结构）、模拟分权制结构和系统结构。其中"职能制和事业部制是较为成熟并常见的组织结构，它们是以工作和任务为中心的组织设计；事业部制和模拟分权制是以成果为中心的组织设计；系统结构是以关系为中心的组织设计。"[3]最重要的是，德鲁克就组织结构设计的规划提出了自己的设计原则：①明确性。组织中的任何一个管理部门、任何一个人都应该有明确的位置；②经济性。用于控制、监督、引导人们取得成绩的力量应该保持在最低限度。良好的组织结构应该是使人自我控制、自我激励的。③远景方向。组织结构应该引导每个管理部门和每个人为取得整个组织的成绩而做出长期努力。④理解组织本身的目的和任务。一个组织应该使自己的每个任务适应于整体的任务，在组织结构中不应该出现信息流通的障碍。⑤决策。组织结构必须能使组织做出正确的决策并能把决策转化为工作上的成就。⑥稳定性和适应性。一个组织结构要有良好的稳定性和适应性，能在动荡的环境总开展工作，做到稳定而不僵化。⑦永存性和自我更新。一个良好的组织结构应该能够从内部产生未来的领导者，并能接受新的思想和做新的事情。德鲁克的这些观点成为指导组织结构设计的通用原则。

3. 新组织结构学派

加拿大的管理学家亨利．明茨伯格（Henry MinZberg）在全面吸收各学派关于组织结构的学说和主要成果的基础上，对组织结构的各个方面进行了深入系统的研究，形成了新组织结构学派的组织理论。明茨伯格对组织结构理论的主要贡献在于他提出了组织结构的五种协调机制：相互协调、直接监督、工作过程标准化、成果标准化和技术标准化。明茨伯格认为组织结构由五个基本组成部分构成：工作核心层、战略高层、直线中层、技术专家和辅助人员。他还认为在组织结构中存在五种流程系统：正式的权力系统、规章制度流程系统、非正式组织沟通的流通系统、工作群体流程和特殊决策流程。基

---

3 郭咸纲：西方管理思想史[M]，北京：北京联合出版公司，2014.285。

于这样的逻辑，明茨伯格将常见的组织结构分成了五种类型：简单结构、机械型行政结构、职业型行政结构、分布式结构和特别小组。

此外，现代组织结构理论中还有不少其他有影响的学派，迈克尔. T. 汉南（Michael T. Hannan）和约翰. H. 弗里曼（John H.Freeman）等提出了总体生态理论，也叫自然选择模型，该理论强调环境选择作用而弱化组织管理者在决定组织命运中的作用；杰弗里. 帕弗尔（Jeffrey Pfeffer）等人提出了资源依赖理论，该理论强调组织从环境中获取资源能力的重要性，把组织看作是环境关系中的一个积极参与者而不是被动接受者，两者之间存在互动关系。另外还有赫伯. 西蒙（Herber A. Simon）的决策学派；彼得. 圣吉（Peter Senge）的学习型组织理论等。

总之，从古典组织结构理论到近代组织结构理论再到现代组织结构理论，组织结构理论呈现出鲜明的时代性，它的发展历程也是人们对组织结构认识深入、全面的过程。后期组织理论是对前期组织理论的丰富和发展，拓宽了人们对组织结构的认识，但并不代表前期组织结构理论的终结。组织结构理论的观点影响着各类组织的结构设计，美国营利性高等教育机构的组织结构的架构自然也不例外地受到以上组织结构理论的影响。

4.1.2 组织结构类型的演变

组织结构理论自古典组织结构理论发展到目前的现代组织结构理论，在组织结构理论的导引下，组织结构类型也经历着职能式、科层制、事业部结构、矩阵式、混合式等形式的演变，一方面，这几种典型的组织结构类型也成为营利性高等教育机构组织结构权变的依据；另一方面，本书也以这些组织结构类型为模型对营利性高等教育机构组织结构进行分析。

4.1.2.1 古典组织结构理论导引下的组织结构设计

古典组织理论的典型代表是泰勒、法约尔和韦伯，他们基于实践的基础对组织结构的形式提出了不同的看法。在泰勒提出职能制组织结构后，法约尔针对该结构的缺陷提出了"法约尔跳板"型组织结构，韦伯则结合了前两者的优点，设计了科层制组织结构。

1. 职能制组织结构

职能制组织结构是由现代管理之父泰勒最早提出来的。该结构的主要特点是低复杂化、低正规化、高度集权；在公司经理之下，设置专业分工的职能机构，配备专业的职能人员，并授予相应的职权；组织中每一位主管人员对其直接下属拥有直接职权；组织中每一个人只对他的直接上级负责或报告工作，也就是说主管人员在其管辖范围内拥有绝对的职权。职能性组织结构的主要优点在于结构简单，灵活性强，责权分明，权力集中，公司目标明晰，可以有效地保证统一指挥，便于集中管理，领导的权威性高，有利于促进职能领域内规模经济的实现。当然它也存在一定的缺陷，如组织内部下级人员缺乏必要的自主权，各专业职能部门之间的联系薄弱等。直线智能型组织结构的基本形式如图 4 所示。

图 4：职能型组织结构示意图

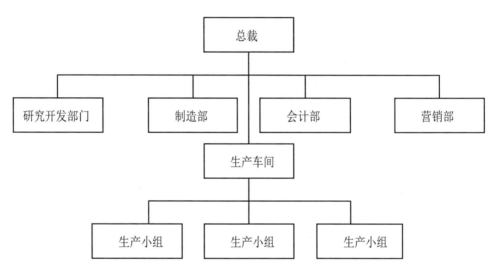

资料来源：笔者综合"刘延平.多维审视下的组织理论[M].北京：清华大学出版社、北京交通大学出版社，2007.105.；郭咸纲.西方管理思想史[M].北京：北京联合出版公司，2014.81."等资料整理绘制。

2."法约尔跳板"型组织结构

法约尔提出的"法约尔跳板"型组织结构实际上是对泰勒"职能型"组织结构的发展。法约尔认为，在组织结构中，高一级到最低一级之间应该建立关系明确的职权等级系列，这既是执行权力的线路，也是信息传递的渠道。在他看来，组织结构通常情况下应当遵循梯形的等级关系，但在特殊情况下，"为了克服统一指挥而造成的信息传递延误和低效，两个分属不同系统的部门遇到只有协作才能解决的问题时，可以允许生产过程中平级之间跨越权力进行横向沟通。"[4]为此他提出应当将组织的等级制度和横向信息沟通结合起来，并设计了"法约尔跳板"和"法约尔跳板"型组织结构。"法约尔跳板"式组织结构在泰勒的职能制组织结构和韦伯的官僚制组织结构之间起到了承上启下的作用（如图 5 所示）。

图 5：法约尔跳板型组织结构示意图

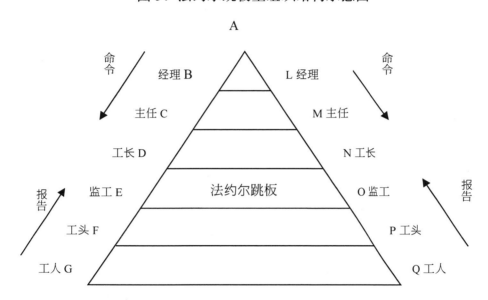

资料来源：笔者根据"郭咸纲.西方管理思想史[M].北京：经济管理出版社，2014. 122-125."整理绘制。

3. 科层制结构

马克思．韦伯（Max Weber, 1864-1920）同泰勒和法约尔是同时代人，他在组织结构理论方面最大的贡献是提出了"理想的行政组织体系理论"，他也因此被尊称为"组织理论之父"。韦伯提出了一种"理想"的行政组织体系，又被称为科层制组织结构（见图 6）。科层制组织结构的主要特点是："①任何组织都具有确定的组织目标，为实现组织的目标，组织中人员的一切活动都必须遵守一定的程序。②组织目标的实现要求组织内部必须实行劳动分工，组织中的每个人都有明文规定的权利和义务。③组织按照等级制度形成一个命令链。各种职务和职位按等级制度的体系进行划分，每一级的人员都必须

4　郭咸纲：西方管理思想史[M]，北京：北京联合出版公司，2014.125。

接受其上级的控制和监督。④在组织人员关系上，表现为一种非人格化的关系，也就是说，人们之间是一种指挥和服从的关系，这种关系是由不同的职位和职位的高低来决定的，不是由个人决定的。"[5]应当说，科层制组织结构结合了泰勒的职能型组织结构与法约尔桥型组织结构的优点，组织的集权化程度和组织效率都相应提高。

图6：科层制组织结构示意图

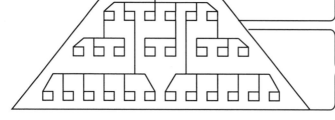

高级行政官员（主要职能是行政命令）

中层行政官员（主要职能是贯彻上级决策）

一般工作人员（主要职能是具体执行命令）

资料来源：郭咸纲.西方管理思想史[M].北京：北京联合出版公司，2014.130。

在以上三位古典组织结构理论家提出的基本组织形态的基础上，现代企业中出现了许多基于实践改进的组织结构，如直线结构、简单结构、直线职能制结构等等。由于基于古典组织结构理论的组织形态通常都是一元结构，组织命令沿直线传递，所以以上组织结构一般被统称为U型组织结构。古典组织结构理论的出现，促进了集权式组织结构的产生，并且成为20世纪初占主导地位的组织结构。对这一时期组织结构产生重要影响的因素主要有：①随着经济、技术的发展，企业的员工人数增多，需要专门人员进行有效的分工和管理控制。②这一时期组织环境相对稳定，大公司垄断市场，环境的不确定性很低。③经济组织间竞争不很激烈，各种公司可以引进常规性的管理技术。在这些因素的综合影响下，集权式组织结构表现为：强调专业分工；组织中各种职务按职能进行划分；全部管理职能由各级行政领导人负责；信息传递以直线的方式从上至下流动；管理层次无论多少，组织结构都趋于高耸。

---

5 郭咸纲：西方管理思想史[M]，北京：北京联合出版公司，2014.130。

4.1.2.2 现代组织结构理论导引下的组织结构设计

二战后，随着现代自然科学和技术日新月异，生产社会化程度不断提高，管理理论引起人们普遍重视。到 20 世纪 60 年代，形成了多种管理理论学派，出现了"现代管理理论丛林"现象。现代组织结构理论自然也不例外地出现了枝叶繁生的丛林现象，对于组织结构的设计更可谓仁者见仁智者见智。其中较为常见的有事业部制组织结构（也被称为 M 型组织结构）和矩阵结构，以及近年来在国际上流行的动态组织结构。

1. 事业部制组织结构

事业部制组织结构是明茨伯格所提出的五种组织结构之一。明茨伯格认为，虽然不同的组织有不同的结构图，但通常都是在运营核心、战略高层、中间线、技术结构和支持人员这五种力量的牵引下，形成了不同的组织形态。事业部制组织结构又称为分权组织，或部门化组织结构，是目前发展正盛的多数营利性高等教育机构采用的组织结构。在这种组织结构中，经济组织按产品、部门或地区划分成若干个事业部（部门或子公司），母公司与事业部之间的权力分配是同等的垂直分权（见图 7）。各事业部独立经营、单独核算，最高管理者保留人事决策、财务控制、监督调控等大权，下设相应的职能部门。该结构的优点主要有：事业部拥有较大的管理权限，能及时对市场变化做出反应并迅速调整；各事业部之间相对独立，有较大自主权和决策权。当然事业部组织结构也存在一些问题，如职能部门可能重叠，管理费用会增加，职权下放过大容易出现子公司与母公司战略目标偏差等问题。

图 7：事业部制组织结构示意图

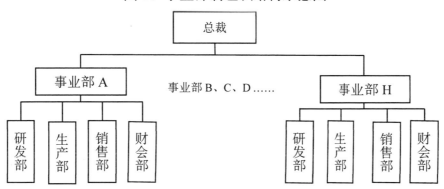

资料来源：刘延平.多维审视下的组织理论[M].北京：清华大学出版社，北京交通大学出版社，2007.107。

2. 矩阵组织结构

矩阵组织结构是由威廉.大内（William Ouchi）在 1981 年出版的《Z 理论》一书中首次提出来的，该结构由于被应用于飞机制造和航天器械的生产而兴起，目前被很多跨国公司采用。所谓矩阵结构，即把按职能划分的部分和按产品或项目划分的小组结合起来，形成一个矩阵（如图 8 所示）。目前矩阵组织结构在军事、工商业、科学研究、技术开发领域应用普遍。矩阵组织结构使得组织管理中"垂直"联系和"水平"联系、"集权化"和"分权化"有机地结合起来，既讲究分工又重视协作。这种组织结构通常以完成一定的工作任务为目标，信息流通以横向为主，重视不同部门间的人员协作。这种结构能够适应复杂多变的外部环境，有利于产品开发。当然，矩阵结构也存在一定不足，由于在矩阵组织结构中，任务是通过各职能部门人员协调、讨论解决的，所以这种组织结构的"高效果可能是以效率不高为代价的。"[6]

图 8：矩阵型组织结构示意图

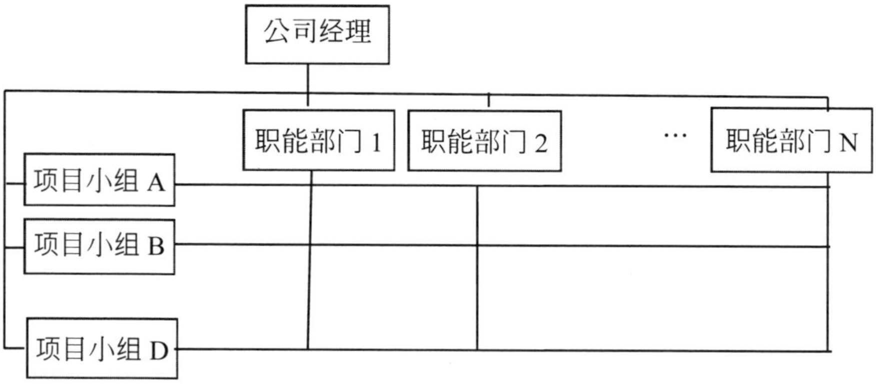

资料来源：笔者根据"刘延平.多维审视下的组织理论[M].北京：清华大学出版社、北京交通大学出版社，2007.106."整理绘制。

3. 动态的组织结构

罗森茨韦克与卡斯特在合着的《组织与管理：系统与权变方法》一书中，对未来的组织做了预测，他们认为：未来的组织面临的是变革的社会和环境，必须不断改变和调整；未来的组织规模将日益庞大和日益复杂，部门的划分会更细，各部门的专业化程度将更高，将会有更大的独立性和自主权；未来组织的层次将会有所减少，由于计算机代替了部分手工劳动和脑力劳动，组

---

6 Henry Mintzberg. Mintzberg on Management [M]. New York: The Free Press Inc., 1989.105.

织中的沟通以及组织与外界的沟通将更加快捷和有效；未来组织中的各类成员的比例将会发生重大改变，管理人员和业务专家的比例将会大大提高。基于以上的观点，结合实践，一些企业探索出了一个动态的组织结构（如图9所示）。在动态的组织结构中，组织的各个部门彼此之间都保持密切的联系，各个部门对于其外部环境来说又都是开放的。该组织结构强调组织结构对组织的适应和反应，认为组织结构不应拘泥于固定的模式。在动态的组织结构中，无论组织内部还是组织与外部环境之间，信息的传递是即时的。

图9：动态组织结构示意图

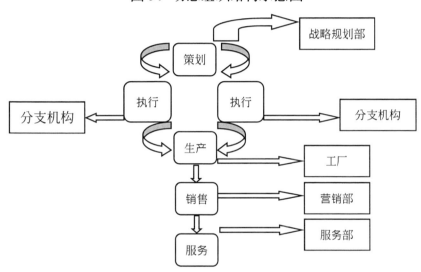

资料来源：笔者根据"[美]斯蒂芬.P.罗宾斯着.组织行为学[M].北京：中国人民大学出版社，2004.434-435."整理绘制。

　　总之，现代组织结构理论将组织结构视为一种开放的系统，强调组织对外部环境的适应和对组织进行动态的管理。现代组织结构理论认为，在现实生活中，组织结构是千姿百态的，普通使用的唯一的、最好的组织结构是不存在的，管理者必须根据所面临的特定情况，选用最适合于本组织的结构设计方案。现代组织结构理论提倡"依条件而变"、"量体裁衣"，强调根据特定的具体条件来选择和设计组织结构。

　　上文中的六种组织类型是目前较为常见的基本组织结构形式，也是美国营利性高等教育机构组织结构设计实践过程中的参照依据。在真实的情况中，美国营利性高等教育机构在创立之初到发展正盛的不同阶段可能会采取或改进以上不同的组织结构，不同类型的营利性高等教育机构也会设计和架构适合自身发展的组织结构,甚至一种组织结构往往会同时具备几种不同组织结构的特征。

4.2 美国营利性高等教育机构的组织结构

美国营利性高等教育机构组织结构的架构受到诸如组织规模、专业化程度、发展阶段、战略方向、组织技术等诸多因素的影响。可以说，每一所营利性高等教育机构的组织结构都是唯一的，但从总体来看，营利性高等教育机构的组织结构仍然以上文所提到的六种组织结构为基础，结合自己的发展需要对组织结构进行架构。

4.2.1 影响美国营利性高等教育机构组织结构的因素

影响组织结构架构的变量很多，达夫特将这些变量分为两大类：结构变量（Structure Dimensions）和情境变量（Contextual Dimensions），美国营利性高等教育机构的组织结构也不可避免地受到这两类变量的影响，本书将遵循"结构变量"和"情境变量"两条线路分析影响营利性高等教育机构组织结构的因素。

4.2.1.1 结构变量

在组织理论的领域中，组织结构性维度是影响组织结构设计的一个重要变量，结构变量提供了如何描述组织内部特征的标尺。组织理论认为，结构变量"是以复杂性、规范性和集权度这三个方面为主要变量并辅之以其他变量来描述组织内部特征的。"[7]营利性高等教育机构作为一个社会组织，不可避免要受到结构变量的影响。

1. 复杂性

所谓组织复杂性，是指"组织内活动及单位数目的多少，以及它们之间的相互关系。"[8]具体地说，组织复杂性是指组织的纵向分化（管理的层数）和横向分化（部门和工种的数量）的程度。所谓纵向分化，是指等级的层次，也可以说，纵向分化是指最高管理者和最低操作人员之间的纵向职位数量及权

---

7 [美]理查德．L．达夫特：组织结构与设计[M]，王凤彬、张秀萍译，北京：清华大学出版社，2003.103。
8 刘延平：多维审视下的组织理论[M]，北京：清华大学出版社，2007.103。

限分配。所谓横向分化，是指以专业化为基础的部门分工和组织成员之间的专业分工，也就是说，组织成员把组织要做的事情在横向上分割并予以履行的状态。从纵向看，组织的层次越多，其复杂程度越大，组织的层次越少，其复杂程度就越小；从横向上看，组织内部的部门及职位越多，组织就越复杂，组织内部的部门及职位越少，组织就越简单。

美国营利性高等教育机构类型呈现多样化的特征，有的营利性高等教育机构是在线大学，有的是单一校园学校，有的营利性高等教育机构拥有多家子公司和众多分支机构，还有的营利性高等教育机构既拥有多个校园又同时开办多家在线大学。营利性高等教育机构办学类型的多样化决定了其纵向分化和横向分化的情况都比较复杂。从纵向上看，像阿波罗集团、阿格西大学等大型营利性高等教育机构，从总裁到教员，组织结构的等级有四五个层次，组织的层次相对较多，组织结构的纵向分化相对复杂；而像琼斯国际大学、凯泽学院等单一校园大学则仅有两三个管理层次，组织的层次相对较少，组织结构的纵向分化就相对简单。目前大多数营利性高等教育机构横向分化的情况也非常复杂，一般的职能部门主要有财务部（委员会）、学术部（委员会）、审计部（委员会）、战略部（委员会）、招生部（委员会）等。但具体到不同的学校则情况不同，如凤凰大学、斯特拉耶大学等为开展跨国或全球性业务都开设有海外司或者全球司；教育管理公司和德夫里教育公司专设有企业合作部和军事培训部门。总体上看，营利性高等教育机构组织结构的横向分化也越来越复杂。

2. 规范化

营利性高等教育机构在初创阶段都存在组织规范化程度低的情况，但随着办学规模的扩大，规范化程度不断得到加强。组织的规范化是指组织中书面文件的数量。这些文件是指规定组织中的行为和活动的各种工作程序、职务说明、规章条例和政策手册等。营利性高等教育机构在开办之初，规范化程度都很低。随着办学规模的扩大，办学规范化的程度得到提高。巨型营利性高等教育机构，如阿波罗公司、教育管理公司等规划化程度都较高，更依靠规章制度、程序和书面工作去实现标准化及对部门和员工的管理控制。从规范化低向规范化高的方向发展几乎是每个营利性高等教育机构发展的必经阶段。

3. 集权度

多数美国营利性高等教育机构在创建初期都表现出较高的集权度，随着规模的扩大、集权度逐渐降低。集权指组织内部权力的配置。集权度是指"组织内部决策权力的分布及集中情况或有权做出决策的层级高低程度。"[9]如果决策权集中保持在高层，那么组织的集权程度就较高；当决策权分散在较低的组织层级时，集权程度就低。营利性高等教育机构的组织结构大多经历了从集权式的金字塔型组织结构向分权式的矩型和混合型组织结构演变的过程。

4. 专业化

营利性高等教育机构的专业化程度在不同的发展阶段表现不同。组织结构的专业程度有时也被称为劳动分工程度，指将组织的任务分解为各项独立工作的程度。具体表现为部门（科室）和职务（岗位）数量的多少。同样规模的组织，如果部门或机构较多，说明分工较细，专业化程度较高。如果专业化程度高，员工的工作范围相对较窄。相反，如果部门或机构较少，说明分工较粗，专业化程度较低，专业化程度低的话，员工职责的工作范围较宽。初创时期的营利性高等教育机构的专业化程度一般较低，职能部门的细化程度不高。目前的多校园营利性高等教育机构、巨型营利性高等教育机构的专业化程度一般都较高。

5. 人员比率

人员比率是"指人员在各职能、各部门中的配置，包括管理人员比率、事务人员比率、专业职能人员比率以及直接与间接劳动人员的比率。"[10]人员比率的测算就是将各类人员的数量除以组织的员工的总数。从美国营利性高等教育机构总体来看，管理人员和事务性人员比例较低、教师所占比例较高，教师中兼职人员比例较高。

4.2.1.2 情境变量

组织结构理论指出，影响和决定组织结构的情境变量主要有组织规模、组织文化、技术、组织的不同发展阶段和战略目标等。对于营利性高等教育机构来说，组织规模、组织的不同发展阶段、组织战略目标等变量对于组织结构的影响较大。

1. 组织规模

组织规模是指"以组织中的员工人数来反映的组织的大小。"[11]规模大小

---

9 刘延平：多维审视下的组织理论[M]，北京：清华大学出版社，2007.103。

10 刘延平：多维审视下的组织理论[M]，北京：清华大学出版社，2007.103。

11 刘延平：多维审视下的组织理论[M]，北京：清华大学出版社，2007.104。

对营利性高等教育机构组织结构的架构的影响比较显着（见图10）。营利性高等教育机构组织规模扩大可能带来组织纵向层级增加、职能部门分工细化、专业人员的比例提高，既有助于加强营利性高等教育机构管理正规化程度，也使得分权增多而带来了集体决策比例的提升。在美国营利性高等教育机构草创之初，学校规模小，纵向等级层次和横向职能部门都少，通常采取的是直线型职能制组织结构，权力较为集中。在随后的发展中，有些营利性高等教育机构发展为多校园大学，有些营利性高等教育机构不仅有多校园还开设了网络大学，从纵向上看，管理层级增加，促使分权增多；从横向上看，部门和职务数量增加，专业人员比例提高，分工更加细化、管理正规化程度提高。组织结构也因此从集权式的简单组织结构向分权式的复杂组织结构演变，如ITT 教育服务公司、教育管理公司等营利性高等教育机构采取的是分权制的M 型和混合型的组织结构。

图10：组织规模对营利性高等教育机构组织结构架构的影响示意图

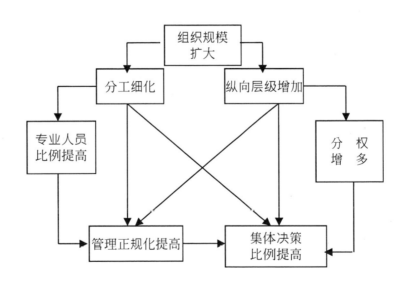

资料来源：笔者绘制。

2. 组织的不同成长阶段

组织理论认为，组织的不同生长阶段对于组织结构的架构有显着的影响。按照组织的生命周期理论，组织成长阶段的生命周期主要可分为成长阶段、再生阶段和成熟阶段、老化阶段等四个阶段。有些学者将组织的成长阶段划分为：孕育期、求生存期、高速发展期、成熟期、衰退期和蜕变期等六个阶段。但不同的组织有不同的发展轨迹，有的可能完整地经历了所有的生长阶段，有的可能只经历了其中几个生长阶段。

处于不同成长阶段的美国营利性高等教育机构，不仅面对的市场机制和竞争对手不同，并且可以调动和使用的组织资源以及自身的能力也不同，更重要的是，营利性高等教育机构在不同成长阶段会有不同的组织战略目标，组织结构当然会因不同的发展阶段而发生变化。不同的营利性高等教育机构也都有其特殊的发展轨迹，有的可能会按顺序经历每个成长阶段；有的可能会跳跃性发展，只经历其中的几个发展阶段；还有的可能会停滞在某个成长阶段不再继续发展。但从整体上看，营利性高等教育机构目前的发展势头正旺，大多数营利性高等教育机构经历的成长阶段有初创期、稳定成长期、快速发展期、正在成熟期几个时期。在营利性高等教育机构不同的成长阶段，根据不同的战略目标，营利性高等教育机构会选择架构不同形式的组织结构，不同形式的组织结构也表现出不同的特征。在营利性高等教育机构初创时期，更可能选择的组织结构有直线式、集权式组织结构；在稳定成长期可能选择集权式和职能式组织结构；在快速发展期，常见的组织结构有分权式和事业部式组织结构；在正在成熟期，主要采用的是矩阵式和混合式组织结构（如表 19 所示）。

表 19　组织成长阶段对营利性高等教育机构组织结构的影响一览表

组织成长阶段	初创期	稳定成长期	快速发展期	正在成熟期
组织结构模式	直线式、集权式	集权式、职能式	分权式、事业部式	矩阵式、混合式

资料来源：笔者绘制。

3. 组织文化

组织文化是指"隐藏在组织中的由员工们共享的一套核心价值观、信念、认知和规范等。"[12]组织文化主要通过影响组织成员而对组织结构的架构发挥作用。营利性高等教育机构的组织文化就是指隐藏在营利性高等教育机构组织中的由教职员工们共享的一套核心价值观、信念、认知和规范等。组织文化具体可划分为：组织的物质文化、组织的行为文化、组织的制度文化和组织的精神文化。营利性高等教育机构的物质文化是其组织文化的表层部分，是形成组织文化精神层和制度层的条件，它通过营利性高等教育机构的经营

12 刘延平：多维审视下的组织理论[M]，北京：清华大学出版社，2007.104。

环境、学校环境、教学设施等物质现象来体现。营利性高等教育机构的行为
文化是指在大学的教职员工教育教学活动中、人际交往活动中、文娱体育活
动中产生的文化现象。营利性高等教育机构的制度文化是指对组织和成员的
行为产生规范性、约束性影响的部分，是各种规章制度、道德规范和员工行
为准则的总和，规定了组织成员在共同的经营活动中应当遵守的行为准则。
营利性高等教育机构的精神文化是营利性高等教育机构在长期实践中所形成
的道德观、价值观的总和体现和高度概括，反映着全体员工的共同追求和共
同认识。对于营利性高等教育机构组织结构的架构来说，组织文化对于营利
性高等教育机构组织结构的架构具有多项功能，如导向功能、约束功能、凝
聚功能、激励功能、辐射功能和调适功能等（见表20）。

表20　组织文化对于营利性高等教育机构组织结构架构的功能一览表

序号	名　称	具体内容
1	导向功能	对整个组织和组织成员的价值取向和行为取向起引导作用
2	约束功能	对组织成员的思想、心理和行为具有约束和规范作用
3	凝聚功能	把组织成员聚集到一起实现共同的目标和愿景
4	激励功能	使组织成员产生高昂情绪和发奋进取精神
5	辐射功能	组织文化不仅在组织内发挥作用还会通过各种渠道对社会产生影响
6	调适功能	帮助新成员尽快适应组织，与组织的价值观相匹配

资料来源：笔者根据[美]斯蒂芬．P．罗宾斯.组织行为学[M].北京：中国人民大学出
版社，2004.434-435."整理绘制。

4. 组织战略

营利性高等教育机构组织战略制定是指营利性高等教育机构在分析外部
宏观环境、产业环境、竞争对手，以及分析其内部环境基础上做出的发展目
标的选择。在探索组织战略与组织结构关系方面，艾尔弗雷德．钱德勒（Alfred
Chandler）首先提出了"结构跟随战略"的观点。钱德勒认为当经济组织随着
变化的社会和变化的经济环境而制定出新的组织战略时，就要求组织结构也
进行相应的变革，即组织结构必须支持、服从组织战略。德鲁克认为，世上
没有放之四海而皆准的组织结构设计，每一个结构的设计都必须以其组织使
命和组织战略为中心。营利性高等教育机构通常在不同的发展阶段都制定了

不同的组织战略目标。从组织战略的角度调整组织结构成为实现组织效益的重要途径。20 世纪 90 年代以来，美国营利性高等教育机构大多制定了规模化发展的战略方向，规模化发展的战略选择使得矩阵式组织结构、混合式组织结构越来越多地被采用。

5. 信息技术

进入 20 世纪后期，信息技术、通讯技术迅猛发展，信息革命改变了美国营利性高等教育机构生存环境、经营理念和管理模式，为营利性高等教育机构组织运行提供了强大的技术支持。几乎所有的营利性高等教育机构都选择了将组织结构架构在信息技术平台上，将信息用于组织管理和控制方面。信息技术革命促使分布在不同地区的营利性高等教育机构的分支机构形成了高度依存的关系，在一些营利性高等教育机构中（如凤凰大学）催生了网络化组织结构。网络化组织结构使得集权和分权有机结合，也使得营利性高等教育机构组织结构整体保持了相对的稳定性，最重要的是，网络化组织结构使得信息得到广泛共享，各部门之间能够充分沟通，各种资源能够得到有效利用。

4.2.2 美国营利性高等教育机构的组织结构

在实践中，美国营利性高等教育机构的组织结构非常复杂，可以说各个大学的组织结构都不尽相同，但从整体上看，营利性高等教育机构一般都是根据自身发展的需要，对 U 型、M 型和混合型组织结构中的某一种组织结构形式进行了改进或调整，架构起适合自身发展需要的组织结构。本书不可能也没有必要对每一所营利性高等教育机构的组织结构进行描述和分析，而是分别选取了采用 U 型、M 型和混合型组织结构的有代表性的几所营利性高等教育机构，对其组织结构进行概括分析，希望藉此反映美国营利性高等教育机构组织结构的整体特征。

4.2.2.1 营利性高等教育机构中的 U 型组织结构及评价

不少营利性高等教育机构在不同时期或阶段都采用过 U 型组织结构，即常见的一元组织结构（强调集权）。该结构通常在纵向上划分为三到四个层次：决策层、职能参谋层和执行层。在营利性高等教育机构，U 型组织结构主要在学校创立之初或者母子公司中的子公司中采用。首先，在营利性高等教育机构创立之初，组织规模较小，职能部门较少，专业化程度较低，各个职能部门的独立性较小，集权程度较高，适合采用 U 型组织结构；其次，在营利性高等教育机构发展正盛时期，规模化发展和公司化治理使得母子公司大量出现，在这种模式下的子公司往往也采用 U 型组织结构，因为大多数分校规模不是很大，学校校长有能力考虑学校的重大决策和学校的日常管理。上文已经提到，U 型组织结构是中央集权式组织结构，在营利性高等教育机构实践中，U 型组织结构中还演化出了直线结构、职能结构、直线职能制等具体的组织结构。

1. 直线制组织结构

直线制又称为单线制结构，这种组织结构是多数营利性高等教育机构在创立之初常采用的一种种组织结构。在直线制组织结构中，实行校（院）长负责制，校（院）长负责任执行统一决策、指挥和管理的职能，对所属下级拥有直接的一切职权，包括人事，财务，奖惩等，组织中的每一个人直接向上级报告。目前发展为多校园的德夫里教育公司、斯特拉耶大学等营利性高等教育机构在办学之初，均经历过资金少、规模小、生源缺乏、师资力量薄弱的阶段，也都曾采取过直线制组织结构。目前仍然是单一校园的戴维斯学院（Davis College）、琼斯国际大学的组织结构能够体现出直线制的特征。琼斯国际大学的组织结构（见图 11）主要沿直线架构，最高决策机构是董事会，董事会下最高行政长官是校长，校长下辖相应的职能部门，如学术部、外联部、财务部、招生部、学生服务部和全球规划部等，提供在线课程的商学院与其他职能部门处于同一层级，也在校长的管辖范围。

从琼斯国际大学的组织结构可以看出，直线制组织结构具有的明显优点表现在：①结构设置简单，部门少。在营利性高等教育机构创立之初，人力、财力不足的情况下，该组织结构有效减少了管理人员和费用；在目前较多的母子公司中，这种组织结构在子公司层面保障了校长的绝对权力。②权责分明，各部门的职责界限分明，有利于提高工作效率。③便于统一指挥，由于该组织结构的"指挥链"等级分明，命令的发出与接收执行几乎不受其他因素影响，组织效率较高。当然这种组织结构也存在着一些缺陷，如组织结构僵化、呆板，缺乏弹性；结构中各部门相对独立，不利于协调；过分强调下级对上级的绝对服从，下级缺乏主动性和创造性；随着学校规模的扩大，会出现因管理幅度过大，决策迟滞，组织有效性被降低的可能性，等等。

图 11：琼斯国际大学的直线制组织结构示意图

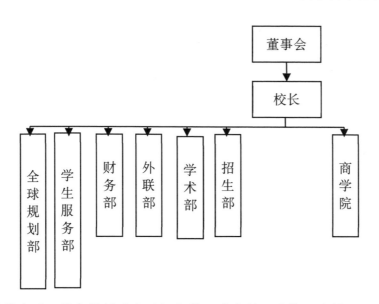

资料来源：笔者根据琼斯国际大学网站资料汇总整理绘制，见 Jones International University. history[EB/OL]. http://www.getmymba.com/about/history/index. php2021-09-09.

2. 直线职能制组织结构

直线职能型组织结构是直线型组织结构和职能型组织结构有机结合的结构，该组织结构集中了两种组织结构的优点。在创办时间长、分支机构较多的巨型营利性高等教育机构中，由于组织内部无论在纵向的层次上还是横向的分布上都比较复杂，所以较多采用这种组织结构。从横向上看，直线职能型组织结构中职能部门较多、专业化程度较高，分工较细；从纵向上看，该组织结构的层级通常在3—5层左右，上下层级关系清晰，权力高度集中。目前，在美国营利性高等教育机构中，创办历史较早、拥有分支机构最多的阿波罗集团采用的就是直线职能型组织结构（见图12）。

图 12：阿波罗集团的直线职能制组织结构示意图

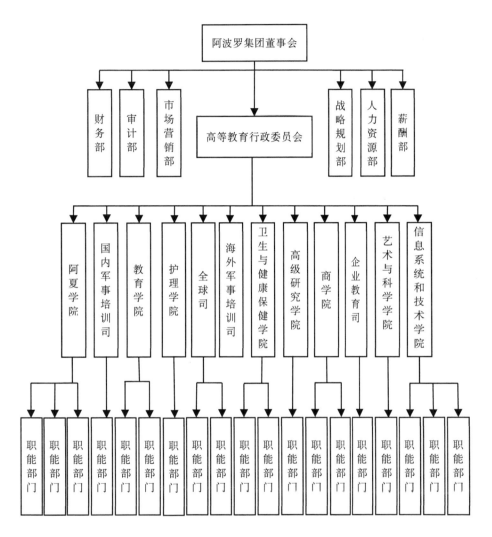

资料来源：笔者根据阿波罗集团官方网站资料整理绘制，资料见 University of Phoenix. Office of the President[EB/OL]. http://www.phoenix.edu/colleges_divisions/ office-of-the-president.html2021-12-24.

从图中可以看出，阿波罗集团的组织结构主要表现出四个方面的特点：①组织结构以纵向直线为基础、按横向职能分布，在各级主要负责人之下设置相应的职能部门；②纵向层级为 4 级，每一下级单位对上级单位直接负责。③组织的最上层是董事会，董事会是该集团的最高决策机构。该集团的第二层是由各子公司经理或分校校长为主组成的高级行政委员会，与之并列的是财务部、审计部、人力资源部、薪酬部、战略规划部等职能部门，这几个部门都直接对董事会负责。第三层为各子公司经理或分校负责人，其中有一部分本身就是高级行政委员会的成员，他们对高级行政委员会直接负责，对分支机构有具体决策的权力。第四层是各个分支机构的职能部门，它们对子公司经理或分校校长直接负责，执行上级的具体决策。④如果单独看阿波罗集团内部的任意一个分支机构的话，每个分支机构又都是一个单线制组织结构，在每个子公司或分校内部，权力集中于经理（校长）。

从阿波罗集团的直线职能型组织结构可以看出，它突出的优点表现在：①该结构有明确的"命令链"系统，能够保证命令的统一性，便于阿波罗集团整个组织的统一指挥。②第二层的各个职能部门起到了较好的参谋作用，使得阿波罗集团的专业化管理工作更加全面系统，同时也降低了管理决策失误的可能性。③阿波罗集团的直线职能制组织结构职责非常清楚，职能比较集中，整个组织结构有较高的稳定性。当然该组织结构也存在着一定的不足：①在阿波罗集团的组织结构中，权力高度集中于最高管理层，处于组织结构下层的管理人员和员工的主导型和积极性的发挥可能会受到限制；②从图中可以看到，阿波罗集团的各个部门之间的沟通相对缺乏；信息沿着从上而下的路线传递，路线较长，反馈可能会相对较慢，在一定程度上存在降低组织效率和影响决策的可能性。

4.2.2.2　营利性高等教育机构中的 M 型组织结构及评价

在组织结构理论中，以职能制组织结构为基础形成的多种形式的组织结构被统称为 U 型组织结构，而 M 型组织结构则是以前文中所提到的事业部制组织结构为基础衍生出的多种形式的组织结构的总称。较常见的 M 型组织结构有产品事业部结构（Product Division Structure）、多事业部组织结构（Multi—Division Structure）、矩阵式组织结构（Matrix Structure）。在美国营利性高等教育机构组织结构的实践中，M 型组织结构由于体现了较好的分权思想而得到了越来越多的推广。

1. ITT 教育服务公司的多事业部组织结构

ITT 教育服务公司（ITT Educational Services, Increase）成立于 1969 年，到 2020 年，该校旗下共开设有六个分院：信息技术学院、制图设计学院、商学院、刑事司法学院、健康科学学院、电子技术学院。这六所分院又分别以子公司的形式在美国 37 个州开办了 105 所分校。在 ITT 教育服务公司的组织结构中（见图 13），最高决策机构是由股民大会选举出来的董事会，董事会在其组织结构中的第一层。在董事会下方，设最高行政长官——总裁，总裁直接对董事会负责，并对六个子公司有直接决策的权力。与总裁并列的还有若干个行政委员会：学术委员会、财务委员会、审计委员会、提名和治理委员会。从行政职能来看，这几个委员会直接对董事会负责，与总裁一起对下游子公司（分院）进行交叉监督和管理，这与职能型组织结构的直线管理有很大不同。在 ITT 教育服务公司组织结构的第三层和第四层，可以看出子公司实行的是经理（校长）负责制，子公司经理（分院院长）和在其下线设置的职能部门之间是直线制的命令——执行的关系。六个经理（校长）对子公司有具体决策和管理的权力，对总裁负责，并接受职能委员会的监督和管理。

需要说明的是，ITT 教育服务公司下属的分支机构中的"商学院"比较特殊，该学院是以开设网络课程为主的在线大学，与其他分支机构相同的是，商学院也实现校长负责制，不同的是，该学院下设职能部门较少，职能部门的人员配置当然也相对较少，教职员身兼数职的情况比较突出，部门设置比较单一。

图 13：ITT 教育服务公司的多事业部制组织结构示意图

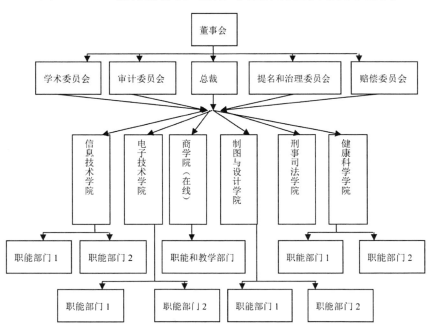

资料来源：笔者根据 ITT 职业学院网站资料整理绘制，见 ITT Education Services, Inc. Corporate Governance-Committee Composition[EB/OL]. http://www.ittesi. com/phoenix.zhtml?c=94519&p=irol-govCommComp2021-09-16.

从图中可以看出，ITT 教育服务公司的组织结构中所表现的优点主要有三个方面：①该组织结构实现了集权和分权的适度结合，既调动了各子公司（分院）的积极性，又能通过职能部门的统一协调与管理，有效制定和实施集团公司的整体发展战略，组织的反应速度更加快捷和灵敏。②将组织中的战略性决策与日常经营决策分离，ITT 教育服务公司的职能委员会专司公司的长期战略决策，下面的各子公司则专司日常经营决策，这使得董事会的总体决策更加科学有效。③在 ITT 教育服务公司的组织结构中，信息沟通更加通畅，从图中可以看出，在 ITT 教育服务公司内部，无论是横向上的信息沟通或交流，还是纵向上的命令传递或反馈，渠道都更加通畅、快捷，组织的整体协调性更加突出。当然，从图中也可以看出，该组织结构也存在一些不足，如管理部门相对较多，部门间协调的困难可能会因此加大，也可能会在一定程度上增加管理费用。但对于有多家子公司，并以控股公司上市的营利性高等教育机构来说，该类型组织结构的优势还是比较明显的。目前发展较快的凯普兰大学（Kaplan University）、凯泽大学（Keiser University）也采用了类似的多事业部制组织结构。

2. 职业教育学院的矩阵型组织结构

职业教育学院（Career Education Corporation，CEC）成立于 1994，到 2020 年已经发展成为一个全球性的教育公司，有 75 个校园，其中主要的学院有：国际设计与科技学院、美国洲际大学、哈灵顿设计学院、布鲁克斯研究所、科罗拉多技术大学等，为来自美国、法国、意大利和英国的 9 万多学生提供职业教育。职业教育学院的采用的是矩阵型组织结构（如图 14 所示）。

从职业教育公司的组织结构示意图中可以看出，该公司最高决策机构也是董事会，对董事会直接负责的是最高行政长官——总裁，在总裁的下层，是按照职能部门和研究中心（分校）结合起来形成的一个矩阵，也就是说该公司下设的 75 个分支机构（图中用"菱形"表示）都有两条管理线管理：一个是职能管理线，一个是项目管理线。这就意味着，职业教育公司所有分支机构的经理（院长）都要接受职能部门和项目研发中心的双重领导。这种组织结构因此表现出较强的稳定性和平衡性，职能部门和研究中心是固定的，组织人员是变动的，可以根据组织战略和研究中心的需要随时进行人员调整。

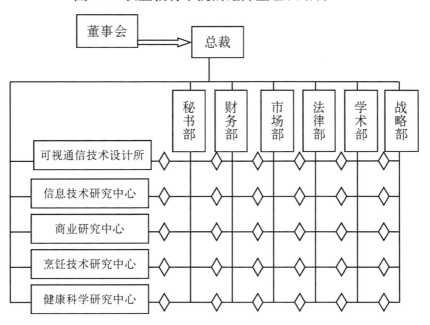

图 14：职业教育学院的矩阵型组织结构

资料来源：笔者根据职业教育公司网站资料整理绘制，见 Career Educational Corporation. Management Bios[EB/OL].http://www.careered.com/about_manage.aspx.2020-12-27.

职业教育公司的组织结构具有的优势主要表现在两个方面：①各个职能的专业人才被结合在一起，有助于激发他们的创造性和积极性。尤其是技术人才能够在多个部门中流动，有助于提高组织内部资源的利用率，也有助于组织内部的信息沟通和人员协调。②矩阵组织结构中的研究中心的负责人和职能部门的负责人同为管理者，有利于减轻高层的管理负担，高层可以将其主要精力集中于公司发展的重大问题。当然，任何一种组织结构也都存在一些不足，优势如果利用不当也会成为劣势，职业教育公司的矩阵组织结构的优势如果发挥不当也可能带来问题，如：①双重领导的特点可能会产生多头命令的问题，如果两个部门的领导意见不一致，组织成员会无所适从，而影响到到组织的工作效率。②该结构中的有些组织成员可能会面临经常变动的工作场所，缺乏长期性的工作关系，可能会减少他们对组织的归属感，长远看也可能会影响组织的稳定性。③既然是双重领导的结构，管理成本和费用在所难免会增加。

4.2.2.3 营利性高等教育机构中的混合式组织结构与评价

实际上，现实中的营利性高等教育机构的组织结构并不单纯以某一种固定的组织结构存在，营利性高等教育机构面对的是激烈的市场竞争环境，复杂的市场环境要求其组织结构能够克服各种基本形式的缺点，集中各种基本形式的优势。因此，在营利性高等教育机构当中，混合型的组织结构应运而生，混合型组织结构将各种组织形式的特点综合起来，集合了各种结构的优点，给组织提供了更大的灵活性。

1. 多维立体式组织结构

教育管理公司（EDMC）创办于 1962 年，到 2020 年，该公司已经从一个收购的单一校园发展成为拥有多校园和在线大学的巨型营利性高等教育机构。在近 60 年的发展过程中，该公司的组织结构也几经变革，曾经历过创立之初的直线制到后来的直线职能型组织结构，到今天，为了适应激烈变革的市场机制，该公司的组织结构已经演变为多维立体式组织结构[13]。这种组织结构是矩阵式组织结构与事业部制组织结构的结合，它使每个业务单元（人）同时受到三个不同方面的管理：按专业划分的研发中心、按职能划分的行政部门、按地区划分的管理机构（如图 15 所示）。

图 15：教育管理公司的多维立体式组织结构示意图

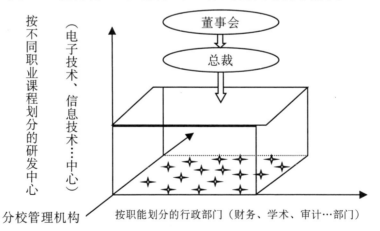

资料来源：笔者根据教育管理公司官方网站资料整理绘制，见 EDMC. About EDMC/Officers[EB/OL]. http://www.edmc.edu/About/Officers.aspx2021-12-26.

---

13 多维立体式组织结构是由美国科宁（Dow Corning）化学工业公司于 1967 年首创，该组织结构是一种糅杂了 U 型、M 型组织结构特点的混合型结构。

教育管理公司的组织规模非常庞大，开设的分支结构遍布美国本土以及加拿大等国，该组织结构将职能型组织结构和事业部制组织结构的特点有机结合起来，克服了运用其中单一组织结构的弊病，达到了优势互补，所表现出的优点在于：①公司内部的纵向等级关系弱化，横向间的交流增加，严格的领导与被领导的界限被打破。②不同维度的部门或团队增多，公司的应变能力增强。③从三个方向的维度看，教育管理公司的组织结构从封闭走向开放，与外界的信息交流加强，有助于捕捉市场变化，适时调整组织战略。对于分支机构众多、地区分布广泛的教育公司来说，多维立体组织结构非常有利于公司的多维管理和协调。当然任何一种组织结构都不可避免地存在一些不足，多维立体组织结构也并不例外，该组织结构在一定程度上存在权力交叉、多重领导的问题，管理、协调和信息沟通的成本相对较高，组织的工作效率可能会因此降低。

  2. 网络型组织结构

　　美国营利性高等教育机构中多数学校都在开办在线大学，其中的典型代表是凤凰大学，关于凤凰大学的发展概况前文已有介绍，在此不再赘述。作为依托于信息技术的在线大学，凤凰大学采用的是网络型组织结构（如图16所示）。

图16：凤凰大学的网络型组织结构示意图

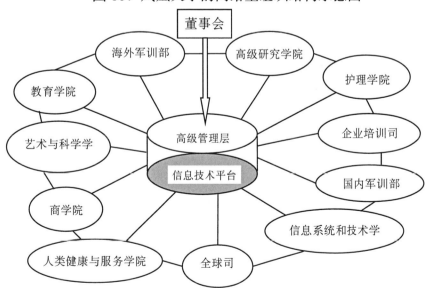

资料来源：笔者根据凤凰大学网站资料整理绘制，见 University of Phoenix. Committees and boards [EB/OL]. http://www.phoenix.edu/colleges_divisions/office-of-the-president.html2020-12-27.

从凤凰大学的网络型组织结构来看，与其他营利性高等教育机构同样的是，董事会是最高决策机构，不同的是：①凤凰大学的董事会下只设置了一个以总裁为最高行政长官的高级管理委员会，其中总裁、副总裁、高级行政长官等分别牵头成立委员会，如审计委员会、战略委员会、财务委员会、学术委员会等，但各委员会的成员基本还都是高级管理委员会的成员。②现代信息技术是凤凰大学组织结构得以架构的技术基础，现代信息技术的使用使得管理成本大大降低，管理效益大大提高。③各个分支机构之间的交流以及与外界的交流和开放程度都很高，具有更大的环境适应性和应变能力，能够较好地捕捉市场的需求并及时进行反馈。④该结构是典型的授权式组织结构，各个分支结构被授予较大的自主权和决策权。当然网络型组织结构也有一定的不足，各个分支机构权力过大，可能会在执行母公司的整体战略上产生分歧，另外，职能委员会中人员重叠，权限可能过小。

4.2.3 美国营利性高等教育机构组织结构的特征

美国营利性高等教育机构组织结构的形式是伴随着营利性高等教育机构的产生而存在的，从历时的角度看，同一所营利性高等教育机构来说在其不同的发展阶段可能采用不同的组织结构；从共时的角度看，不同的营利性高等教育机构即使处于同样的社会环境和历时时期，也可能采取不同的组织结构，但从整体上看，美国营利性高等教育机构组织结构经历了从集权式组织结构到分权式组织结构再到网络型组织结构的演进过程，在组织结构的演变上表现出了一些共同特征。

4.2.3.1 从直线式组织结构到混合式组织结构

大多数营利性高等教育机构在创立之初都采用过直线式的组织结构。创立之初的营利性高等教育机构之所以采用简单组织结构是因为该组织结构具有"简单"和"效率高"的特征，表现为：一是纵向层级少，仅有二到三层，命令链直线传达；二是横向部门少，管理的专业化程度较低；三是职能部门少，组织结构多为"战略高层"加上灵活有效的"运营核心"组成。在直线式组织结构中，营利性高等教育机构的决策权主要由董事会和经理人（院长）分担，职能部门对其负责。简单的直线式组织结构具有诸多优点：首先，组织的纵向层级边界的障碍较少，组织的决策层与操作执行层的直接沟通渠道畅通，科层制中的控制部门与中层的监督部门的繁复工作被简化，这使得营利性高等教育机构变得灵活、富有弹性，能更好地适应不断变化的外部组织环境。其次，组织内部管理层之间的委托——代理链较短，信息传递速度较快，信息传递中失真的机会较少，营利性高等教育机构的管理者与下属之间能够以较少的时间和精力及时了解对方的状态和意图，组织工作效率大大提高。再者，这种简单的直线式组织结构的决策成本和代理成本相对较低，能够大大减少营利性高等教育机构行政管理部门的设置，降低行政人员和办公设施的开支。

营利性高等教育机构经过二十多年的快速扩张，目前已经有很多发展成为母子公司模式的大型集团公司。组织的规模扩大，组织的复杂性也有所增加。从纵向上看，层级有略微增加的趋势，由原来的二至三层扩大到三到五层，主要表现为母子公司间的命令与服从关系。从横向上看，由于营利性高等教育机构增设了相当数量的子公司，开办了多所分支机构，组织结构在水平方向上的扩张趋势更加明显。有的营利性高等教育机构的子公司和分支机构之间的交流和联系较少，有的则较为密切。另外，由于信息技术的利用，营利性高等教育机构的组织结构变得更加灵活化和多样化，这使得固定模式的管理遇到挑战，营利性高等教育机构组织结构由简单的直线式组织结构向复杂的混合式组织结构过渡和演变。目前，在营利性高等教育机构当中，U型组织结构、M型组织结构、网络型组织结构在实践中又都出现了许多不同的形态，已经很难简单地用传统的某一种组织结构来描述其组织特征。直线式组织结构尽管依然被一些单一校园的营利性高等教育机构采用，而且在营利性高等教育机构的分支机构这个层面也被较多采用，但随着营利性高等教育机构的发展壮大，这种组织结构不可避免要被复杂的混合式组织结构所取代。

4.2.3.2 从集权式的组织结构到分权式的组织结构

在美国营利性高等教育机构发展初期，学校规模较小，学生数量较少，多数学校采取的是集权式的U型组织结构。权力是组织中一种无形的力量，集权式组织结构保障了营利性高等教育机构在垂直和水平两个层面管理的有效性。集权式组织结构可以使营利性高等教育机构的管理者充分实施其职责，有利于促进职能部门间的协调，实现组织资源的合理运用。随着营利性高等教育机构的跨地区、跨国界的扩张，大多数营利性高等教育机构已经发展成为母子公司。营利性高等教育机构认识到，母公司无法完全代替子公司做出决策和反应，集权式的简单结构已经成为一些规模较大的营利性高等教育机构发展的障碍。集权式组织结构的弊端主要体现在：过度集权造成组织的高层管理者工作量加大，也有可能形成高层管理者对自身决策的过分信赖，由此导致决策的失效。

为了改变高度集权带来的问题，提高组织效率和员工参与管理的意识，越来越多的营利性高等教育机构从集权式组织结构向分权式组织结构过渡或转变。M 型、矩阵型、网络型等分权式的组织结构逐渐替代直线制、职能制等集权式组织结构。分权式组织结构能满足营利性高等教育机构规模化发展的需要，它倾向于将管理者的权力分散，将更多的权力授予中级管理人员和普通教职工。分权式的组织结构所体现的优势在于：能够极大地促进组织中专业分工的发展，赋予了中层管理者（分校校长或院长）更多的必要的自主权，能够实现规模庞大的多部门机构之间的有效协调，所做出的决策可能会更加民主、科学。

4.2.3.3 从金字塔式的层级结构到扁平化的横向结构

近年来，一些单一校园依旧采取金字塔式层级型组织结构，但更多的营利性高等教育机构则趋向于采取扁平化的横向型组织结构。所谓金字塔式组织结构，就是企业管理组织从结构上层层向上，逐渐缩小，权力逐渐扩大，有严格的等级制度，形成一种纵向体系。在营利性高等教育机构发展的初期阶段以及目前的单一校园中，金字塔式纵向型组织结构确实起到了不可替代的重要作用。金字塔式层级组织结构有严格的等级制度，能够保障决策和执行的统一，有合理的专业化分工，非常适合相对稳定的组织环境。但随着多校园和巨型营利性高等教育机构的增多，金字塔式层级组织结构暴露出的问题多于它的优势，如信息传递缓慢；跨地区发展使得管理幅度加大，增加了上层管理的难度；等级制度在一定程度上遏制了下层员工的积极性，等等。

目前，越来越多的营利性高等教育机构向规模化发展，跨地区、跨国界经营的营利性高等教育机构趋向于采用扁平化横向组织结构。扁平化横向组织结构的优点主要体现在以下几个方面：①传统的职能边界不再是部门之间进行协调的障碍，部门之间的沟通和协调极为便利。②管理层大大减少，为底层提高了决策的机会，大大激发了执行人员的积极性，促使其为组织做出更大贡献。③顾客（学生）和顾客（学生）的需求成为组织的关注点，营利性高等教育机构组织能够通过提升顾客满意度来提升其在高等教育市场上的竞争力。④纵向层级上的减少，降低了营利性高等教育机构的管理费用，提高了组织效率。⑤营利性高等教育机构组织的灵活性和应对市场需求的反应能力得到提高，有利于营利性高等教育机构适应动荡的环境下不断变化的市场机制，从而能迅速有效地提高组织的业绩。

4.2.3.4 多样化与复杂性并存

从组织类型或者规模来看，营利性高等教育机构中既有单一校园也有多校园，有在线大学也有非在线大学，有巨型大学也有微型大学，有的巨型大学既拥有多个校园又开展网络教学。营利性高等教育机构类型上所具有的多样性必然带来其组织结构多元化和复杂性的特点。营利性高等教育机构组织的复杂性主要表现在组织结构的特征因素上，如组织的纵向层次、横向幅度、组织的专业化程度、集权程度、制度化程度、发展规模化程度，等等。本书按照营利性高等教育机构的类型，对其组织结构特征进行因素分析，说明营利性高等教育机构组织结构所具有的多样化和复杂性特征（见表21）。

表21　营利性高等教育机构组织结构的多样化和复杂性表现概览

组织结构特征因素	拥有多校园和网络大学的巨型大学	拥有多校园	单一校园
组织纵向层次	多	较多	少
组织横向幅度	较宽	较窄	较宽
管理职能	多	较多	少
组织的专业化程度	高，分工明确，部门多	较高，分工较细，职责交叉	低，部门少，一人多职
集权程度	低，权力下移	较高，权力集中在中层管理人员	高，权力集中在最高领导层
制度化程度	高，有完善的规章制度	高，规章制度完善	低，缺乏完善的规章制度
发展规模化程度	广泛，跨国、跨地区	较广，跨地区	低，单一地点
专业管理人员比例	多	较多	少
教师比例	多	较多	少
匹配的组织结构	混合式、多维式	事业部制、直线职能制	简单结构、直线制

资料来源：笔者整理绘制。

　　总之，为适应学校规模发展过程中对管理制度提出的新要求，营利性高等教育机构的组织结构始终处于不断调整和变化过程中。在营利性高等教育机构不同的发展阶段，在不同类型的营利性高等教育机构，不同形式的组织结构能够保证营利性高等教育机构稳健经营和快速发展。尽管原则上讲每一个营利性高等教育机构的组织结构都是独一无二的，都在随着外部环境和内部条件的变化而调整，特别是在考虑到组织结构的运行因素时更是这样，但就营利性高等教育机构组织结构的整体架构而言，无论其采用的是何种类型的组织结构，一个完整的组织结构通常都体现出以下四方面的基本内容：①组织的专业化与劳动分工明确。分工与专业化是形成营利性高等教育机构组织结构的原因。②等级层次关系清晰，包括纵向层次机构（垂直结构）和横向部门机构（水平结构）。纵向层次结构，即各管理层次的构成和管理幅度的体现，通常分为：高层、中层、基层。高层也称为战略层，负责战略决策；中层也称为业务层，负责制定具体计划执行上级政策；基层也称作业层，实施上级所安排的具体计划或工作。横向部门结构，即各部门的构成，通常部门结构按照不同分工划分为不同职能机构，如战略发展部门、财会部门、审计部门、学生服务部门等。③职能、职权分配合理。即纵向的各等级层次与横向的各部门在完成组织目标、在权力和责任方面的分工及相互关系上搭配合理。④管理的跨度适当，管理的跨度也即组织的规模，组织规模决定了一个上级可能有效控制和监督的下级的人员数目，从而决定了组织的层级数和等级结构。正是这四方面内容的交叉组合形成了目前营利性高等教育机构多样化的组织结构。

5 美国营利性高等教育机构的组织环境

对于组织环境的概念，不同的学者提出了不同的观点。理查德．H．霍尔（Richard H. Hawle）将其定义："所有外在于被研究的主体，并且能对被研究的主体发生实际或潜在影响的因素。"[1]邓肯．西梅斯特（Ducan Simester）将其定义为："组织中做出决策的个体或群体所需要直接考虑的物理和社会因素的总和。"[2]美国营利性高等教育机构组织是一个开放系统，它和任何组织一样，都处于一定的环境中，并与环境发生着物质、能量或信息交换关系。组织学家通常按照层次将组织环境分为：组织内部环境和组织外部环境，本书遵循组织环境的分析路线，从内、外部两个层面选取相关因素分析营利性高等教育机构的组织环境。

5.1 美国营利性高等教育机构的外部组织环境

组织外部环境，或称为社会环境（一般环境），是存在于组织边界之外的并对组织具有潜在的或部分影响的所有因素，这些因素"通常包括政府调控、经济秩序、社会文化、自然资源、技术资源等方面。"[3]美国营利性高等教育机

---

1 Richard H. Hawle. International Encyclopedia of the Social Sciences [M]. New York: Macmillan, 1968.330.

2 Ducan Simester, Robert B.. Characteristics of Perceived Environments and Perceived Environmental Uncertainty [J]. Administrative Science Quarterly, 1972, （17）：314.

3 刘延平：多维审视下的组织理论[M]，北京：清华大学出版社，2007.129。

构的成长自然也离不开对组织环境的适应。随着全球化的发展和组织间竞争的日趋激烈，在后现代的今天，组织环境相当不稳定。伴随着国际竞争、电子商务及其他的挑战，包括营利性高等教育机构在内的所有组织所面临的环境都已经很难预见。组织环境的特征表现为充满复杂性和难以预料的变数，所以既无法也没有必要选取所有的影响因素进行分析。本书将重点选取对营利性高等教育机构影响显着的几个外部环境因素，如政策环境、资金环境、技术环境等进行分析。

5.1.1 美国营利性高等教育机构发展的政策环境

美国营利性高等教育机构之所以能够在蛰伏了近百年后复苏，在 20 世纪 80 年代到 2010 年间经历了一个急剧扩张的规模化发展阶段，在相当程度上得益于联邦政府的教育政策扶持，当然最重要的是，营利性高等教育机构能够敏锐地抓住联邦政府政策所提供的契机。在 2020 年前后，在联邦政府政策收紧的背景下，该类教育机构又开始了创新发展的探索。顺应政府的政策导向是营利性高等教育机构得以发展的重要原因。

5.1.1.1 《退伍军人权利法案》：在营利性高等教育机构就读的退伍军人得到资助

1944 年，二战结束前夕，在美国总统富兰克林．D．罗斯福促成下，美国国会通过了《退伍军人权利法案》（Veterans Bill of Rights）。该法案共六条十五章，其中与教育有关的主要内容有：联邦政府对在二战中服役超过 90 天的公民提供每年不超过 500 美元的资助，使其有权在得到批准的教育机构接受教育或训练，获取新的知识技能，以便适应平民生活；退伍军人接受联邦政府资助的教育或专业技能训练时间不超过 4 年；联邦政府向接受教育或训练的退伍军人提供必须的书籍、文具或其他必需的设备，并每月提供 50 美元的生活津贴（已婚者或有需要赡养的，每月则提供 75 美元的生活津贴）。二战后，美国国会在该法案的实施过程中又进行了补充和修订。1952 年美国国会颁布法令，向参加朝鲜战争的美国退伍军人提供医疗、卫生、教育等方面的资助。1966 年美国国会达成决议，规定"凡 1955 年后服役达 6 个月以上的美国公民，均可享受《退伍军人权利法案》中规定的各项待遇，把资助退伍军人接受教育训练作为联邦政府的永久性政策。"[4]

---

4 [美]埃德加．L．莫费特：教育组织与管理[M]，济南：山东教育出版社，1992.240。

《退伍军人权利法案》对于美国营利性高等教育机构带来了积极影响，主要表现如下：在《退伍军人权利法案》中，营利性高等教育机构首次被纳入到"批准的教育机构"中。根据该条规定，退伍军人无论选择非营利性高等教育机构还是营利性高等教育机构接受教育或职业训练，均可得到联邦政府的补助。这对于营利性高等教育机构来说影响深远，一方面，该条规定实际上默认了营利性高等教育机构在美国高等教育机构中的合法地位。另一方面，该条规定使得自诞生之日起就自力更生、自生自灭的营利性高等教育机构从此被纳入到联邦政府资助的范围。正是因为联邦政府将营利性高等教育机构视为可资助的、得到批准的教育机构，在营利性高等教育机构就读同样可以获得政府资助，许多退伍军人基于就业的考虑，选择了专司"职业技能训练"的营利性高等教育机构。退伍军人的涌入使得营利性高等教育机构因此生源明显增加，营利性高等教育机构的整体规模也有所扩大。可以说，《退伍军人权利法案》是二战后营利性高等教育机构从沉寂走向复苏的主要原因。

5.1.1.2 《1972高等教育修订法》：在营利性高等教育机构就读的贫困生得到资助

如果说《退伍军人权利法案》只是使得在营利性高等教育机构就读的退伍军人得到了联邦政府的资助，那么《1972高等教育修订法》则扩大了资助学生的范围，不仅在营利性高等教育机构就读的退伍军人而且经济贫困的学生也可以申请政府资助。

1972年，美国国会通过了参议院提出的《高等教育法》修订案，即《1972高等教育修订法》（Education Amendments of 1972）。该修订法中针对营利性高等教育机构增加的条款主要有："①通过了'基本教育机会助学金'（Basic Education Opportunity Grant）'（该助学金于1980年更名为佩尔助学金，Pell Grant）。该条款扩大了'第四条款'（Title IV）助学金的资助范围，规定无论学生在何种类型的学校（包括营利性高等教育机构）学习，只要符合'第四条款'条件的规定，都可以加入'第四条款'资助计划，接受联邦政府的助学金（最高为1,400美元）。②建立'州学生资助配套助学金'（the State Student Incentive Grants），联邦政府为了激励州政府向学生提供资助，规定凡是向学生提供资助的各州政府都可以从联邦政府获得相同金额的补贴。③为完善学生贷款的管理，建立了'学生贷款营销协会'（the Student Loan Marketing

Association）发展了学生贷款二级市场。"[5]原《1965 高等教育法》所确立的大学生资助项目，继续得到保持并延长贷款。原来的"教育机会助学金"作为对"基本教育几乎助学金"的补充继续保留。

对于营利性高等教育机构来说，《1972 高等教育修订法》带来的最大影响就是联邦政府扩大了对学生的资助范围。该法的颁布使得联邦政府的资助范围从传统的以州立大学和非营利性高等教育机构为主的学生群体扩大到整个中学后的学生，将在营利性高等教育机构就读的学生都涵盖在内。联邦政府的资助使得营利性高等教育机构的获得了一个与公立和非营利性私立大学公平竞争的平台，也更好地满足了学生对高等教育的多样化需求。20 世纪 70 年代，美国营利性高等教育机构由于联邦政府资助范围的扩大而迎来了发展的转机。此后，营利性高等教育机构在办学层次上、教学设施上、师资力量改善上都有了较大提高，许多投资者也开始考虑创办新的营利性高等教育机构。

5.1.1.3 《1992 高等教育修订法》：对营利性高等教育机构的受助资格进行限制

营利性高等教育机构的本质是"追逐利润"，为了获得更多的联邦政府的资助，营利性高等教育机构中出现了一些违规现象，如伪造注册学生名单套取联邦政府助学贷款、助学贷款滥用、拖欠联邦贷款等等。1992 年，联邦政府针对之前营利性高等教育机构对联邦家庭教育贷款（FFEL）的高违约率的现象，对《高等教育法》重新进行了修订和补充，颁布了《1992 高等教育修正法》（Education Amendments of 1992）。

《1992 高等教育修正法》针对营利性高等教育机构的修订的内容主要体现在第四条款中，主要是对营利性高等教育机构获得联邦政府资助的资格加以限定。与此相关的修订内容主要有："①依据第四条款规定，营利性高等教育机构所获得的联邦资助不得超过其收益的 85%。②规定中学后教育机构的授课时数不得少于 600 小时，授课时数未达到规定要求的学校不再有资格获得第四条款规定的资助，但如果该校的毕业率和就业率均超过 70%则作为例外可以继续获得第四条款规定的资助。"[6]该条规定实际上是针对部分营利性

---

5 转引自杨克瑞：美国《高等教育法》的历史演变分析[J]，比较教育研究，2005，
（4）：23。

6 Ronald A. Phipps, Katheryn V. Harrison, Jamie P. Merisotis, Larry Bobbitt. Students at Private, For-Profit Institutions [R]. U.S. Department of Education Office of Educational Research and Improvement, 1999.54-57.

高等教育机构授课时数少的现象规定的。③《1992高等修订法》规定，任何学校如出现以下四种情况的将失去联邦政府资助的资格："一是贷款违约率超过25%或者贷款违约率排在前25%的学校；二是贷款违约的金额居于前25%的学校；三是贷款或奖学金的总量出现明显波动的学校；四是年辍学率居高不下的学校。"[7]该条规定实际上也暴露出营利性高等教育机构存在贷款违约率高、违约金额数量大、生源不稳定的情况。

《1992高等教育修订法》对于营利性高等教育机构的影响主要体现在对其获得联邦资助的资格进行了严格限制。由于该修订法严格限制了对营利性高等教育机构助学贷款的发放，在一定程度上造成了营利性高等教育机构的资金紧缩，也降低了营利性高等教育机构对生源的吸引力。在1988-89学年度，营利性高等教育机构获得的联邦政府的学生资助达到了28%，这也是有史以来到当时的最高峰。但《1992高等教育修订法》颁布后的几年中，无论获得资助的营利性高等教育机构的数量还是在营利性高等教育机构就读的学生数量以及获得的联邦资助的金额都大大减少。"在1992-93学年，具备获得联邦政府资助资格的营利性高等教育机构占其总数的30%，到1995-96学年，这个数字下降到25%；营利性高等教育机构中获得联邦政府佩尔奖学金的学生数也从1992-93年度的19%降至1995-96学年的13%；获得斯坦福助学贷款的营利性高等教育机构的学生比例从1988-89年度的最高峰值28%下降到1995-96学年的8%；在这两年间，获得联邦政府家庭教育贷款（Federal Family Loan（FFEL））资助的营利性高等教育机构减少了14%。"[8]这些数据表明，《1992高等教育法》有关奖助学条款方面的修订对于营利性高等教育机构获得助学贷款给予了制度性的约束。

从表面上看，《1992高等教育修订法》对营利性高等教育机构获得联邦政府资助给予了限制，对其申请助学贷款设置了门槛，但从长远看，却是对营利性高等教育机构的持续、规范发展打下了法律基础。并为《1996高等教育修订法》的出台埋下了伏笔。

7　Ronald A. Phipps, Katheryn V. Harrison, Jamie P. Merisotis, Larry Bobbitt. Students at Private, For-Profit Institutions [R]. U.S. Department of Education Office of Educational Research and Improvement, 1999.10-13.

8　Ronald A. Phipps, Katheryn V. Harrison, Jamie P. Merisotis, Larry Bobbitt. Students at Private, For-Profit Institutions [R]. U.S. Department of Education Office of Educational Research and Improvement, 1999.24-29.

5.1.1.4 《1996 高等教育修订法》：将营利性高等教育机构纳入联邦 高等教育系统

尽管在 1996 年前的高等教育修订法中，也有或多或少与营利性高等教育机构相关的条款，但直到《1996 高等教育修订法》颁布，联邦政府教育部才将"营利性高等教育机构"与"公立大学"、"私立非营利性高等教育机构"并列进行了官方界定，首次将营利性高等教育机构纳入到联邦高等教育机构系统当中。《1996 高等教育修订法》颁布后，美国营利性高等教育机构获得了正名，不再游离在高等教育机构的外围，自此进入发展的跃升期。《1996 高等教育修订法》中与营利性高等教育机构相关的内容在本书前文中的"美国营利性高等教育机构繁荣的动力"中已有详细论述，在此不再赘述。

《1996 高等教育修订法》对于美国营利性高等教育机构的影响极其深远。首先，该法正式将营利性高等教育机构正式纳入到美国高等教育机构系统中，营利性高等教育机构获得了与其他公立大学、非营利性私立大学同样的、平等的法律地位。其次，营利性高等教育机构首次被完全纳入到联邦政府各项奖助学金的资助范围。在此之前，尽管在营利性高等教育机构就读的学生中的退伍军人或者经济困难的学生也在事实上获得了联邦政府的资助，但直到《1996 高等教育修订法》出台，在营利性高等教育机构就读的学生才获得与非营利性高等教育机构就读的学生同等的申请奖助学金资助的资格。与 1992-93 学年相比，到 1996-97 学年，营利性高等教育机构的学生比在其他中学后教育机构就读的学生更可能获得不同来源的资助，资助额度也大大提高（见表 22）。在 1996-97 学年，在营利性高等教育机构就读的学生所获资助中有 71%来自于联邦政府，有 11%来自于州政府，10%来自于学校，2%来自于雇主。与 1992-93 学年相比，营利性高等教育机构学生获得的来自联邦政府以外的资助在四年中从 12%提高到了 27%，提高幅度高达两倍之多。此外，营利性高等教育机构从州政府获得的资助也大大提高，从 5%提高到 11%；就连营利性高等教育机构自身也加大了对学生的资助，对学生的资助从 4%上升到 10%；学生中获得州政府奖学金的比例由 3%上升到 9%。

表 22　营利性高等教育机构学生在 1992-93 学年与 1996-97 学年获得
　　　　资助的情况对比表　　　　　　　　　　　　　　（单位：%）

学　　年	联邦资助	非联邦资助	州资助	学校资助	学校贷款	州奖学金
1992-93	71	12	5	4	1	3
1996-97	71	27	11	10	5	9

资料来源：笔者根据美国教育部全国教育统计中心数据整理绘制，见 U.S. Department
　　　　of Education/National Center for Education Statistics. Student Financial Aid
　　　　for1997[EB/OL]. http://nces.ed.gov/fastfacts/display.asp?id=312021-03-08.

5.1.1.5　《2008 高等教育机会法》：营利高等教育机构发展的机遇和挑战

2008 年，美国联邦政府在原有《高等教育法》的基础上进行修订、补充，颁布了《2008 高等教育机会法》。该法的核心所在就是保障每一个公民受高等教育的权益。该法在扩大奖助学金金额、项目、受资助人、资金保障等方面的修订尤为突出，既为营利性高等教育机构发展带来了机遇也提出了挑战。

《2008 高等教育机会法》中针对营利性高等教育机构的修订内容主要有七条："①第 101 条对学生身份都进行了重新界定，将'在家学习的学生'也包括在学生的范畴之内。使'学生'的范围囊括了通过网络学习的所有学生。②第 151 条规定任何高等教育机构都有权受到联邦政府的资助，再一次明确提出将所有的有学位授予权的营利性高等教育机构纳入到联邦奖助学金资助的范围。③第 409 条对罗伯特．C．伯德荣誉奖学金计划[9]（Robert C. Byrd Honors Scholarship）进行了补充，该奖学金将在家接受教育（在线学习）的学生纳入到奖励范围，并提高了奖励金额。④降低学生贷款门槛，提高学生贷款金额。如将帕金斯贷款（Perkins Student Loan）的最高限额从对本科生的 4,000 美元提高到 5,500 美元，对研究生从 6,000 美元提高到 8,000 美元。⑤第 495 条规定，认证机关有权要求高等教育机构提供学生注册、参加、完成远程教育课程的证明。⑥第 830 条规定，对于那些学费增长低于高等教育机构总增长的 4%或对全日制本科生学费的增加不超过 500 美元的学校，联邦政府将给予一定的赠款奖励。⑦第 872 条规定，联邦教育部将颁发提高职业竞

---

9 "罗伯特．C．伯德荣誉奖学金计划"是美国联邦政府资助体系中三大主要奖学金
　计划之一，该计划主要奖励那些学业突出且有发展前途的优秀学生。

争力的赠款。教育部对高等教育机构的学生就业率进行统计，符合条件的学校在两年内可获得接近 150 万美元的补助金。⑧该法案提出了一个'90/10 法则（90/10 Rule）'，规定如果营利性高等教育机构出现 90% 的运转资金来自于联邦政府资助的情况话，将被取消随后两年的资助。"[10]

《2008 高等教育机会法》对于营利性高等教育机构的影响在于，既为其发展提供了机遇也提出了挑战。第一，扩大了"学生"涵义，将"在家学习"的学生纳入到联邦政府资助的范围，实际是把在线学习的学生纳入到资助的范围。对于这个学生群体给予资助既保证了在线营利性高等教育机构的生源，也将促进在线教学进一步开展。第二，该法要求包括营利性高等教育机构在内的高等教育机构定期向认证机构提供学生注册、完成课程的证明，有利于对其进行监督、管理，并对其诚信办学、诚实申贷起到规范作用。第三，联邦政府对控制学费增长过快的学校给予赠款补助有利于补充营利性高等教育机构办学资金。营利性高等教育机构的学费水平一般介于公立大学和私立非营利性高等教育机构之间，学费增长速度相对缓慢，获得联邦政府的该项赠款的机会较多。第四，联邦政府颁发"职业竞争力奖"表明了对提高就业率的重视。营利性高等教育机构学生的职业竞争力从最近几年德夫里教育公司所声称的毕业生接近百分之百的就业率可见一斑，该条规定既肯定了营利性高等教育机构职业教育的办学方向也有利于就业率高的营利性高等教育机构获得赠款。第五，"90/10 法则"的提出对营利性高等教育机构提出了挑战，正是由于获得了联邦政府的资助，营利性高等教育机构才得以复苏并走向繁荣，但吸引生源并不能单靠帮助学生获得联邦奖助学金，提高办学质量、承担社会责任才能使营利性高等教育机构进一步提高社会声誉、吸引生源、创造更大效益。

总之，自二战结束前至今，美国联邦颁布了一系列法律法规，对《高等教育法》多次进行修订，对营利性高等教育机构发展带来了积极影响。1944年的《退伍军人权利法案》将在营利性高等教育机构就读的退伍军人作为资助对象；《1972 高等教育修订法》不仅继续资助营利性高等教育机构就读的退伍军人而且还将资助对象扩大到经济贫困的学生；《1992 高等教育修订法》针对营利性高等教育机构在申贷方面出现的舞弊现象和拖欠贷款的问题，对其

---

10 U.S. Department of Education. Higher Education Opportunity Act-2008 [EB/OL]. http://www2.ed.gov/policy/highered/leg/hea08/index.html2021-03-08.

申请奖助学金的资格和条件给予了限制，表面上看是对营利性高等教育机构的法律约束，事实上为其走向规范化发展做了法律铺垫。《1996 高等教育修订法》对营利性高等教育机构的发展至关重要，该修订法对营利性、非营利性、公立高等教育机构进行了界定，以立法的形式将在高等教育机构边缘行走了二百年的营利性高等教育机构正式纳入到美国中学后教育机构框架。自此，营利性高等教育机构驶入了发展的快车道。《2008 高等教育机会法》则既为营利性高等教育机构的继续发展提供了更多更有利的法律保障，同时又针对其发展过程中出现的问题进行了规约。

5.1.2 美国营利性高等教育机构发展的资金环境

在资金环境方面，美国营利性高等教育机构与公立大学、非营利性私立大学差异很大。目前，营利性高等教育机构的资金主要来源于两个方面：一是公开上市后吸纳的社会资本反哺（多数营利性高等教育机构是公开上市公司）；二是学费收入。

5.1.2.1 社会资本反哺

反哺本身是生物学概念，简单的来讲就是后辈哺育前辈，下一代哺育上一代。近年来，被引申到经济学中和社会学中，出现了资本反哺、文化反哺等相关概念。本书中的营利性高等教育机构所获得的社会资本反哺就是指教育产业以外的上市企业因投资兴办高等教育机构的行为而获得的资本收益。以教育管理公司为例，该公司"于 1996 年完成首次公开募股，筹资约 4,500万美元。到 2020 年，该公司以累计发行 5,175,000 只普通股，社会资本的反哺金额高达 127 亿美元。"[11]

1. 上市程序：严格规范

美国营利性高等教育机构开辟了公开上市、吸纳社会资金的一条新的投、融资途径。多数营利性高等教育机构创立之初的办学资金都来源于通过上市获得资本市场融资的资格后吸纳的社会资金。营利性高等教育机构若要实现公开发行股票，必须履行严格的上市程序：第一，遵循美国证券交易委员会的相关规定，以股份有限公司的形式开办学校或改造已有的学校，将必须的资料上报证券交易委员会，经核准达到标准后方可申请上市。第二，选择合

---

11 EDMC. History [EB/OL]. http://www.edumgt.com/About/History.aspx.2021-11-5.

适的证券承销商。由于证券承销商拥有专业人员和有效的促销手段，能够大大提高股票发行的效率，所以公开上市的营利性高等教育机构都有专门的证券承销商。营利性高等教育机构与证券承销商签订协议后，证券承销商则按照协议定期将营利性高等教育机构的经营状况向公众公布，并进行前景分析，以此调动投资者的投资热情，从而帮助营利性高等教育机构销售股票。目前许多营利性高等教育机构都选择美国著名的证券银行史密斯．巴尼公司（Smith Barney Inc.）作为自己的证券承销商，该公司定期发布与营利性高等教育机构相关的财务报告，为其宣传。第三，营利性高等教育机构在存续期间，需严格依据公司法和税法的相关规定缴纳所得税，盈余部分方可作为股利分红。

2. 上市模式：灵活多样

美国营利性高等教育机构由于办学背景不同，上市的模式差别很大，典型的模式有"自我催发"和"借壳上市"两种模式。有的学校属于"自我催发"上市模式，学校通过发展，具备办学条件和办学经验后，自己创办大学，为解决因扩大规模出现的资金短缺问题，在股票市场挂牌上市，如阿波罗集团、职业教育公司、柯林斯学院等就属于这种模式。有的学校是"借壳上市"模式，即学校通过收购已通过认证机关认证的、具有学位颁发资格的学院扩大自己的经营规模后，最终在资本市场上市，教育管理公司就是这种情况。该公司 1962 年在宾夕法尼亚州注册成立，公司最初的几年里由于资金及经验的等原因，并没有急于创办自己的办学实体或子公司。公司于"1970 年首次收购的是有学位授予权、得到认证的匹兹堡艺术学院；在 1975 年到 1985 年间仅收购了 8 所学校；自 1995 至 2002 年才集中资本进行了大规模收购和并购（见表 23），并于 1996 年正式上市，当年筹集资金达 4,500 万美元。"[12]上市后，该公司的股票价格在 30 年时间里翻了十几倍，股票平均价格从"1996年的 4.18 美元到 2016 年上涨为 42.99 美元。"[13]当然，营利性高等教育机构的股票偶尔也会出现熊市。但从总体来说，股票的低迷时间持续很短，所以自 1991 年第一支营利性高等教育机构的股票上市至 2020 年，它们大多处于平稳起伏状态。

---

12 EDMC. History [EB/OL]. http://www.edumgt.com/About/History.aspx2020-11-15.

13 EDMC. Stock Price History [EB/OL]. http://phx.corporate-ir.net/phoenix.zhtml?c=87813&p=irol-stocklookup.2020-11-15.

表 23 教育管理公司历年来收购的主要学校一览表（得到认证、有学位授予权）

序号	时　间	收购学校	现用名
1	1970	匹兹堡艺术学院	匹兹堡艺术学院
2	1995	雷时尚学校和绍姆研究所	伊利诺伊州艺术学院
3	1996	纽约餐饮学校	纽约艺术学院
4	1997	刘易斯塞林格时装学院	加州艺术学院
5	1998	俄勒冈州波特兰贝司手培训学校	波特兰艺术学院
6	1998	苏格拉底远程教育科技集团	苏格拉底远程教育学院
7	1999	北卡罗来纳州的夏洛特商业时装研究所	夏洛特艺术学院
8	2000	加利福尼亚州圣迭戈艺术学院	圣迭戈艺术学院
9	2001	拉斯维加斯设计研究院	拉斯维加斯艺术学院
10	2001	奥格赛教育集团	奥格赛教育集团
11	2002	加拿大哥伦比亚省数码公司	哥伦比亚影像和声音中心

资料来源：笔者根据教育管理公司官方网站资料整理绘制，见 EDMC: History [EB/OL]http://www.edumgt.com/About/History.aspx.2020-03-09.

3. 反哺资本：大量涌入

在美国，由于教育产业的特殊性，教育股票被投资者视为收益较高的投资目标，大量社会资本的反哺成为营利性高等教育机构发展的加油站。1991年，第一家营利性高等教育机构——德夫里教育公司上市，此后，一些主要营利性高等教育机构陆续上市，社会投资资本随即开始大量流入教育领域。最初，雷门兄弟公司（Lehman Brothers）和所罗门.史密斯.巴尼公司（Salmon Smith Barney）等主要投资机构将营利性高等教育机构锁定为重要投资对象。最近几年，当公立大学、非营利性私立大学等传统高校大多面临财政紧张的压力时，社会投资资本却对营利性高等教育机构另眼看待，社会资本继续大量涌入到营利性高等教育机构。以 2004 到 2006 年的三年为例，"2004 年，阿波罗集团注资成为凤凰大学的控股公司；劳伦斯教育公司（Laureate Education Inc）以 8,700 万美元的价格将瓦尔登大学收到旗下。2005 年，德夫里教育公司斥资 530 万美元收购了已有 116 年历史的圣刘易斯州的护士专科学校（Nurse College）；卡普兰大学投资近千万收购了多所中学后教育机构。"[14]2006 年，"普罗维登斯股本合伙公司（Providence Equity Partners）和高盛资本合伙公司（Goldman Sachs Capital Partners）以每股 43 美元，总计3.4 亿美元的价格收购了教育管理公司；休伦资本合伙公司（Huron Capital Partners）在代尔塔教育公司（Delta Educational Systems）注资 1000 万美元。"[15]在 2000 年至 2010 年间，大量的私人投资资本成为营利性高等教育机构扩张的加油站，使得美国营利性高等教育机构以类似于裂变的方式实现了规模扩张。但在 2010 年至 2021 年间，次贷危机从 2006 年春季开始逐步显现的、2007 年 8 月席卷美国全国。2019 年新冠病毒大流行，美国社会生活和经济生产在很长一段时间无法恢复到疫情前。美国社会资本流动的活跃性受到影响，对流动资本有很强依赖性的营利性高等教育机构必然受到影响，影响的程度和范围有待后续观察。

5.1.2.2　学费收入

美国营利性高等教育机构资金的另外一个主要来源是学生学费。在美国，公立大学办学资金来源中有近一多半来源于政府资助；私立非营利性高等教育机构的办学资金主要依赖社会捐助和学生学费；营利性高等教育机构的收入则主要靠社会资本投资和学费收入。有数据表明，在美国，"州政府每年为公立大学提供约 45% 的经费支持，以补贴它们很低的学费收入，私立大学通过州立资助项目仅得到约 3% 的资金支持。公立大学从学费中能够得到的教育经费收入为 25%，而私立大学（包括非营利性私立大学和营利性高等教育机构）从学费中能够得到约 50% 的教育经费收入。"[16]

1. 学费标准：介于公立大学与私立非营利性高等教育机构之间

营利性高等教育机构学费的收费标准在定位上着重考虑的是能否在高等教育市场中有一定的吸引力。在制定学费标准方面，营利性高等教育机构既考虑市场（学生）的承受能力，又考虑学费价位在同类院校当中是否有竞争力。所以，几乎所有的营利性高等教育机构都把学费定位在公立大学与私立非营利性高等教育机构的收费标准之间。近年来，美国高校学费上涨趋势明

---

14 Goldie Blumenstyk.The Chronicle Index of For-Profit Higher Education [J].The Chronicle of Higher Education, 2004，（51）：280.

15 Goldie Blumenstyk.The Chronicle Index of For-Profit Higher Education [J].The Chronicle of Higher Education, 2007，（52）：24.

16 [美]詹姆斯．杜德斯达、弗瑞斯．沃马克：美国公立大学的未来[M]，刘济良译，王定华校，北京：北京大学出版社，2008.16。

显，营利性高等教育机构学费也出现了上涨的趋势，但从上涨幅度上看，由
于主要依靠学费收入，私立非营利性高等教育机构学费上涨幅度较大；公立
大学则因为能够获得联邦政府较高资助，学费上涨幅度略低；对于营利性高
等教育机构来说，学生学费也是学校主要收入，但其学费上涨幅度远远低于
私立非营利性高等教育机构，稍高于公立大学。

以 2018-19 学年为例（见表 24），四年制的公立大学的学费（含、不含住
宿费）分别为 18,384 和 8,907 美元，私立非营利性高等教育机构为 46,242 和
35,290 美元，而营利性高等教育机构则为 31,512 和 19,775 美元。可以看出，
在四年制大学，无论含不含住宿费，营利性高等教育机构的学费都高于公立
大学，低于私立非营利性高等教育机构。两年制的公立大学的学费（含、不
含住宿费）分别为 10,392 和 3,384 美元，私立非营利性高等教育机构为 36,659
和 17,930 美元，而营利性高等教育机构的为 40,232 和 18,850 美元。在两年
制大学，营利性高等教育机构的学费（含、不含住宿费用）都远远高于公立
大学，稍高于私立非营利性高等教育机构。但从整体来看，四年制营利性高
等教育机构的学费（含、不含住宿费）比私立非营利性高等教育机构的学费
分别低 14,730 和 15,515 美元，比公立大学分别高 13,128 和 10,868 美元，基
本介于两者中间；两年制营利性高等教育机构的学费（含、不含住宿费）比
私立非营利性高等教育机构的学费稍高，分别高 3,573 和 920 美元，比公立
大学高出较多，分别高 29,840 和 15,466 美元。

表 24　美国高等教育机构 2018-19 学年度学费一览表　（单位：美元）

中学后教育机构		学费 （含住宿）	学费 （不含住宿）
公立大学	四年	18,384	8,907
	两年	10,392	3,384
所有的私立大学	私立非营利性高等教育机构	46,242	35,290
	营利性高等教育机构	32,724	19,769
私立非营利性高等教育机构	四年	46,242	35,290
	两年	36,659	17,930
营利性高等教育机构	四年	31,512	19,775
	两年	40,232	18,850

资料来源：笔者根据美国教育部全国教育统计中心提供的数据整理绘制，见 U.S Department of Education Institute of Education Science /Fast Facts: Average undergraduate tuition and fees and room and board rates charged for full-time students in degree-granting institutions, by type and control of institution and state or jurisdiction: 2017-18and 2018-19[EB/OL].http://nces.ed.gov/fastfacts/display.asp?id=762021-03-10.

2. 学费收取：帮助学生申请资助缴纳学费

在学费收取方面，营利性高等教育机构实际上采取的方式既可谓"曲线救国"也可谓"一箭双雕"，即学校积极帮助学生获得联邦政府的奖助学金，学生再用获得的奖助学金缴纳学费。通过帮助学生获取各类奖助学金资助，营利性高等教育机构事实上达到了"双赢"的目的，既争取到了更多的生源，也在学生所缴纳的学费中获得了盈利。

以 2018-19 学年为例（见表 25），在美国所有高等教育机构中，获得过各类奖助学金的学生占总数的 61.7%，其中，营利性高等教育机构获得的资助远远高于非营利性高等教育机构，在营利性高等教育机构就读的学生中得到资助的比率高达 86.9%。从表中可以看出，在"第四条款资助、佩尔奖学金、教育机会补助奖学金（SEOG）、斯坦福助学金、家庭助学贷款"等几项奖助学金计划中，营利性高等教育机构中受资助的学生比率远远高于美国高等教育机构受助学生的总比率。只有"工读补助计划（CWS）、帕森斯助学金"这两项，营利性高等教育机构中受资助学生的比率略低于全国受助学生的总比率。可以看出，营利性高等教育机构的学生主要通过申请各项奖助学金完成学业，换一种说法，就是营利性高等教育机构的学费收入有相当一部分来自于经学生手中转来的联邦公共资金，这也就能够说明营利性高等教育机构积极为学生申请各类奖助学金的原因了。当然不可否认的是，为了谋取短期的不当盈利，个别营利性高等教育机构确实存在违规甚至欺诈的方式骗取助学贷款的情况，但大多数营利性高等教育机构是从长远发展的角度出发正确合理地利用各类奖助学金。

表 25 2018-19 学年美国营利性高等教育机构学生获得奖助学金情况一览表

（单位：%）

学校类型	获不同类型联邦奖助学金的比例							
	任何联邦贷款	任何第四条款援助	符合第四条款项目的奖助学金类型					
			佩尔(Pell)	教育机会补助奖学金(SEOG)	工读补助计划(CWS)	帕金森(Perkins)	斯坦福(Stafford)	家庭助学贷款(PLUS)
所有高等教育机构	61.7	60.6	32.1	10.0	10.3	7.0	47.1	6.
营利性高等教育机构	86.9	86.1	53.2	17.5	3.1	2.6	78.0	6.7

资料来源：笔者根据美国全国教育统计中心提供的数据整理绘制，见 U.S.Education Department/National Center for Educational Statistics.Percentage of full-time and part-time undergraduates receiving federal aid, by aid program and control and type of institution: 2018-19[EB/OL]. http://nces.ed.gov/programs/digest/d08/tables/dt08_343.asp.2021-12-21.

5.1.3 美国营利性高等教育机构发展的技术环境

美国营利性高等教育机构发展的技术环境主要指的是现代信息技术环境。美国已经经历过其他由技术驱动的巨大变革时期，但从来没有像今天所面对的现代信息技术那样发展得如此之快。现代数字技术，如计算机、电信和网络正在改变着社会及其机构。营利性高等教育机构也与其他大学一样在适应信息与通信技术的飞速变革方面面临着巨大的挑战，但营利性高等教育机构力图适应日新月异的技术环境并对其加以利用。

5.1.3.1 面对：信息社会

信息技术的发明是人类改造世界的一次巨大的飞跃：从使用减轻体力劳动的工具到使用减轻脑力劳动的工具的飞跃，迄今为止，信息技术的发展已经经历了"信息革命、微机革命、网络革命"三个阶段。21 世纪已经进入了信息社会。

1. 现代信息技术的快速发展

目前，现代信息技术正以惊人的速度发展。据有关资料估计，"某一价位的芯片密度和相应的运算能力每 18 个月就提高一倍，这相当于运算速度、存储量和网络传输速度每十年提高一百倍。存储和带宽等其他性能发展得更快，每十年以一千倍或者更快的速度增长。"[17]相应的，信息社会的科学技术信息的年增长率将达到 40%以上，每 5-8 年就能增长十倍。有学者推测，如果信息技术继续以现在的速度发展，到了 2020 年，"1000 美元的笔记本电脑的运算速度能达到十亿兆赫，存储量达到几千兆，网络连接的数据传输速度达到每秒几千兆。"[18]信息技术的处理能力（每秒的工作量）、数据传输率（每秒传输的比特）和存储量（比特）将成集合基数上升，IBM 公司的科学家预测，"几年内我们将由一百亿（1010）个以上的感应器、十亿（109）个服务器和一万亿（1012）个软件代理与网络连接。"[19]用他们的话说，在我们的有生之年，用一个无线装置和世界上的任何人联系或者按一个键就得到所需信息将成为可能。

在现代信息技术的推动下，21 世纪已经进入了信息社会。随着科学技术的发展，人类由工业化进入了信息社会。在信息社会中，信息的发掘与增加、信息的管理与开发、信息的流通与利用以及更新成为提高社会劳动生产率的主要手段。在信息社会中，知识更新快、老化快，呈现"知识爆炸"的现象。在信息社会中，脑力劳动成为主体，大多数人从事信息的管理与生产工作。在信息社会中，计算机起到中枢神经的作用，无论个人、团体或企业；无论地区、国家或全球；无论文化、经济或军事；无论生产、管理、教育或休闲，都将或多或少地以计算机为媒介。总之，信息化已经是当今世界经济和社会发展的大趋势，依托于信息技术构建的因特网正在急剧扩张，它使知识形态的生产力更广泛地传播、更充分地利用，使社会劳动生产率和产品质量大大提高，它正在深刻地改变着人类的生产、生活和思维方式，改变着各国经济和社会发展的进程。

---

17 [美]詹姆斯．杜德斯达、弗瑞斯．沃马克：美国公立大学的未来[M]，刘济良译，王定华校，北京：北京大学出版社，2008.50。

18 [美]詹姆斯．杜德斯达、弗瑞斯．沃马克：美国公立大学的未来[M]，刘济良译，王定华校，北京：北京大学出版社，2008.51。

19 [美]詹姆斯．杜德斯达、弗瑞斯．沃马克：美国公立大学的未来[M]，刘济良译，王定华校，北京：北京大学出版社，2008.51。

2. 现代信息技术对营利性高等教育机构带来的挑战

现代信息技术对高等教育带来的挑战表现在方方面面，营利性高等教育机构作为高等教育系统的一个组成部分，不可避免地要面对现代信息技术所带来的挑战并积极应对。

现代信息技术转变了高校学者的工作和学习方式。由于能够通过互联网分析数据、和同事交流、模拟实验等，高校学者的虚拟工作空间拓宽，工作效率大大提高，无需"过多地关注设备或与同事的实际接触等资源的可利用率，而反过来能把精力放在假设和问题上。"[20]现代信息技术同事还改变了高校学生的学习方式，为其参与研究和开展合作学习开辟了一个广阔的参与和互动的空间。应该说，现代信息技术正在使高校的学术研究走向"民主化"，现代信息技术甚至使得高校的设施设备以及图书资源面对普通人开放，他们因此能参加最前沿的学术研究。

现代信息技术变革了知识保存和传播的方式。大学最基本的功能就是保存和传播知识。在过去的几百年，大学的知识中心就是保存知识的图书馆和藏书。在当今的信息社会，这些知识不再单纯地以纸质书本的形式出现了，而是以"电子文本、图像、声音和虚拟的现实模拟"等形形色色的方式存在。知识几乎无处不在，它已经不在是高校学术界中少数人的特权，它分布在全世界因特网的数字代理器中，任何人都可以也可能使用它。现代信息技术，将知识糅合为网络世界的文字、图像、声音等"数字集合体"，对高校知识的保存和传播已经远远超过了纸质印刷品。

现代信息技术改变了图书馆的形式和内涵。现代信息技术使得电子图书馆应运而生。传统图书馆自有其优点，如可以长久保存文献、无需借助阅读工具即可阅读、读者之间交流方便等，但其存在的缺点也非常明显，如：印刷型文献体积过大，占用空间多；图书馆的开放和利用受限制；信息传递速度慢；资源共享困难等。与传统图书馆相比，电子图书馆已不再仅仅是文献的收藏室，也不再受开放时间和空间的限制，资源更加丰富，信息密度大、体积小、传递速度快，资源共享率和利用率都较高。虽然电子图书馆并不能也不必取代纸质图书馆，但它已经改变了传统图书馆的形式和内涵。

---

20 [美]詹姆斯. 杜德斯达、弗瑞斯. 沃马克：美国公立大学的未来[M]，刘济良译，
王定华校，北京：北京大学出版社，2008.51-52。

现代信息技术对传统的课堂教学模式提出了挑战。传统的课堂教学模式拘囿于固定的教室，课时有严格的时间限制，教师是知识的传播者，学生获得知识资源的途径主要是教师和教材。而现代信息技术使得教室成为开放的空间，学习时间没有限制，学习者不必按部就班地学习，可以根据需要安排学习活动。除了教师以外，各种互联网资源（电子文本、视频、图片等）也都成为知识的传播者，极大地弥补了传统课堂教学信息来源单一的不足。另外，现代信息技术所带来的学习方式的变革更适应越来越多终身学习者的"随时随地"的学习需要。

5.1.3.2　应对：开展网络教学

在现代信息技术的推动下，社会生活日趋多样化、复杂化，与其他社会组织一样，营利性高等教育机构无可避免地面对一系列的挑战，要想求生存求发展，必须积极应对，而应用现代技术手段创办在线大学成为营利性高等教育机构面对信息技术社会的主要应对措施。营利性在线大学的特征主要表现在以下两个方面。

1. 教学方式：采用多样化的现代化教学手段

营利性高等教育机构非常重视利用现代技术手段开展网络教学。由于现代化教学手段具有设备电子化、立体呈现教学信息、教学时空适应性强等方面的特点，所以营利性高等教育机构的网络教学中广泛采用了多样化的现代化教学手段，具体手段有同步教学、异步教学、交互式视频、音频传输以及各类通信技术的使用等等（见表26）。从下表中可以看出，一方面，虽然营利性高等教育机构在开展同步教学方面与公立大学和私立大学有差距，但异步教学开展比例较高。全美高等教育机构中开展异步教学的平均比例为92%，而营利性高等教育机构这方面的比例达到了95%，远远高于公立大学和私立非营利性高等教育机构。另一方面，在营利性高等教育机构，视频和音频等媒介的使用比例略低于其他院校，但营利性高等教育机构广泛应用了通讯技术。从通讯技术的应用来看，全美高等教育机构的平均比例为16%，公立大学和私立非营利性高等教育机构的比例在10%左右，而营利性高等教育机构这方面的比例高达52%；从通讯技术综合应用来看，全美高等教育机构的平均比例为14%，营利性高等教育机构的比例达到了20%。

表 26　美国高等教育机构开展在线课程普遍使用的技术和媒介一览表

机构类型	中等程度或较大程度使用的技术和媒介								
	异步教学	同步教学	双向交互式视频	单向预先录制视频	单向视频双向音频	单向音频传输	通讯技术应用	通讯技术综合应用	其他技术手段
所有机构	92	31	23	19	6	12	16	14	4
两年制公立大学	93	28	30	21	8	10	9	11	4
四年制公立大学	90	42	37	19	7	12	11	8	2
四年制私立非营利性高等教育机构	90	32	13	19	3	15	17	18	9
四年制营利性高等教育机构	95	13	未统计	11	未统计	8	52	20	0

资料来源：笔者根据美国教育部全国教育统计中心提供的数据绘制，见 U.S. Department of Education/National Center for Education Statistics .Distance Education at Degree-Granting Postsecondary Institutions:2016-17[EB/OL] http://nces.ed.gov/pubs.pdf2020-03-11.

2. 在线课程：开设门类集中、学位层次较低的课程

营利性高等教育机构所开设的在线课程有两个特点：一是课程门类集中，二是低层次学位课程比例较高，高层次学位课程比例略低。（见表27）。从表中可以看出，就全美在线课程的门类来说，学位课程与学历课程总计超过了11,240 门，其中两年制公立大学、四年制公立大学、四年制私立非营利性高等教育机构所开设的课程门类均超过了3000，而两年制营利性高等教育机构只有 70 门，四年制营利性高等教育机构也不过 710 门，从课程门类上说，营利性高等教育机构的在线课程远远少于其他同类院校。门类少恰恰说明营利性高等教育机构在线课程比较集中，易于开展，有利于吸引更多的生源，而且避免了课程门类多可能造成的成本增加。营利性高等教育机构在线课程由学位课程和学历课程两部分组成。与同类院校相比，就学位课程来说，营利性高等教育机构所开设的副学士、学士学位课程较多，研究生学位/第一专业

学位课程略少。如在四年制院校当中，公立大学中开设学士学位课程的比例为 29%，私立非营利性高等教育机构的比例为 38%，而营利性高等教育机构中这个比例高达 64%，远远高于同类院校。但就研究生学位/第一专业学位课程来说，情况则不同，公立大学中开设研究生学位/第一专业学位课程的比例为 40%，私立非营利性高等教育机构的比例为 34%，营利性高等教育机构的比例为 35%，远远低于公立大学，与私立非营利性高等教育机构接近。低层次学位课程既降低了在线教学的难度也扩大了招生范围。

表27　美国高等教育机构开设在线课程情况一览表

机构类型	开设网络课程的总数（门）	学位课程		
		所有学位课程	学士学位课程	研究生/第一专业学位课程
所有机构	11,240	66%	41%	25%
两年制公立大学	3,590	50%	49%	不适用
两年制非营利性高等教育机构	70	100%	100%	不适用
两年制营利性高等教育机构	90	65%	65%	不适用
四年制公立大学	3,550	69%	29%	40%
四年制非营利性高等教育机构	3,230	72%	38%	34%
四年制营利性高等教育机构	710	99%	64%	35%

资料来源：笔者根据美国教育部全国教育统计中心提供的数据整理绘制，见 U.S. Department of Education/National Center for Education Statistics .Fast Facts [EB/OL]. http://nces.ed.gov/fastfacts/display.asp?id–802021-03-11.

　　总之，营利性高等教育机构普遍开展的网络课程既迎合了数字化时代学生的客观需要又符合营利性高等教育机构自身基于成本——效益的内在需求。一方面，数字化时代成长起来的学生的童年都"沉迷在生动的视觉电子媒体中，如家庭电脑、电视游戏、网络和虚拟现实等，传统的课堂教学和四年制课程模式以外的这种新的学习方式不仅更适应他们的学习风格，而且也更适应为他们终身的学习和变化做准备。"[21]另一方面，网络教学被营利性高等教育机构视为节约成本的最有效途径。远程教学所节约的教学成本大大增加了营利性高等教育机构的收益。虚拟的网络教室、标准的课程、电子教材、薪酬低廉的兼职教师和极低的办公成本等等，大大节约了教学成本，对追逐利润的营利性高等教育机构有极大的吸引力。

5.2　美国营利性高等教育机构的内部组织环境

美国营利性高等教育机构的内部组织环境当然也是由多种因素构成的，在众多的影响因素中，对于营利性高等教育机构组织影响显着的主要有教师、学生、课程这三方面的因素。营利性高等教育机构取消了教师终身教职，学生以成年学生为主，课程定位于职业性课程。

5.2.1　美国营利性高等教育机构的教师：无终身教职

美国营利性高等教育机构不设终身教职，教师没有终身制，学校根据需要以合同制的方式雇佣教师，教师类似公司职员，其薪酬和福利和非营利性高等教育机构相差无几。在 2000 年至 2010 年间，由于营利性高等教育机构的扩张，在营利性高等教育机构工作的教师数量增加，导致"全美的终身制教授的数量下降到了 60%。"[22]以凤凰大学为例，该校"雇佣了 285 名全日制的教师，17,000 名兼职教师，其中包括 4000 名凤凰在线大学的教师，兼职教师的比率占到所有教师的 95%，而全美兼职教师在大学中的平均比率为 47%。"[23]在营利性高等教育机构，由于终身教职的取消，使得教师与学校管理的关系、教师与课程的关系、教师与学生的关系等发生了很多变化，教学的空间也在固定教室的基础上向网络空间拓展。在 2020 年前后，在新冠病毒全球大流行的影响下，美国营利性高等教育机构的生源不可避免地受到影响，教师以兼职为主的优势更加明显。

21　[美]詹姆斯．杜德斯达、弗瑞斯．沃马克：美国公立大学的未来[M]，刘济良译，王定华校，北京：北京大学出版社，2008.52。

22　U.S. Department of Education. Instructioanl Faculty and Staff Who Teach Under-graduates [EB/OL]. http://nces.ed.gov/programs/coe/2006/section5/indicator46.asp/ 2020-05-04.

23　Thomas Bartlett. For-profit Christian University Fires Tenured Professor [J]. The Chronicle of Higher Education, 2005, （51） :38.

5.2.1.1　与学校管理的关系：从共同管理者到被管理者

在营利性高等教育机构，教师就是公司雇佣的职员，营利性高等教育机构对"共同管理"的摈弃和对"集权管理"的倚重使得教师从共同管理者的身份转变为集权管理模式下的被管理者。

在非营利性高等教育机构，共同管理包括学术决策和行政决策。学术决策（包括学生入学、教师雇佣和晋级、开设课程、授予学位等）被下放给院系，行政决策（包括资金获得、支出计划、建筑、设施设备）等被委托给行政人员。在公立大学和非营利性私立大学，大学学术管理的核心是由学术单位，特别是系和学院这一级决定。在这一级，"教师在包括人员聘用和升降，课程安排以及资金分配等重大决定上有一定的发言权。这一阶层的教师管理机制通常涉及委员会的系列结构，例如，晋级委员会、课程委员会、决策委员会等。"[24]但在营利性高等教育机构的眼中，"共同管理"却是阻碍快速高效决策的痼疾。在营利性高等教育机构的视野中，大学所服务的社会、政府政策和市场力量正在对其产生巨大的压力和重叠的影响力，学校面对的是种种问题日益复杂化，亟需的是决策过程的缩短和有效。在这样的背景下，营利性高等教育机构怀疑教师广泛地直接参与学校管理是否能有利于学校发展，营利性高等教育机构甚至认为，共同管理是阻碍学校创新和变革的最大障碍。

多数营利性高等教育机构在分校层面上，采取的是与共同管理模式相区别的集权制管理模式。集权模式主要通过院长行政命令的方式实现组织控制。集权模式注重管理的宽度和管理层次的衔接，保证权力的权威性。营利性高等教育机构在各个分支机构实行院长（经理）负责制，其身份相当于公司的老板，教师相当于公司雇佣的员工。院长的职责"部分为学术领导，部分为商务管理者，但工作重点通常放在后者。"[25]院长完全负责对教师的管理，教师直接对院长负责。如，院长通过定期听课或随机听课，以及评估学生填写的反馈表等方式，直接对教师（员工）工作进行监督，对教师（员工）的年度业绩进行考评，而评估结果影响着教师（员工）的评聘和升任。另外，拥有众多分支机构的营利性高等教育机构过于复杂和分散，营利性高等教育机构的事务，如财务、固定资产或外部关系等都有专业管理人员进行公司化管理，

---

24 Chipps Kenneth M. For-profit higher education programs in the United States [M]. Tex: University of Norty Texas, 2007.169-173.

25 [美]理查德. 鲁克：高等教育公司——营利性高等教育机构的崛起[M]，于培文译，北京：北京大学出版社，2006.105。

教师几乎无需也无资格参与学校管理和决策的任何事务。

5.2.1.2 与课程的关系：从设计者到执行者

在营利性高等教育机构，无终身教职使得教师与课程的关系发生了深刻的变化，教师由"个性化课程"的设计者转变为"标准化课程"的执行者。

在美国非营利性高等教育机构，教师们几乎都是自己从头设计所教课程，偶尔也会使用一次标准交叉，但它们的组织、教学、作业和考试都是为服务于其所教的特定课程设计的。教师拥有所教课程的知识内容，可以通过编写教科书或者提供校外咨询服务的形式自由地卖给其他人获得个人收入。但在营利性高等教育机构，课程开设和调整与教师几乎无关，大多数营利性高等教育机构实行的是统一的标准课程。理查德.鲁克认为，在营利性高等教育机构中，教师的真正价值是传授人，即课程的讲授者。营利性高等教育机构的各个分支机构使用统一的教材和课程指南，在营利性高等教育机构看来，"教学只是一些最基本、最直接的活动，它涉及艺术地展现教材内容，重复重要概念，通过考试和评分来巩固所学知识。"[26]教师的基本工作范畴也就是按照课程指南授课，对于所教授内容，教师没有选择权，教师能够选择的是呈现标准课程的教学方式。

为了"快速适应市场"，营利性高等教育机构每学期都增开或取消一些课程。在营利性高等教育机构，整个新课程的开发到启动仅需数月时间，但课程的设置和调整与教师无关。在营利性高等教育机构，市场开发中心负责开设或取消课程，课程内容由其总部的课程委员会或者聘请的其他名校的专家学者制定。琼斯国际大学将课程委托给耶鲁大学、哈佛大学的课程专家设计，该校也因此自诩其课程是"一流专家设计的一流课程"。在凤凰大学，课程由"学科问题委员会（subject-matter committee）"负责设计，该委员会"通过五到六个星期的学期时间里形成标准化课程，在某个或若干个分校进行课程试点，成功后再推广到所有的分校，统一教授。教师使用标准教材。凤凰大学的教师有时候会戏称自己是专门分发课程材料的传输工人。"[27]课程教学大纲由学科带头人和专业人员每三年制定一次，课程研发不需要所有教师都参与，

---

26 [美]理查德.鲁克：高等教育公司——营利性高等教育机构的崛起[M]，于培文译，北京：北京大学出版社，2006.109。

27 Kent A. Farnsworth. The 4 Lessons That Community Colleges Can Learn From For-Profit Institutions [J]. The Chronicle of Higher Education, 2006, （39）：27.

教员严格按照教学大纲授课即可。营利性高等教育机构通常不同时开多门课程，而是"以六到八周为一门课程的学习周期逐科开展课程教学，单门课程结束后再进入另一门学科的课程学习。"[28]课程内容的所有权掌握在公司手里而不是教授手里，教师对于课程所起的重要作用降低了，其决定讲课内容的传统被颠覆。

5.2.1.3　与学生的关系：服务与被服务

在营利性高等教育机构，营利性高等教育机构的顾客型服务模式决定了教育是消费产品，教师是提供教学产品的服务者，学生是顾客。

营利性高等教育机构的教师致力于满足多元顾客的不同需求。"对年长一些的学生来说，获得大学教育是包括工作和家庭在内的数个社会责任之一；对很多少数民族学生来说，为了实现社会和经济流动性亟需大学教育；而对所有的学生来说，寻求的是一种对用户友好的、有支持作用的、既能让钱花得值又能提供有用的文凭的大学经历。"[29]这些不属于中、上层阶级的成人学生往返于校园和工作单位之间，为求职或事业发展寻求必要的教育和技能培训，他们把大学学位看作是在一个知识为动力的社会里找到一份体面工作的关键。营利性高等教育机构的教师对于如何有效的满足顾客的不同需求非常清楚。他们知道，"满足学生顾客并不是要对学生的成绩做出让步，也不是屈服于学生的每个需要。"[30]既然"教育"被营利性高等教育机构公开视为"消费产品"，学生们就是付了钱的消费者，他们当然也希望获得优质教育来回报付出的时间和金钱。营利性高等教育机构教师认为，服务学生顾客主要是对学生的需要做出反应。如倾听学生关心的问题，解答他们的疑问，迅速礼貌地处理他们的问题，向他们解释各种规章制度（包括得当的拒绝）。

无终身教职极大地增强了教师的服务学生的意识和对学生需求快速反应的能力。在营利性高等教育机构，无终身教职使得校长在聘用和解雇教师方面有很大的权力，校长能对教师的评聘直接决策和迅速行动，不受非营利性高等教育机构的教职终身制和各种繁杂的听证会程序以及期限制等的约束。

---

28 Katherine Mangu-Ward. Education for Profit [J]. Reason, 2008, （3）: 38-45.

29 [美]詹姆斯. 杜德斯达: 21 世纪的大学[M], 刘彤主译，王定华审校，北京: 北京大学出版社，2005.62。

30 [美]理查德. 鲁克: 高等教育公司——营利性高等教育机构的崛起[M], 于培文译，北京: 北京大学出版社，2006.73。

教师中间普遍存在着"可能会被开除"的危机感,这迫使教师对工作更加尽职尽责,表现出更强的服务意识。另外,由于营利性高等教育机构的生源情况、教学内容、教学环境始终存在变化,这要求没有终身制庇护的教师必须能较快适应变化的形势,如:多元化的学生带来的多样化的需求、随时调整的课程内容对不同教学模式的要求、教室教学和网络教学对教学方式的不同要求,等等。无终身教职使得教师必须适应变化的顾客需求、并做出针对性的反应。

5.2.1.4 教学空间的迁移:从固定教室到无边界的网络

在现代信息技术的推力下,尖端的网络和软件环境已经把教室从空间和时间的约束中解放出来。越来越多的营利性高等教育机构开展在线课程,所带来的结果就是教师教学空间的迁移。目前,营利性高等教育机构教师的教学空间已经超越了固定教室的围墙,表现出在原有的传统教室授课的基础上向高效率的、方便快捷的网络教学发展的趋势。对于营利性高等教育机构的教师来说,运用多媒体技术通过互联网开展远程教学是必须掌握的基本技能。当然,不同的在线大学对教师也提出了不同的要求,下面以教育管理公司和德夫里教育公司为例。

1. 教育管理公司:同步教学结合异步辅导

在教育管理公司,在线教师被要求在开展同步课程的同时辅之以异步教学,该公司旗下的"阿格西大学(Argosy University)、南方大学(South University)"在这方面起步最早,积累了比较成熟的经验。

在阿格西大学,所有课程都是100%同步,也即教师通过互联网系统对全班同学同时进行教学。与固定教室教学不同的是,在线教学活动是以互联网为媒介进行的,教师和学生可能在不同的地点,教师的办公地点可以在家里,而学生的学习地点可能就是其工作场所,也或者其他任何方便上联结互联网的地点。与固定教室相同的是,教师在同一时间,以同一进度,对同一班的学生教授同样的教学内容。除同步教学外,"教师还被要求针对学生个性化需求开展异步教学,也即教师对学生开展一对一的个别指导、答疑、讨论等活动。"[31]另外,该校教师定期对学生开展视频讲座,经常组织学生开展网上讨

---

31 Argosy University/Online Programs. Become a Part of Our Interactive Student Community [EB/OL]. http://online.argosy.edu/university_experience/our_approach. aspx2020-01-14.

论，以期促进学生思考和交流。

在南方大学，教师除要具备丰富的实践经验外，还需精通网络教学技术。教师"有责任为学生个性化定制学习计划、通过互联网提供个性化的辅导、创建学生互动论坛、建立学生组织、学生俱乐部，等等。"[32]学校要求教师成立咨询小组，为学生担当私人顾问，定时在线回答学生的问题。此外，教师还要对学生定期进行一对一的辅导服务。教学之外，教师还承担帮助学生准备简历，磨练面试技巧等义务。

2. 德夫里教育公司：量身定制学习计划

在德夫里教育公司，在线教师重视对学生进行个性化的量身定制学习计划，本书以德夫里教育公司旗下的"德夫里大学（DeVry University）、凯勒管理学院（Keller Graduate School of Management）、高级学者学院（Advanced Academics）"等三个分校为例进行说明。

在德夫里大学，在开课前，在线教师要做的工作包括："为学生设计一个全面的学习体验计划；向学生提供所有在线课程的教学大纲和教学任务；通过德夫里大学的中央存贮库向学生提供电子教材和相关文本。"[33]在授课过程中，在线教师要帮助学生获得所需资料；提供相关的基于 Web 的学习工具等；通过电子邮件或者实时聊天的方式与学生沟通交流。

在凯勒管理学院，教师开展"混合"模式的教学，即网上授课与教室授课以及上门辅导相结合的授课方式。教师"帮助学生根据自身情况制定灵活的时间表，在不同时间接受网络课程或教室学习，在学生无法参与教室授课以及网络课程无法解决问题的情况下，教师会登门辅导。网络课程每周 7 天，每天 24 小时不间断进行。学校会定时组织师生互动、师生讨论、小组研究、个案研究等教学活动。"[34]

在高级学者学院，教师都同时具备传统教室教学的经验和应用网络技术开展在线教学的能力。师生之间的交流主要通过"即时消息、电子邮件、视频、虚拟白板"等方式进行。更为灵活的是，在高级学者学院，"如果学生提

---

32 South University. Online University Experience [EB/OL]. http://online.southuniversity.edu/admissions/why_south_university.asp2020-01-14.

33 DeVry University. Online Degree Programs [M]. http://www.devry.edu/online-options/online-programs.jsp2020-01-14.

34 Keller Graduate School of Management/Keller Online Overview. Anywhere, Anytime Education [EB/OL]. http://www.keller.edu/online-options/graduate-online-degree-options.jsp2020-01-14.

出要求自带教师，教师能够并愿意承担在线课程的挑战的话，学校允许其试行 30 天，同时还会为其提供教师培训，这在高级学者学院被称为'混合包（Hybrid package）'。如果学生同时自带课程内容和教师，只申请利用学校的信息平台的话，学校也会提供全面的学习管理系统，包括所需的教学工具，并为学生提供关于如何管理课程内容和教学的在线培训，这在高级学者学院被称为'精华包'（Essential package）。"[35]

总之，在营利性高等教育机构，终身教职已没有了存在的依据，无终身教职所带来的变化不仅局限于上述几个方面，而且渗透在学校生活的方方面面。正像理查德.鲁克所指出的那样，"终身制的一个后果就是为那些不需要保护的人提供保护措施。那些优秀教师——有天赋、有思想、有才干、全身心搞好教学的教师——并不需要终身制提供的工作保障。终身制并不能使他们有才干或使他们获得成功，因为他们不管怎么样都会显露才干，获得成功。而那些不合格的教师——不喜欢学生，对单位不忠心耿耿，对学术很少有什么建树——才是终身制需要保护的对象。"[36]

5.2.2 美国营利性高等教育机构的学生：多元构成的成年学习者

营利性高等教育机构的学生构成表现出两方面的显着特征，一是学生成员的构成上更加多元化、复杂化；二是成年学习者所占比例较大。具体来说，美国学生的多样性体现在各个方面，如年龄、性别、种族和社会背景等。在美国，"女性、少数民族和移民大约占到新增加的劳动力的 85%。"[37]人口学家提出，"到 2030 年美国总人口的 40%将是少数族群的成员，到 21 世纪中叶，随着人口多样性的增加，将不会有任何一个种族人群是主导性的人群，而加利福尼亚州的人口结构在 2000 年就已经实现了这种历史性的转变。"[38]美国正在成为一个具有显着的文化、种族和民族多样性的真正的多元文化社会，营利性高等教育机构面对的就是这样一个多元文化社会中的多元构成的学生群体。

---

35 Advanced Academics/Online learning simplified/Educators. Frequently Asked Questions [EB/OL]. http://www.advancedacademics.com/faq.html.2020-01-14.

36 [美]理查德.鲁克：高等教育公司——营利性高等教育机构的崛起[M]，于培文译，北京：北京大学出版社，2006.113。

37 [美]詹姆斯.杜德斯达、弗瑞斯.沃马克：美国公立大学的未来[M]，刘济良译，王定华校，北京：北京大学出版社，2008.14。

38 [美]詹姆斯.杜德斯达、弗瑞斯.沃马克：美国公立大学的未来[M]，刘济良译，王定华校，北京：北京大学出版社，2008.37。

5.2.2.1 女性学生增加

在最近的 30 年里，在美国高等教育机构中注册的女生数一直处于快速上升的趋势（见表 28）。在 1970 年，美国高校男女生比例为 3：2，男生数明显多于女生，从注册学生总数上看，女性学生比男性学生少 1,507 人。到 1980 年，男女比例基本达到平衡。到 1990 年，高校注册的女生数开始反超男生。到 2017 年，男女生比例出现明显失调，大致为 7：10，女性比例已经高出男性三成。女性学生数增加与有些家庭妇女或者已工作的在职女性选择继续学习是分不开的。在 1970 年，美国高校中全日制学生和半日制学生的比率大约为 5：2；到 1990 年，这个比例上升到大约 7：5；到 2000 年，全日制与半日制的学生比例为 9：6；到 2017 年，这个比例大约为 11：7。从总体上看，选择全日制和半日制的学生数量都明显增加，但增长的速度不同。到 2017 年，选择全日制学习方式的学生从 5,816 增加到 11,270，增长比率为 93%，而选择半日制学习方式的从 2,765 增长到 6,978，增加比率为 152%。虽然全日制学生仍然是学生中的主体，但不可忽视的是，半日制学生增长速度很快，增长比率已经远远超过了全日制学生增长的比率。可以看出，美国高校中女性学生的增长速度几乎与半日制学生增长速度成正比，这说明女性学生中增加的部分可能主要是重返学校的成年女性，为了兼顾家庭、工作和学业，他们侧重选择半日制的学习方式。

表 28　1970-2017 年美国高等教育机构学生性别和学习方式状况统计表
（单位：人）

		1970	1975	1980	1985	1990	1995	2000	2005	2017
总计		8,581	11,185	12,097	12,247	13,819	14,262	15,312	17,487	18,248
性别	男	5,044	6,149	5,874	5,818	6,284	6,343	6,722	7,456	7,816
	女	3,537	5,036	6,223	6,429	7,535	7,919	8,591	10,032	10,432
学习方式	全日制	5,816	6,841	7,098	7,075	7,821	8,129	9,010	10,797	11,270
	半日制	2,765	4,344	4,999	5,172	5,998	6,133	6,303	6,690	6,978

资料来源：笔者根据美国教育部全国教育统计中心提供的数据整理绘制，见 U.S. Department of Education Institute of Education Sciences/Digest of Education Statistics Table 191. Totla Enrollment in degree-granting institutions, by level of enrollment, ses, age, and attendance status of student:2017 http://nces.ed.gov/programs/digest/d08/tables/dt08_191.asp2020-01-16.

5.2.2.2 成年学生比例上升

今天，美国大学中传统意义的 18-22 岁这个年龄段的学生只有 20%左右。校园中的学生不再是主要来自中产阶级和上层阶级的高中毕业生了，所有年龄阶段的人都有教育需求。以 2017 年秋季美国高校注册学生状况统计为例（见表 29），首先，学生的年龄跨度从不足 18 到超过 65，涵盖了几乎所有年龄阶段的学生。其次，如果将 22 岁以下的学生视为传统学生的话，22 岁以上的成年学生所占的比例高达 60%左右，已经成为美国高校学生中的主体。再者，超过 65 岁的学习者的比例虽然很小，但却说明了终身学习者的增加，以及在线教学使得终身学习成为可能。

成年学生所面临的是知识的迅速增长和职业的转换，他们进入大学并不是为了离开家庭或者长大成人，而是把大学学位看作是在一个知识为动力的社会里找到一份体面工作的关键。"当年轻的成年人还在寻求与大学教育相关的智力成熟经历和社会化经历时，在数量上已经超过他们的在职的成年人正在寻求和职业直接相关的知识和技能。"[39]今天，多数学生"将大学教育看成是他们未来高质量生活的关键，是开启理想工作、经济保证和幸福康乐的钥匙。大多数人有着明确的事业目标，他们主修诸如工程、商业、医学预科或者法律预科等专业性或专业预备性的课程。尽管他们可能有着很强的学术能力，热爱学习，但经济和家庭两方面的责任使体面的教育更具功利性。"[40]越来越多的成年学生正重返学校来满足对教育的需求，他们往返于校园和工作单位之间，或者借助网络空间寻求必要的教育和技能培训。

表 29 2017 年秋季美国高等教育机构注册学生的年龄分布情况统计表

年 龄	总计		学士学位		第一专业学位		研究生学位	
	人 数	百分比	人 数	百分比	人 数	百分比	人 数	百分比
≤18 岁	668,426	3.7	668,193	4.3	18	不足 0.01%	215	不足 0.01%
18-19 岁	3,963,371	21.7	3,961,149	25.4	1,291	0.4	931	不足 0.01%

---

39 [美]詹姆斯．杜德斯达、弗瑞斯．沃马克：美国公立大学的未来[M]，刘济良译，王定华校，北京：北京大学出版社，2008.73。

40 [美]詹姆斯．杜德斯达：21 世纪的大学[M]，刘彤主译，王定华审校，北京：北京大学出版社，2005.63。

20-21 岁	3,642,872	20.0	3,612,195	23.1	11,926	3.4	18,751	0.8
22-24 岁	3,009,713	16.5	2,474,561	15.9	133,563	38.1	401,589	17.5
25-29 岁	2,550,482	14.0	1,710,195	11.0	138,825	39.6	701,462	30.6
30-34	1,365,912	7.5	944,123	6.1	31,764	9.1	390.025	17.0
35-39	980,818	5.4	709,012	4.5	13,326	3.8	258,480	11.3
40-49	1,266,171	6.9	935,783	6.0	12,314	3.5	318,074	13.9
50-64	627,603	3.4	445,568	2.9	6,197	1.8	175,838	7.7
≥65	77,379	0.4	70,608	0.5	288	0.1	6,483	0.3

资料来源：笔者根据美国教育部全国教育统计提供的数据整理绘制，见 U.S. Department of Education Institute of Education Sciences/Digest of Education Statistics Table 191. Totla Enrollment in degree-granting institutions, by level of enrollment, ses, age, and attendance status of student:2017http://nces.ed. gov/programs/digest/d08/tables/dt08_191.asp2020-01-16.

5.2.2.3 少数族裔学生增多

21 世纪的美国社会的一个显着特征就是日益灰色化，即人口中非白人的少数民族的比重逐渐加大。美国人口普查局在 2020 年的人口普查数据中显示，美国的总人口数约为 3.3 亿人，人口增长率为 0.71%。其中"白人约为 2.3 亿人；西班牙裔或拉丁裔约为 5 千万人；黑人或非裔美国人也大约为 5 千万人；亚裔接近 300 万人；夏威夷土著人和其他太平洋岛民接近 100 万人；其他种族为超过了 2 千万。"[41]虽然白人依然美国最大的种族群体，但是"根据研究中心的数据显示，到 2055 年，也就是未来 40 年内西班牙裔和亚洲人口的增长将增加近三倍。到 2055 年，估计细分为48%白人，24%西班牙人，14%亚洲人和13%黑人。"[42]美国社会的多元化人口构成背景自然带来了美国高等教育机构学生构成的多元化特征。

自 1976 年至 2017 年的 30 年时间里，美国高校（有学位授予权）中学生总数中白人所占比例已经从 82.6%下降为 64.4%；而少数族裔总数从 15.4%上升到 32.2%（见表 30）。在少数族裔中，西班牙裔所占比例从 3.5%上升为 11.4%，是人口增长最快、最多的族裔；亚裔、太平洋岛民所占比例从 3.5%上升到 6.7%，是增长较快的少数族裔；黑人所占比例从 9.4%上升到 13.1%，呈

---

41 U.S. Centsus Bureau. Fact Sheet. 2018-2020American Community Survey 3-Year Estimate [EB/OL]. http://www.census.gov2021-01-16。

42 U.S. Centsus Bureau. Fact Sheet. [EB/OL]. http://www.census.gov2021-01-16。

稳步增长态势；美洲印地安人/阿拉斯加住民从 0.7%增加到 1.0%，非居民外国人从 2.0%增加到 3.4%。少数族裔的增长实际上也扩大了美国社会的边缘人群，而这一人群恰是美国非营利性高等教育机构一直重视不够的群体，营利性高等教育机构却将这一群体视为潜在的生源和商机。

表 30 1976-2017 年美国高等教育机构注册学生的种族分布状况统计表
（单位：%）

种　族	1976 年	1980 年	1990 年	2000 年	2005 年	2017 年
总计	100%	100%	100%	100%	100%	100%
白人	82.6	81.4	77.6	68.3	65.7	64.4
少数族裔总计	15.4	16.1	19.6	28.2	30.9	32.2
黑人	9.4	9.2	9.0	11.3	12.7	13.1
西班牙裔	3.5	3.9	5.7	9.5	10.8	11.4
亚裔、太平洋岛居民	1.8	2.4	4.1	6.4	6.5	6.7
美洲印地安人/阿拉斯加住民	0.7	0.7	0.7	1.0	1.0	1.0
非居民外国人	2.0	2.5	2.8	3.5	3.3	3.4

资料来源：笔者根据美国教育部全国教育统计中心的数据整理绘制，见 U.S. Department of Education/National Center for Education on Statistics. Digest of Education Statistics, 2018 （NCES 2019-20），Chapter 3[EB/OL]. http://nces.ed.gov/pubsearch/pubsinfo.asp?pubid=2019020.2020-01-16.

正如伯顿.克拉克曾说过的，"大众化教育，甚至普及化教育的完成与实施不仅意味着学生人数的增加，而且还意味着有更多不同类型的学生。"[43]这不仅意味着有更多的毕业生要走向劳动力市场，而且还意味着要为不同类型的毕业生准备不同的职业技能。马丁.特罗也提出，"非传统类学生的特征是成年、在职、业余时间学习，目的在于能受雇于快速增长的半专业化职业和知识产业。"[44]在这方面，营利性高等教育机构走在了非营利性高等教育机构的前面，营利性高等教育机构致力于满足多元化构成的学生群体的多样化需求；

43 转引自[英]玛丽. 亨克尔、布瑞达. 里特：国家、高等教育与市场[M]，谷贤林等译，朱旭东校，北京:教育科学出版社，2005.18。

44 [美]菲利普. G. 阿特巴赫、帕特丽夏. J. 刚普奥特、D. 布鲁斯. 约翰斯通：为美国高等教育辩护[M]，别顿荣、陈艺波主译，青岛：中国海洋大学出版社，2007.90。

满足任何地点任何时间任何人的任何方面的学习需要。

5.2.3 美国营利性高等教育机构的课程：职业性课程为主

美国营利性高等教育机构致力于培养学生实践技能，帮助学生职业发展，所开设的课程以职业性课程为主，具体体现在其职业性课程的目标、内容、实施和评价等方面。

5.2.3.1 职业性课程观：以实践为导向

课程观是人们对课程的基本看法，它回答的是课程的本质、课程的价值等有关课程的基本问题。美国营利性高等教育机构始终坚持实践导向的课程观，这从不同营利性高等教育机构提出的办学理念可见一斑。

阿波罗集团在创立之初就提出了"满足每个成年人职业发展的需要，满足每个人终身学习的需要"[45]的办学理念。教育管理公司的办学理念是"通过教育帮助尽可能多的人发展职业能力，提高实践技能，提高生活质量"[46]。开普兰大学将"帮助每个学生实现受教育和职业发展的梦想"[47]作为该校的办学宗旨。德夫里教育公司将"提供全球领先的职业教育服务，培养行业尖端人才"[48]作为学校的发展愿景。柯林斯恩大学的办学理念是"从现实生活出发，为学生职业发展做准备，满足学生择业的教育需求。"[49]瓦尔登大学将"适应社会变革对人才的需求，培养各类职业人才"[50]作为办学的努力方向。阿格西大学的办学使命是"提供现实生活需要的职业知识和实践技能。"[51]布朗．麦基学院的办学使命是"提高学生在日益激烈的就业环境中的职业竞争力。"[52]布莱恩特．斯特拉顿学院的办学理念是"以快速、有效的方式提升学生的职业技能和在现实生活中的职业竞争力。"[53]

---

45 Apollo Group. About Apollo Group [EB/OL]. http://www.apollogrp.edu/About. aspx2021-04-16.

46 EDMC. Celebrating More Than 40 Years of Delivering Quality Higher Education to the Communities We Serve [EB/OL]. http://www.edmc.com/About/2020-12-05.

47 Kaplan. About Kaplan Careers [EB/OL]. http://www.kaplan.com/ 2020-12-06.

48 DeVry University. Get Started Now [EB/OL]. http://www.devry.edu/2020-12-05.

49 Corinthian Colleges, Inc.. About CCI [EB/OL]. http://www.cci.edu/about2021-04-16.

50 Walden University. Mission [EB/OL]. http://www.waldenu.edu/About-Us.htm2021-04-16.

51 Argosy University. Home [EB/OL]. http://online.argosy.edu/default.aspx2021-04-16.

52 Brown Mackie College. The Brown Mackie College Difference [EB/OL]. http://www. brownmackie.edu/AboutBrownMackie.aspx2021-04-16.

53 Bryant & Stratton College. About Bryant & Stratton College [EB/OL]. http://www. bryantstratton.edu/about_bsc.aspx2021-04-16.

从以上营利性高等教育机构的教育观可以看出，多数学校都将"提高实践技能、促进职业发展、提升职业竞争力、适应现实生活需要"作为自己的办学宗旨。也正是在"促进职业发展"的使命和目标导引下，营利性高等教育机构在课程内容设置、课程实施以及课程评价都方面都表现出了明显的职业性倾向。

5.2.3.2 职业性课程内容：专业课程为主

美国营利性高等教育机构的职业性课程由专业课程和职业课程两部分构成，但是课程内容明显偏重专业课程，少设甚至根本不设通识课程。营利性高等教育机构认为，学校的主要目标不在于教育学生而是为学生职业发展做准备。美国营利性高等教育机构的职业性课程内容非常丰富和具体，所开设的职业性学位课程通常集中在副学士、学士、硕士三个不同层次，其中副学士学位课程居多，博士学位的课程鲜见。尽管在不同的营利性高等教育机构，甚至在同一所营利性高等教育机构不同的分支机构中，专业课程内容差别很大，但有一点是共同的，就是多数课程都是有职业针对性的（见表31），都是针对职业市场需求和顾客（学生）需求所做出的回应。下表介绍了德夫里教育公司下辖的六个子公司的主要课程内容，从中可以看出，医学、计算机科学、会计学、管理学、经济学等方面的课程占据主流；职业性课程在课程内容和结构中占绝对比例。

表31　德夫里教育公司主要分支机构的职业性学位课程内容一览表

序号	分校	主要学位课程（副学士、学生、硕士）
1	高级学者公司	科学（生物、物理科学、地球科学、环境科学）、社会科学（美国史、世界史、世界地理、经济学、美国政府）、外语（法语、德语、西班牙语、拉丁语、汉语）、数学、语言艺术、健康、心理学、乐理。
2	阿波罗学院	医用超声诊断、医疗行政协助、医疗账单和编码、呼吸护理、医疗办公室管理、药房技术、物理治疗协助、牙科协助、牙科卫生、健身训练、按摩疗法、实用护理、兽医协助
3	德夫里大学	工商管理、信息科学工程、临床实验室科学、健康科学、卫生信息技术、生物医学工程技术、多媒体艺术与技术、网络系统管理、网页平面设计、网络与通讯管理、游戏与模拟编程、电子工程技术、人力资源管理、项目管理、公共管理、会计与财务管理
4	罗斯大学	前临床兽医学（免疫学、组织胚胎学、寄生虫学、流行病学、细菌学、动物营养学）、临床学（解剖学、临床病理、麻醉学、整形外科、眼科、动物内科）、

5	西部职业学院	牙科协助、牙科卫生、保健护理、按摩疗法、呼吸治疗、超声技术、刑事司法、外科技术、制药技术、设计绘图、平面设计、兽医技术
6	凯勒管理学院	项目管理、公共管理、科技管理、教育管理、酒店管理、电子商务管理、信息系统管理、信息安全、工商管理、市场营销、国际商务、会计与金融、财务分析、人力资源、健康服务、无线通信

资料来源：笔者根据阿波罗集团、高级学者公司、德夫里大学、罗斯大学、西部职业学院、凯勒管理学院官方网站发布的课程资料整理绘制。

要补充说明的是，自 1997 年以后，由于一些认证机构的认证标准中增加了对学校通识课程的评价，评价标准中出现了"数学、科学和工程学知识的应用能力；在多学科小组工作中的合作能力；有效交际的能力"[54]等等，也迫使营利性高等教育机构不得不对课程内容进行调整，逐渐增加通识课程的比例。目前，很多营利性高等教育机构都对每一门专业课程配置一名通识课程教师。

5.2.3.3 职业性课程实施：注重实用技能培养

营利性高等教育机构的职业性课程的实施遵循培养实践技能和动手能力的逻辑。还是以德夫里教育公司为例，该校自建校至今一直重视学生应用知识和操作能力的培养。为提高学生的实践技能和职业竞争力，该校在二战后期推出了"顶峰活动（Capstone Activity）"（也被称为凯普斯课程计划），在 20 世纪 70 年代，为迎合变化了的市场需求，该校又推出了"高端计划（Senior Project）"。

德夫里教育公司的历史可以追溯到德夫里.赫曼（DeVry Herman）于 1931 年在芝加哥成立的德夫里技术学校，当时学校主要提供电子、电影拍摄、无线电技术培训等职业性课程，为提高学生实践技能，当时的教学方式以"师傅带徒弟"的方式进行。到二战期间，该校与美国军方进行了合作，增设了电视技术以及其他与电子有关的新技术方面的课程。期间，为培养学生的实用技能，德夫里大学开展了"顶峰活动"，该计划提出"课程实施完全以职业培训为核心，教学完全围绕动手能力和技术培训展开。"[55]以电子课程为例，

---

54 DeVry. Accredited by the Higher Learning Commission [EB/OL]. http://www.devry. edu/whydevry/accreditation.jsp. 2021-09-06.

55 Linda E. Urman. What's In It For Us? The Senior Project in the Evolution of a For-Profit University [J]. American Educational History Journal, 2007, （34）：392-395.

学生们每两人组成一组，合作学习调谐器的组装。在教师示范讲解后，学生自行进行电子和机械设计、制造底盘、连通电路、将所有的配件组装成型，最后通过测试调谐器是否能发挥正常的工作性能来判断其课程的掌握程度。

在 20 世纪 70 年代，电子教育的需求呈现萎缩，为满足学生和未来雇主的需求，德夫里技术学院将课程扩大到商业、计算机、电子通讯等领域。由于现代信息技术的发展，硬件价格的下降，雇主的需求发生了变化，未来的雇员"被期望能与更多的校外客户协同工作，有较好的团队工作和交往能力，具备撰写商业信函和技术文档的能力。"[56]这期间，为迎合市场需求，德夫里教育公司又推出了"高端计划"，除继续开展两人合作的实践活动外，开始重视学生交际能力和团队合作能力、写作能力、表达能力的提高，该计划规定，获得学士学位，需具备一定的专业日志记录和技术文件撰写的能力。为使学生在就业市场有更大的竞争力，德夫里教育公司青睐聘任有实践工作经验的教师，有许多兼职教师本身就是公司或企业业主，为学生实习或实践提供便利条件。

5.2.3.4 职业性课程评价：重视专业性认证机构意见

营利性高等教育机构把获得认证机构的认证看作是进入高等教育市场的准入证。全美共有六个区域性认证机构，六七十个专业性认证机构或认证委员会，它们得到联邦教育部的认可，具有极大的权威性和深远的影响力。与公立大学和私立非营利性高等教育机构相同的是，营利性高等教育机构以获得认证机构认证作为向联邦政府申请援助以及扩大社会宣传的凭据和资本。与它们不同的是，营利性高等教育机构更看重专业性认证机构的认证，将其作为对职业人才培养质量的肯定。专业认证机构的成员一般包括学校中的专业人员和社会上富有经验的从业人士，涵盖了职业实践者、有经验和有成就的教师以及其他院校的管理者。专业机构的认证标准体系通常包括：学生、专业教育目标、专业成就与评价、职业化要求、教师、教学设备、学校支持和财政资源、专业标准。专业认证是以获得学校认证为前提条件的，只有获得学校认证的资格后才能申请专业认证。

以德夫里教育公司为例，该公司除早就得到中北部高等教育委员会认证外，公司所开设的电子工程技术课程还获得了美国工程技术认证理事会

---

56 DeVry University. At DeVry University, Education Works [EB/OL]. http://www.devry. edu/whydevry/quality_education.jsp. 2021-09-09.

（Accreditation Board for Engineering and Technology, ABET）的认证，该机构是美国大学在应用科学、计算机、工程和技术专业认证领域最权威的认证机构。此外，德夫里教育公司旗下的张伯伦护理学院的护理课程获得了护理专业全国联盟委员会（National League for Nursing Accreditation Commission, NLNAC）的认证；凯勒管理学院的项目管理硕士学位课程得到项目管理协会全球认证中心认证（Project Management Institute's Global Accreditation Center, GAC）；罗斯大学得到了加勒比医学和其他保健专业认证委员会（Caribbean Accreditation Authority for Education in Medicine and other Health Professions, CAAM-HP）的认证。为了获得专业机构的认证，德夫里教育公司以及其旗下的子公司和分校，集中管理人员和教师的力量成立专门的学术事务委员会，为专业认证机构的综合评估积极准备。为了顺利通过认证，学校可能会根据认证机构的认证标准调整课程目标以及课程内容，并根据调整后的课程开展相关课程实验等。

6 美国营利性高等教育机构的组织运行机制

组织运行机制，简称运行机制，是"指组织内部各要素间相互联系、相互作用、相互制约并以达到实现一定功能为目的的运行过程和运行方式的总和。"[1]高等教育的"运行机制是指高等教育系统的各个构成要素之间，以及与高等教育系统运行密切相关的其他社会经济因素之间相互联系和相互作用的工作方式。"[2]基于此，本书将营利性高等教育机构的组织运行机制界定为：影响营利性高等教育机构发展与变革的各要素以及各要素之间相互联系、相互作用、相互制约的过程和功能。

阿萨．林德（Asa Lynd）认为，组织的运行机制包括六个方面："①在决策上是集中的还是分散的；②在信息传递、资源配置和协调机制上是通过市场还是行政；③在财产关系上是私有还是公有；④在动力机制上，个人和公司是通过刺激还是命令来推动行为；⑤个人和公司之间是竞争关系还是非竞争关系；⑥整个经济体制同外部关系是开放的还是封闭的。"[3]埃冈．纽伯格（Elgon·Neubergers）则把运行机制分成三个相互联系的组成部分："决策结构（Decision Making）、信息结构（Information）和动力结构（Motivation）。"国内著名经济学家刘国光把运行机制设计成"所有制结构、决策结构、调节结

---

1 张茜：大学与企业的组织运行机制比较研究[D]，南京：南京理工大学，2009.21。

2 闵维方：高等教育运行机制研究[M]，北京：人民教育出版社，2002.1。

3 转引自刘凤仪.现代企业运行机制理论初探[J]，河北师范大学学报（哲学社会科学版），1998，（3）：30-40。

构、利益和动力结构、组织结构"五部分。卫兴华、洪银兴和魏杰则认为运行机制包括"运行目标、决策、动力和调节"四个方面。本书的研究对象是美国营利性高等教育机构组织，从营利性高等教育机构的组织特性出发，本书综合了以上国内外专家学者对运行机制的观点，从"目标机制、决策机制、激励机制、发展机制"等四方面对其组织运行机制进行分析。

6.1　美国营利性高等教育机构的目标机制

营利性高等教育机构的目标机制是以新自由主义经济为哲学导向的，在追求经济利润的同时，又追求一定的社会目标的达成，体现为"经济目标"和"教育目标"双重目标的重叠和交互作用。营利性高等教育机构教育目标的实现以经济目标的达成为基础和保障的；而其经济目标的达成是以教育目标为载体实现的。

6.1.1　美国营利性高等教育机构的经济目标

营利性高等教育机构秉承的是新自由主义经济的观点，在新自由主义经济哲学导向下，营利性高等教育机构的目标机制非常明确，即追求经济效益最大化。尽管市场条件千差万别，但营利性高等教育机构都以获取利润为目的，而且可以说，追求利润是营利性高等教育机构的根本目标。无论从其办学的初衷，还是运营的过程，以及最终获利的分配，营利性高等教育机构的运转始终围绕"追求营利"的目标，并在美国高等教育市场中分得越来越多的羹。

6.1.1.1　营利性高等教育机构目标机制的哲学基础：新自由主义经济理论

"新自由主义经济"哲学取向是营利性高等教育机构的主流意识形态，是营利性高等教育机构确立目标机制的哲学基础。

新自由主义经济学是在亚当.斯密（Adam Smith）的古典自由主义经济思想基础上建立起来的一个新的理论体系。虽然新自由主义的各个经济学派观点主张各异，但基本都继承了古典自由主义经济学的一些基本假设和研究方法，主要是亚当.斯密的理性"经济人"假设。亚当.斯密认为，在社会历史发展的任何阶段，每个人因为自爱而都具有"经济人"属性。人们从事经济活动的唯一动机和根本目的，在于能否实现其经济利益的最大化，即"各个人都不断地努力为他自己所能支配的资本找到最有利的用途，而私人利润的打算，是决定资本用途的唯一动机。"[4]他提出经济人假设包含三个基本命题："①经济人是自利的，即追求自身利益是经济人的经济行为的根本动机。②经济人在行为上是理性的，具有比较完备的知识和计算能力，能根据市场状况追求个人利益的最大化。③只要有良好的制度保证，个人追自身利益最大化的自由行动会无意间增加整个社会的福利。"[5]

新自由主义经济学是一个庞杂的体系，但就其主流学派的观点而言，该理论体系强调以市场自由调节为导向，其核心观点体现为三个"化"。即：市场化、自由化、私有化。所谓"市场化"，是指市场是万能的，市场经济是一部能自动运转的配置社会资源的万能的机器，所谓"自由化"，就是反对一切政府干预和宏观调控，让市场放任自由发展，在认为市场作用能形成一种"自认秩序"的同时，还认为个人自由是市场机制发挥作用的基础，只有保证个人的自由选择权利，才能使经济效率达到最高。所谓"私有化"，就是极力主张全面的私有制，把资本主义私有制视为唯一合理的永恒的经济制度。新自由主义经济学家全都是极力主张和推销彻底的私有化的。他们认为，只要实行生产资料私人所有制，就不能对私人的经济行为加以限制，从而可以将个人的潜能得以充分发挥，极大地提高经济效率。

新自由主义经济学当代的主要代表人物是 20 世纪美国极有影响力的经济学家之一——米尔顿．弗里德曼（Milton Friedman）。弗里德曼的基本观点主要表现在六个方面：①"经济人"是自由经济制度的原始主体。②自由价格制度是自由经济制度的调节杠杆。③消费自由是自由经济制度不可或缺的组成部分。④自由地使用自身所拥有的资源是自由经济制度的必然要求。⑤拥有财产的自由是自由经济制度的切实保障。⑥坚持"最小化"政府是自由经济制度的重要原则。弗里德曼认为"只有通过市场来组织经济活动，才能促进经济和社会的繁荣发展。但市场不是万能的，在市场起不到作用的领域，需要政府发挥作用。"[6]

4　亚当．斯密：国民财富的性质和原因的研究（上卷）[M]，郭大力、王亚南译，北京：商务印书馆，1972.314。

5　陈卓：新自由主义对东亚经济发展的影响[D]，北京：外交学院，2006.10。

6　[美]米尔顿．弗里德曼：资本主义与自由[M]，张瑞玉译，北京：商务印书馆，1986.77-80。

营利性高等教育机构秉承新自由主义经济哲学，在营利性高等教育机构系统中，市场化就是顾客（学生）、产品（课程）、劳务（教师）等的商品化，学校主要活动的运行依靠市场机制自发调节，但也部分依赖政府的调控。营利性高等教育机构是高等教育市场中开展自由经济活动的主体。营利性高等教育机构的学费收入能够反映市场的供求关系，并在经济活动中充当调节杠杆，实现教学资源的优化配置，使得营利性高等教育机构的运行更有效率。

6.1.1.2 经济目标导引下的营利途径和行为

营利性高等教育机构"追求利润"的目标体现在其采取的一系列营利途径和营利行为方面。

1. 办学资格取得：利用地方政策差异申请许可证

在美国各州，营利性高等教育机构在取得办学许可证方面存在很大差异。与非营利性高等教育机构一样的是，营利性高等教育机构也可以由州高等教育行政机构授权办学。与之不同的是，在有些州，由于营利性高等教育机构所具有的产业性和公司管理的机制，所以还可能被看作公司，由工商部门或其他的独立许可机构进行授权许可。例如，在加利福尼亚州，营利性高等教育机构的许可权掌握在消费者问题对策局（Measures Bureau of Consumer Issues）手中。在爱达荷州、爱奥瓦州，营利性高等教育机构被看作产业公司，举办人无需向任何机构申请授权或许可证，只要符合消防、卫生要求，依法缴税即可开办。在大多数州，营利性高等教育机构被视为公司或企业，申办者需向工商部门提交办学申请。申请材料主要包括申请表和学校的自我办学规划，材料内容涉及未来大学的学制、办学层次、学校性质、定位等内容，经工商部门审查合格后，营利性高等教育机构举办人获得办学特许状，在工商部门注册，经州高教管理部门批准后运作。

由于美国各州对于营利性高等教育机构市场准入条件和标准存在巨大差异，营利性高等教育机构的举办者往往会衡量不同州的地方政策，从经济的角度出发，选择限制条件少、审批周期短的"异地获取办学资格"的方式挺进高等教育市场。由于在不同的州，获得营利性高等教育机构办学许可证的难易程度不同，所以很多举办人会选择在审查手续简化、门槛低的异地申请办学许可证、创办大学。"异地获取办学资格"对营利性高等教育机构的影响体现在两方面，一方面会使得营利性高等教育机构在入行门槛低的地区分布较为集中，如佛罗里达州、加利福尼亚州等，在那里，营利性高等教育机构的发展机会多，并为当地带来可观的经济效益；另一方面，门槛低也使得一些办学条件不足的急于获利的举办者匆促入行，个别学校规模较小，教学设施简陋，师资力量不足，教学质量无法保证，举办人进行校产置换和转移，开张或关闭学校的行为经常发生。

2. 顾客锁定：服务多元化学生，关照边缘群体

在几百年的发展历史中，营利性高等教育机构一直把学生视为顾客，把教育视为消费产品。目前它所服务的学生群体正呈现出多元化的构成特点。如前文所述，美国营利性高等教育机构的学生的多样性体现在各个方面，如年龄、性别、种族和社会背景等。一般来说，营利性高等教育机构中年龄偏大、单独生活、靠别人资助以及来自单亲家庭的学生比例较高，其中有色人种、亚裔，女性（家庭妇女）学生的比例在增长，从整体上看学生中处于社会边缘群体的比例非常高。

营利性高等教育机构对于这些处于社会边缘的群体具有的吸引力在于：一是低廉的学习成本。学生选择到营利性高等教育机构就读的花费远低于传统大学。在美国高等教育系统中营利性高等教育机构的平均学费为 3,577 美元，公立高等教育机构为 5,465 美元，私立非营利性高等教育机构为 18,513 美元。二是宽松的招生制度。营利性高等教育机构对于那些被传统大学认为学习准备不足而遭到拒绝的学生完全敞开大门，在营利性高等教育机构获得学位的少数族裔学生的比例明显高于传统高等教育机构就说明了这一点。美国获得学士学位的学生中黑人比例约为 8.9，西班牙裔约为 6.3%，而在营利性高等教育机构中获得学士学位的黑人比例超过 15%，西班牙裔超过 10%。全美获得副学士学位的学生中黑人比例约为 11.3%，西班牙裔约为 10.4%，而从营利性高等教育机构中获得副学士学位的黑人比例超过 20%，西班牙裔超过 15%。三是为学生提供的是其亟需的职业发展和技能提高的实用性课程。营利性高等教育机构不是靠为学生提供安逸、舒适的校园环境来吸引学生，而是根据市场的需求和变化，为学生提供他们在当前激烈的就业竞争中所需的应用知识和职业技能，并能以尽可能短的时间帮助其获得学位，这大大提升了他们的职业竞争力。总之，营利性高等教育机构选择的是一种随时、随地、任意长度、根据每个人灵活变化的教学模式，这种模式按照学习者的需求进行定制，而且效果可以通过就业率和就业质量进行检验。

3. 产品定位：迎合市场需求，即时设置课程

美国营利性高等教育机构职业课程的设置和调整完全依赖市场机制的调整，即服从于学生和雇主的需求。职业课程的设置主要依靠对四个方面的市场信息的捕获、分析和反应：一是学生（顾客）的兴趣指数。这方面的信息是通过对学生咨询以及对不同课程注册生数的数据进行收集、分析而获得。二是雇主的需求指向。以德夫里教育公司为例，该公司通过安排专门人员对职业供给情况、不同专业毕业生就业率情况进行调查来判断雇主的需求。此外，包括德夫里教育公司在内的其他营利性高等教育机构还将美国的《纽约时报》等报刊杂志定期发布的职位需求信息作为开设学位课程的重要依据。三是新兴产业的发展趋势。新兴产业的发展意味着对新型人才的需求，许多营利性高等教育机构"通过跟踪分析人士公布的产业动向来寻求开设新专业课程的机会"。[7]四是了解联邦和州政府的政策倾向。营利性高等教育机构非常重视政府政策对于产业发展和社会资本的投资方向的引导作用，许多学校，如德夫里教育公司、凯泽大学等专门雇佣说客了解政府资本的投资方向。

在营利性高等教育机构，课程设置"由统一的课程顾问委员会决定，每一门课程都有相对应的由地方业主和社会团体领导组成的顾问委员会把关。"[8]营利性高等教育机构非常重视课程调整。由于学生的背景和个人特征及职业发展期望存在巨大的差异；雇主的需求变化很快。为了适应"市场"的变化，营利性高等教育机构每学期都修改课程内容、增开或取消一些课程。这些学校通常"每年都要 2-3 次引进一些新的学位课程，每次引进一门，对于那些没有什么市场需求的课程，就予以取消。"[9]如在德夫里教育公司，整个新课程的开发到启动仅需要数月的时间，这充分反映出营利性高等教育机构课程调整的灵活性和对市场机制的快速反应。而在非营利性高等教育机构，课程的增开或取消需要一个漫长的周期和庞大的团队参与。营利性高等教育机构对于课程调整后的效果有独特的检验方式，它们通常首先在分校进

---

7 [美]理查德. 鲁克：高等教育公司——营利性高等教育机构的崛起[M]，于培文译，北京：北京大学出版社，2006.77。

8 Linda E. Urman. What's In It For Us? The Senior Project in the Evolution of a For-Profit University [J]. American Educational History Journal, 2007, （34）: 392-393.

9 [美]理查德. 鲁克：高等教育公司——营利性高等教育机构的崛起[M]，于培文译，北京：北京大学出版社，2006.78。

行新课程的试点，成功后再向其他学校推广。如，德夫里大学的 IT 证书课程首先于 1998 年在多伦多的一个分校试点，随后被推广到菲尼克斯分校、亚利桑那分校，一年后，在几个分校试验成功的 IT 课程模式再在该公司的其他几个分校推广。

6.1.2 美国营利性高等教育机构的教育目标

对于营利性高等教育机构来说，教育是产业，但教育所具有的特殊性又决定了它必须比其他产业更要兼具公共性特征和产业性特征。营利性高等教育机构要实现的是经济利润和教育功效的双赢，其经济目标的实现要依托于教育目标的实现。营利性高等教育机构将教育目标定位于帮助学生职业发展，培养学生实践技能。

营利性高等教育机构中也是全美最大的在线大学——凤凰大学制定的教育目标是：尽可能多地为学生提供受高等教育的机会，帮助学生丰富专业知识和提高实践技能从而助其实现职业发展；帮助学生提高其所服务的公司的经济效益；使学生能服务其所在的社区并在工作中发挥领导作用。具体的教育目标包括："①在认知和情感方面两方面促进学生的知识、职业技能和价值观的形成，并辅助学生将所学应用于工作实践当中。②培养学生人际交往、批判性思维、合作以及信息使用等方面的能力，扩大学生获得职业成功的机会，帮助学生职业发展和终身学习。"[10]

营利性高等教育机构中就业率最高的学校——德夫里教育公司将"提供全球领先的职业教育服务"作为自身的发展愿景。在实践性的课程观观照下制定的总体课程目标是："培养大学生的知识应用能力，扩大和提高学生长期的持续的职业潜力；研究学生的多样化的学习需求和雇主的不断变化的对职业人才的需求，提供以市场为导向的课程；提供一个有助于终身学习和职业发展的互动和协作的教育环境；为学生的学业成功、职业发展提供服务。"[11]德夫里教育公司旗下主要的分支机构也都根据学校专业的特色或发展方向制定了具体教育目标（见表32）。

---

10 University of Phoenix. Mission and Purposes [EB/OL]. http://www.phoenix.edu/about_us/mission_and_purpose.aspx/2021-09-05.

11 DeVry. Mission, Purposes, Vision and Values [EB/OL]. http://www.devryinc.com/corporate_information/mission_values.jsp.2021-09-11.

表 32　德夫里教育公司主要分校的教育目标一览表

序号	分校名称	教育目标
1	高级学者公司（Advanced Academics）	建立网络学习环境，提供方便快捷的学习资源，使学生快速毕业并取得职业成功。
2	阿波罗学院（Apollo College）	帮助准备成为医护人员的学生获得卫生保健行业必需的知识技能。
3	贝克尔职业学院（Becker Professional Education）	提供创新的、高品质的全球性会计、财务和项目管理课程，提高学生的职业生涯发展的竞争力。
4	张伯伦护理学院（Chamberlain College）	为学生提供一个通过实践能力的教育环境，培养有丰富临床经验的高水平的毕业生。
5	德夫里大学（DeVry University）	将教室教学和网络教学结合起来，满足学生在技术、科学、商业和艺术等领域的多样化的职业发展需求。
6	罗斯大学（Ross University）	帮助学生成长为成功的兽医和医生。
7	西部职业学院（Western Career College）	提供医疗保健、法律和技术领域的学位课程，帮助学生提高相关的职业技能。

资料来源：笔者根据德夫里教育公司官方网站资料整理绘制，见 DeVry Inc.. Mission, Purposes, Vision and Values[EB/OL]. http://www.devryinc.com/corporate_information/mission_values.jsp.2021-09-11.

6.2　美国营利性高等教育机构的激励机制

美国营利性高等教育机构激励机制最典型的特色是采取了股权激励机制（也即授予股票期权）。所谓股权激励是指激励主体（所有者或者股东）授予激励对象（经营者或者雇员）股份形式的现实权益或者潜在权益，激励后者从企业或公司所有者的角度出发全力工作，实现企业价值最大化和股东财富最大化。

6.2.1　美国营利性高等教育机构的股权激励机制

与其他非营利性高等教育机构相同的是，美国营利性高等教育机构激励机制也包括物质激励、精神激励以及发展机会激励等。物质激励，即通过提供与激励客体贡献大小相结合的货币收益来激发其做出有利于学校的行为，如工资报酬、绩效奖金、年薪等；精神激励，是对激励客体提供名誉、荣誉或社会地位等精神产品来促发其产生有利于学校的行为。但与非营利性高等教育机构不同的是,营利性高等教育机构还采取了授予股票期权的长期激励机制。股票期权(Stock Option)是以股票作为标的资产的期权,本书所指的股票期权是指营利性高等教育机构授予其高级管理人员或者有贡献的教职员工在未来某一时期内(如 10 年),以约定价格购买一定数量的本公司股票的权利。

6.2.1.1 营利性高等教育机构股权激励计划概况

目前,许多美国营利性高等教育机构都是上市公司,在不同的发展阶段,根据不同的发展需要也都制定了不同类型的股权激励计划(见表33)。从下表中可以看出,营利性高等教育机构的股票期权激励计划的制定和提出大多在 20 世纪 90 年代,当时正值营利性高等教育机构发展进入繁荣阶段。在最初的股票期权激励计划中,受益人的范围比较狭窄,主要集中在高层管理人员,随着股票期权激励计划的增多,受益人的范围也逐渐扩大,董事会中的独立董事、有贡献的优秀员工等都成为股权期权的受益人。营利性高等教育机构的股票期权伴随着营利性高等教育机构的发展也逐渐成熟和完善,目前,一般营利性高等教育机构都将全体教职员工全部纳入到股权期权计划当中。应该说,营利性高等教育机构所创造的良好的经营业绩与其实行的股权期权激励机制是分不开的。

表33　美国营利性高等教育机构的股权激励计划一览表

学校名称	股权激励计划名称	受益人范围
阿波罗集团	1994 年员工股票购买计划(1994 Employee Stock Purchase Plan)	全体教职员工
	2000 年股票激励计划(2000 Stock Incentive Plan)	董事、高层管理人员、优秀员工
	长期激励计划(Long-term Incentive Plan)	董事、高层管理人员、有贡献员工
	董事会股票计划(Board Stock Plan)	独立董事
教育管理公司	1996 年股票激励计划(1996 Stock Incentive Plan)	部分董事、高层管理人员、优秀员工
	2003 年股票激励计划(2003 Stock Incentive Plan)	董事、高层管理人员、优秀员工
	资格外管理股票计划(Non-qualified Management	1996 年前加盟公司

	Stock Option Plan）	的管理人员
	员工股票购买计划（Employee Stock Purchase Plan）	合同制雇员
	401K 计划（401K 计划）	全体教职员工
ITT 教育服务公司	1994、1997、1999 年股票期权计划（1994、1997、1999 Stock Option Plan）	主要管理人员
	1999 年独立董事股票期权计划（1999 Outside Directors Stock Option Plan）	独立董事
	员工退休金福利计划（Employee Pension Benefits）	全体教职员工
	退休储蓄计划（Retirement Savings Plan）	全体教职员工
	附加储蓄计划（Excess Savings Plan）	全体教职员工
斯特拉耶大学	1996 年股票期权计划（1996 Stock Option Plan）	主要管理人员
	员工股票购买计划（Employee Stock Purchase Plan）	有贡献员工
	401K 计划（401K Plan）	全体教职员工
职业教育公司	股票期权激励（Incentive Stock Options）	董事管理人员
	资格外股票期权计划（Non-qualified Stock Options）	独立董事
	401K 计划（401K 计划）	全体教职员工

资料来源：笔者根据各营利性高等教育机构网站资料整理绘制，各营利性高等教育机构网址见脚注[12]。

6.2.1.2 营利性高等教育机构股权激励计划的典型——阿波罗集团

美国营利性高等教育机构中大多数都将股票期权授予作为重要的激励手段，虽然学校与学校之间的股票期权计划的具体内容各有差异，但从整体来说大同小异。本书以阿波罗集团为例对营利性高等教育机构的股票期权激励机制

---

12 Apollo Group. Annual Report [EB/OL]. http://www.apollogrp.edu/Investor/Annual Reports.aspx2021-03-10; EDMC. Investor Relations [EB/OL]. http://phx.corporate-ir. net/phoenix.zhtml?c=87813&p=irol-irhome2021-03-10.; ITT Educational Service, Inc.. Annual Report [EB/OL]. http://www.ittesi.com/phoenix.zhtml?c=94519&p=irol-reportsAnnual2021-03-10.; Strayer Education, Inc.. Annual Reports [EB/OL]. http://www.strayereducation.com/annuals.cfm2021-03-10.; Career Education Corporation/Investor Relations. Annual Report [EB/OL]. http://phx.corporate-ir.net/phoenix.zhtml?c=87390&p=irol-reportsAnnual2021-03-10.

进行分析。阿波罗集团的股票激励计划主要有四种："1994年员工股票购买修正计划（Amended and Restated 1994 Employee Stock Purchase Plan）、2000年股票激励计划（2000 Stock Incentive Plan）、董事股票修正计划（Amended and Restated Director Stock Plan）、长期激励计划（Long—term Incentive Plan）。"[13]

"1994年员工股票购买修正计划"是一种员工持股计划，按照美国员工持股协会（The ESOP Association）的定义，员工持股计划（Employee Stock Ownership Plans，简称ESOP）是一种使员工成为本企业的股票拥有者的员工收益机制。或者说，员工持股计划是指企业内部职工通过一定的法律程序，有条件地拥有企业股份的一种企业制度。阿波罗集团推出的"1994年员工股票购买修正计划"实质是一种福利计划，是指阿波罗集团内部的员工被授权以一定的折扣价格购买该公司的股票。该计划的适用对象为公司所有教职员工；购买股票的方式既可以通过贷款也可以以现金支付还可以以定期扣除工资的方式抵资；购买股票的"价格因员工工作年限的不同而有差别，但整体价格上比以下两项的价格低85%：一是每季度招生日的公平市场价格（平均收盘价）；二是购买日的公平市场价格（平均收盘价）。"[14]

"2000年股票激励计划"是阿波罗集团向公司董事、高层管理者、主要雇员赠予该公司普通股A股的股票激励计划。所赠股票主要是阿波罗集团普通股A股以及凤凰大学的普通股股票。该计划的赠予对象主要是公司高层管理人员。该计划中的股权激励方式主要为"期股激励"和"期权激励"。其中"'期股激励'是指被授予人接受了公司所赠予的股票后，要按照股票赠予协议的时间和条件行权，如果届时股价贬值，被授予人需要承担相应的跌价损失。'期权激励'则是一种选择权，被授予人在行权期可以根据股价的高低决定是否行权。"[15]阿波罗集团推出"2000年股票激励计划"的目的一方面在于激励公司经理人规避风险，以稳健的方式管理公司，另一方面将经理人纳入到"利益分担者"的行列，将员工的个人发展与公司的长期发展联系起来。

"董事会股票修正计划"是阿波罗集团向独立董事提供年度期权补助金，

---

13 Apollo Group. Stock Split History [EB/OL]. http://www.apollogrp.edu/Investor/Shareholders.aspx#ssh2021-03-10.

14 转引自高晓杰.美国营利性私立高等教育与资本市场[M]，广州：广东高等教育出版社，2008.125。

15 Apollo Group. Investor Relations [EB/OL]. http://www.apollogrp.edu/Investor/Annual Reports.aspx2021-03-10.

用于购买该公司普通股 A 股的股票奖励计划。该计划的受益人主要是集团的独立董事，独立董事独立于公司股东之外且不在公司内部任职。在阿波罗集团"董事会股票修正计划"中，期权补助金被指定用于购买阿波罗集团普通股 A 股期权，不能挪作它用。

"长期激励计划"是阿波罗集团向公司主要雇员、高级执行官、公司董事赠予公司普通股 A 股的股票期权的计划。该计划面向公司的所有成员。该计划规定"公司教职员工在实现一定的经营目标或者工作达到一定期限后，可以在未来某一时间免费或者以一定比例折扣获得一定数量的公司股票。"[16]该计划强调对公司教职员工的长期激励，待权期一般都较长，行权期因员工的职位和工作年限而不同，一般为股票期股计划协议书签订后多年以后，甚至到离职之前。

6.2.2 美国营利性高等教育机构股权激励机制的评价

股权激励作为解决代理问题、降低代理成本的一种有效的长期的激励方式早在 20 世纪 50 年代的美国就出现了。以股票期权计划为代表的股权激励在美国已经发展了半个多世纪，形成了较为完善的体系。美国国会于 1981 年引入了激励性股票期权并沿用至今。股票期权计划目前在美国公司中得到了普及性发展，自 1989 年到 1997 年，全美最大 200 家上市公司的股票期权数量占上市公司股票数量的平均比例由 6.9%上升到 13.2%，到 2020 年，该比例更是高达 17.4%。股票期权在美国公司高级管理人员薪酬中的比例也越来越大，20 世纪 90 年代，在美国上市公司高级管理人员薪酬结构中，"股票期权激励的收益所占比例一直在 20-40%，1999 年达到了 36%。"[17]只是在 2006 年美国次贷危机发生后，以及在 2019 年新冠病毒大流行爆发后，股票期权的收益上升的速度有所减缓。美国营利性高等教育机构实行的是公司治理，股权激励成为营利性高等教育机构采取的主要激励手段。在 20 世纪末到 21 世纪初，在凤凰大学、教育管理公司、德夫里教育公司、斯特拉耶大学等营利性高等教育机构规模化发展阶段，股票期权激励机制发挥了重要作用。

6.2.2.1 受益人广泛

美国证券交易委员会对股权薪酬的定义是：股权薪酬是上市公司向员工、

---

16 Apollo Group. Investor Relations [EB/OL]. http://www.apollogrp.edu/Investor/Annual Reports.aspx2021-03-10.

17 兰邦华：经理人员股票期权制效率研究[D]，北京：中国社会科学院，2002.54。

董事或其他服务提供者支付股票证券（新发行的股票或库藏股）作为其服务报酬的计划或安排。美国营利性高等教育机构股票期权的受益人一般是总经理及一些高级管理人员，即经营者团队，因此，有些经济学家将授予这类人的股票期权称为经理股票期权（Executive Stock Options）。但近些年来，营利性高等教育机构的股票期权授予对象有扩大的趋势。一方面，美国营利性高等教育机构董事会的董事长、董事会成员也都逐渐成为股票期权的授予对象，出现了所有权与控制权重新结合的新趋势。自 20 世纪 90 开始，美国营利性高等教育机构独立董事数量不断增加，最初的独立董事一般不拥有大学的股票，但现在越来越多营利性高等教育机构倾向于用股票来支付独立董事和其他董事会的报酬。另一方面，营利性高等教育机构为了奖励和激励工作年限长、对学校有贡献的教职员工，也将一定比例的股票期权授予了他们。所以说，在营利性高等教育机构，股票期权的获得者既有董事会成员，还有包括校（院）长在内的高级管理者，同时也包括所有的教职员工。

美国营利性高等教育机构的股权受益人的范围越来越广泛，由此形成了多方受益的局面。第一，对于学校本身来说，由于教职员工拥有部分股票期权，在一定程度上改变了股东权益的构成，使学校的发展与教职员工的切身利益紧密联系起来，提高了学校对员工的凝聚力和市场竞争力。第二，对于教职员工来说，通过持有学校股票获得股东地位，可以分享学校的经营成果和资本增值；可以在工资之外获得更多收入，减少纳税；还可保障就业机会。第三，对于公司股东来说，股票期权计划可以作为资产剥离和重组的手段，既可能有效地抵制敌意兼并，有利于营利性高等教育机构分散经营风险，避免依赖少数人的投资容易破产的风险，又可以回收人部分投资，还可以减轻税负。第四，对于政府来说，股票期权扩大了公众对资本的占有，缩小社会的贫富差距，缓解劳资矛盾，对降低失业率也有一定作用。

6.2.2.2 行权自由

美国营利性高等教育机构的股票期权计划通常规定，在赠予日（grant date），即公司将股票赠予受益人的日期，受益人不能行权，一般受益人必须持有股票期权一定时间后方可获得行权权（exercise right），受益人获得行权权的日期为行权权的授予日（vesting date），股票期权的赠予日和行权权授予日之间的时间被称为待权期（vesting period），行权权授予日和股票期权到期日（maturity date/expiration date）之间的时间为行权期。受益者股票期权的行权权一般是分期分批授予的，所以待权期可能不相同。在行权权被授予后，持有股票期权的受益人可以在规定时间内自行决定何日以何价格购买本公司股票，此行为被称为行权。

股票期权是一种选择权，受益人有选择行权的自由。股权激励的实施结果带有一定的不确定性，行权是面向未来时间段的，有延后支付的性质，未来是不确定，股权的价值只有在股票市价上涨后，受益人获得收益后才能体现。通常受益人股票期权的有效期为 10 年（从赠予日至到期日），其中的待权期为 3-5 年，等待权期满以后，被授予人既可以在未来行使此权利，即按照事先确定的一个价格无障碍地购买公司发行的股票；也可以在未来不行使此项权利，即放弃获得股票的权利。股票期权是一种权利而非义务。尽管可以放弃行权，但这种选择权是不能转让的。由于股票期权计划中的行权等待期、分期行权规定以及股票持有期的规定，使得股票期权持有人的退出成本大增，从而有利于留住优秀人才。

6.2.2.3　激励大于约束

美国营利性高等教育机构的股权激励在实施过程中，激励与约束并存，激励大于约束。股权激励机制的激励逻辑是：企业通过股票期股制度向受益人提供股票期权激励——受益人努力工作——公司绩效提高——股价上升——受益人通过行权获得收益。营利性高等教育机构的价值最大化由此成为股东和受益人的共同目标。营利性高等教育机构股票期权激励的核心是将经营者对个人利益最大化的追求转化为对学校利益的追求或者将两者追求方向合二为一，使学校利益增长成为教职员工个人利益的增函数，使得教职员工中更加关心学校的长期价值，致力于追求学校的长期效益，从而产生极大的激励作用。营利性高等教育机构股权激励是一种激励教职员工的制度安排，它扩大了教职员工对学校剩余的索取权，减少了监管成本，将教职员工的报酬与学校长远发展和收益结合在一起，有助于激发教职员工的竞争和创新能力。

美国营利性高等教育机构的股票期权对防止教职员工的短期行为，引导其长期行为有较好的约束作用。由于股票期权使得股票期权被授予人成为股票期权所有者，使教职员工的个人利益与学校经营状况高度相关，双方成为利益共同体，所以如果教职员工不努力工作，学校股价下跌，其个人利益受损，无形中也约束了被激励人。美国营利性高等教育机构的股票期权一般是无偿授予的，但近年来为了增加对教职员工的约束力，学校也要求被授予人支付一定的费用，也即期权费。可以说，股票期权既起到了极大的激励作用也发挥了一定的约束作用。

6.2.2.4 收益多于风险

按照美国证券监管委员会的规定，美国营利性高等教育机构股票期权在发行时都必须说明期权的执行价格、执行时间、所能购买的数量等价值要素。美国营利性高等教育机构通常规定受益者在规定期限内（如5-7年）以约定价格购买学校约定数量股票。在股票期权到期日，如果公司股票的市场价格高于约定价格，被授予人可以执行期权，按当初约定的价格买进公司股票，再按市场价格卖出，卖出价与买入价之间的差额，就是股票期权的收入。如果公司股票的市场价格低于约定价格，被授予人可以买也可以不买，它是一种权利而非义务。期票期权的被授予人选择日后的合适时机行权可能使得股票期权带来较大收益。从这个角度看，股票期权几乎是稳赚不赔的，其收益远远大于风险。

当然事实上，美国营利性高等教育机构股票期权机制也要教职员工承担起必要的风险。传统上的教职员工不是学校的股东，股票期权让教职员工拥有了一定的剩余索取权，使其可能站在学校股东的角度考虑问题，从而在事实上承担了一定的经营风险。

6.2.2.5 程序严格流程透明

美国营利性高等教育机构的股票期权的授予遵循严格的程序而且流程透明。在营利性高等教育机构，股票期权计划通常需董事会或者董事会薪酬委员会批准后方可授予。股票期权计划通常包括一些具体条款的规定性问题，条款一般包括四方面：一是赠予条款，它具体包括了股票期权的受益人、行权所需股票的来源、股票期权的赠予时限、期权费与行权价、赠予数量等。二是执行条款，它具体包括股票期权的执行期限、执行办法、行权时间、考核条件等。三是关于股票期权结束条件的条款，它具体包括受益人在自愿离职、退休、丧失行为能力、死亡、公司发生并购、公司控制权发生变化时的权益规定。四是关于股票期权计划的管理条款，它具体包括股票期权计划的管理机构、对股票期权不可转让性的规定、对赠予外部董事股票期权的规定、公司控制权变动时的保护条款、股权期权数量与行权价的调整等。

美国营利性高等教育机构对股票期权的定价一般都有严格的规定。通常情况下，营利性高等教育机构的股票期权定价一般不低于公开市场价值。大多数营利性高等教育机构都是上市公司，在股票期权定价方面，多数按照公开市场价值授予股票期权或按照公开市场价值向教职员工出售股票；对于少数面向未来的、与绩效挂钩的股票期权，学校采取折价出售或者赠予的方式授予教职员工。其中，公开市场价值是指股票在授予日期的收市价，或者在授予日前若干个交易日的平均收市价。营利性高等教育机构中也存在一些非上市公司，他们也实行股票期权激励机制。由于没有公开的市场价格作为参考，这些学校一般均要求外部的有一定资质的机构对学校的价值进行估值，并以估值结果作为定价参考。

6.3 美国营利性高等教育机构的决策机制

决策机制是营利性高等教育机构组织运行的"中枢神经"，营利性高等教育机构最显着的特征就是实行现代企业制度的两权分立的决策机制。现代企业制度指的是 19 世纪末以来，受委托代理理论的影响，在发达和比较发达的市场经济环境中建立和发展起来的现代公司制度。在这种制度下，营利性高等教育机构的产权关系明晰，委托人（股东）和代理人（子公司经理或分校校长）截然分离，委托人（也即资产的所有者）为学校提供资本并承担财务风险，代理人（也即经营者）为学校提供专业知识和技能并负责学校的日常运营。

6.3.1 美国营利性高等教育机构二权分立的结构

营利性高等教育机构采取的是公司治理制度，学校产权所有者与经营决策者分立，也即营利性高等教育机构的决策者并非学校产权所有人。营利性高等教育机构二权分立的产生并非由来已久，而是现代管理理论影响下的产物。

6.3.1.1 营利性高等教育机构二权分立的理论支撑

营利性高等教育机构采取的是公司治理的二权分立的决策机制，营利性高等教育机构二权分立的决策机制在相当程度上受到组织管理学中的"委托代理理论"和"利益相关者理论"的影响。

1. 委托代理理论

委托代理问题是随着委托代理制度的产生而产生的，是 19 世纪以后发生

"经理革命"的产物。19世纪中期以前，业主型企业是社会的主要经济成分，当时的企业（包括传统的业主型营利性高等教育机构）的举办者也是经营者，企业的所有权和经营权合二为一，不存在委托代理关系。在社会生产力不断发展、企业规模不断扩大，企业经营范围不断扩张、企业经营的专业性和复杂性不断提高的情况下，企业所有者与经营者集一身的决策机制暴露出诸多弊端，广义的委托人和代理人之间的"委托——代理"关系开设广泛地、自发地出现在现代经济社会中。委托代理理论（the principal-agent theory）正是用来解释这种委托代理关系中出现的诸多问题而逐渐获得支持的理论。

委托代理理论主要研究委托代理关系，所谓委托代理关系是指一个或多个行为主体根据一种明示或隐含的契约，指定、雇佣另一些行为主体为其服务，同时授予后者一定的决策权力，并根据后者提供的服务数量和质量对其支付相应的报酬的关系。授权者就是委托人，被授权者就是代理人。委托代理理论的主要观点认为："委托代理关系是随着生产力大发展和规模化大生产的出现而产生的。其原因一方面是生产力的发展使得分工进一步细化，权力的所有者由于知识、能力和精力的原因不能行使所有的权力了；另一方面专业化分工产生了一大批具有专业知识的代理人，他们有精力、有能力代理行使好被委托的权利。所有权和经营权应当分离，企业所有者保留剩余索取权，而将经营权让渡。"[18]

2. 利益相关者理论

利益相关者理论正式形成至今还不足20年的时间，但对于公司治理却带来了深刻的影响。利益相关者理论是在对股东至上理论的批判中形成的。传统意义上的"股东至上"理论主张股东是企业的所有者，企业的财产是由他们所投入的实物资本形成的，他们承担了企业的剩余风险，理所当然地应该享有企业的剩余控制权和剩余索取权，企业经营的目的是实现股东利益最大化。该理论产生于企业发展的早期，由于物质资本稀缺，单纯强调股东的"主权利益"有助于资金所有者把大量的资金投资于企业，从而极大地提高了企业的发展速度。但随着社会化大生产的到来，资本市场的日益开放、竞争，物质资本供给渠道的多元化，物质资本的稀缺性不断下降，物质资本对人力资本的支配程度逐步降低。相反，管理者人力资本显得越来越重要和稀缺，

---

18 沈西林：公司经营委托代理关系研究[D]，昆明：昆明理工大学管理科学与工程博士学位论文，2007.21-27。

而且随着知识经济的到来，企业的生存和发展也越来越依赖技术资本，技术人员的地位和作用迅速提高。人力资本对物质资本的影响力加大，支配程度增加。人力资本和物质资本一起平等分享甚至主导企业控制权的格局已经形成。

利益相关者理论的支持者正是看到了经理人和技术人员（利益相关者）分享企业或公司的所有权的合理性和必然性，而对物质资本强权观提出了质疑。持该理论的人认为，"公司本质上是一种受多种市场影响的企业实体，而不应该是由股东主导的企业组织制度，考虑到债权人、管理者和员工等均是为公司贡献出特殊资源的参与者的话，股东并不是公司唯一的所有者。"[19]在利益相关者理论中，要实现公司的价值最大化，就必然要求在公司治理框架内有多方利益相关者参与，应当吸引债权人、员工等利益相关者参与公司的治理。利益相关者理论的出现，一方面是对企业、公司内部股权结构的多元化和两权分离的变化情形的适应；另一方面也是对企业的其他参与主体的平等权利的承认。这一理论还认为，由于公司是不同要素提供者之间组成的一个系统，公司的目标应致力于为所有要素提供者创造财富、增加价值，而不仅仅是为股东利益最大化服务。为此，公司董事会应具有更加广泛的代表性。爱德华．R．弗里曼认为："利益相关者是能够影响一个组织目标的实现，或者受到一个组织实现其目标过程影响的所有个体和群体。"[20]他主张不仅将影响企业目标达成的个体和群体视为利益相关者，同时也将受企业目标达成过程中所采取的行动影响的个体和群体看作利益相关者。

6.3.1.2　营利性高等教育机构二权分立的结构

传统的营利性高等教育机构大部分是家庭作坊式的或是以合伙制创办的，学校所有者一般既是投资者，又同时参与经营，所有权与经营权合一，只是不同所有者之间在所有权的大小上有区别而已。20 世纪 90 年代以后，大多数营利性高等教育机构是按照现代企业制度经营的，所有权和经营权分离、利益相关者增多成为现代营利性高等教育机构产权经营的主要特征。

在现代营利性高等教育机构中,随着营利性高等教育机构的规模化发展,

---

19 转引自李洪.基于利益相关者理论的中国上市公司独立董事治理机制研究[D]，重庆;重庆大学技术经济与管理博士学位论文，2008.23。

20 [美]爱德华．R．弗里曼：战略管理：一种利益相关者的方法[M]，陆晓禾等译，上海：上海译文出版社，2006.3。

学校分支机构众多，以现代企业制度建立起来的股份有限公司的所有权结构发生了重大的变化。法人股东（机构投资者）增加、公司（学校）内部教职员工持股现象增加，这使得营利性高等教育机构的所有权结构从原来比较单一的私人所有制演变为由资本家、法人和众多公司职工组成的多种所有制。由于股东多元化、分散化的特征极其明显，所以他们无法对学校进行直接经营管理，学校资本所有权与经营权在股东与董事会之间发生分离是必然也是必要的。营利性高等教育机构的股东便以委托人的身份出现，他们通过选举产生股东大学，股东大学再选举出董事会，董事会受委托经营资产而成为代理人。董事会具有公司的最高经营决策权。由于营利性高等教育机构通常都是母子公司，所以决策权被分割为两个层次：第一层是董事会；第二层是对董事会负责的分支机构经理人（院长）（如图17所示）。

图17：美国营利性高等教育机构所有权与经营权二权分立示意图

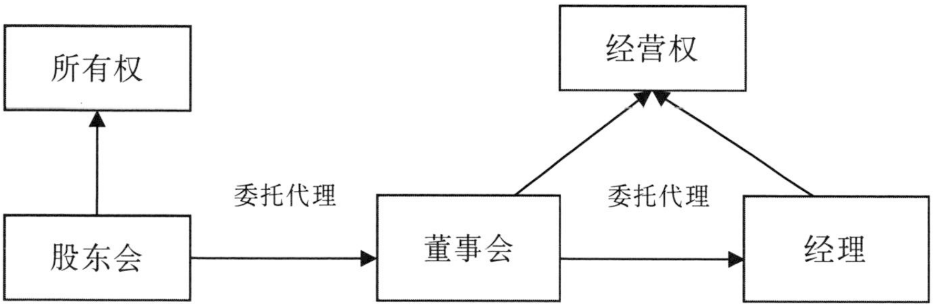

资料来源：笔者绘制。

6.3.2 美国营利性高等教育机构二权分立的委托代理关系

委托代理理论指出，委托——代理关系存在于一切组织、一切合作性活动中。所谓委托代理关系，约翰逊和麦克林（M. C. Jensen & W. N. Meckling）认为，它是"一个人或一些人（委托人）委托一个或一些人（代理人）根据委托人利益从事某些活动，并相应地授予代理人某些决策权的契约关系。"[21]在营利性高等教育机构的二权分立的委托代理关系中，一级委托代理关系发生在股东与董事会之间。由于大多数营利性高等教育机构都是母子公司，在子公司实行校长（经理）负责制，二级委托代理关系发生在董事会与子公司负责人之间。

---

21 M. C. Jensen and W. N. Meckling. Theory of the Firm: Managerial Behavior, Agency Costs and Ownership Structure [J]. Journal of Financial Economics, 1976, （3）: 308.

6.3.2.1 营利性高等教育机构的一级委托代理：董事会

董事会是营利性高等教育机构最高决策机构，由股东大学选举产生的一级代理人。董事会通常负责营利性高等教育机构的宏观决策和长期战略规划。

1. 董事会人员构成：不同利益相关者的组合

美国营利性高等教育机构董事会的类型主要有两类：单层董事会、双层董事会。单层董事会是指一所高校或一个高校系统只有一个董事会，这种董事会的董事遴选方式比较单一，一般由现任董事选举继任董事，即自我增选（co-option），都是自我永续（self-permanent）董事会。阿波罗集团、教育管理公司等多数营利性高等教育机构都沿袭单层董事制度。双层董事会是指董事会由法人董事会和监事会两层结构组成。董事会是大学的法人代表机关，它的主要任务是任命校（院）长、制定规章、对学校（院）的长期发展制定战略规划。监事会不能参与到人事任命和规章制定的过程，但董事会的决策，尤其是重大决策，必须通过监事会的通过方可生效。凤凰大学、等为数不多的营利性高等教育机构实行双层董事会制度。

美国营利性高等教育机构董事会的规模通常在 10 人到 20 人之间，由股东董事、经理董事、独立董事共同组成。其中，股东董事代表所有者权益；独立董事一般是某个行业内的专家学者，他们参与董事会决策和对经理层的监督管理发表独立意见，主要是维护股东的利益；经理董事责日常经营活动，在做出正确的重大决策方面起重要的作用。阿波罗集团的"董事会成员共 13 人，设一名主席、若干名副主席、一名秘书。董事长就是学校创办人，董事会成员由多个利益主体的代表组成，不同的利益主体代表通过董事会提出利益诉求，其中工商界和企业界人员所占比例较高，教师、校内管理人员所占比例较低。董事会内外部成员的构成遵循一定的比例（通常外部理事不得少于二分之一）。"[22]教育管理公司董事会由 10 人组成，该公司尤其注重吸纳企业管理、法律、金融、会计等专业知识的董事成员，并赋予他们重要位置，使其在科学决策中发挥重要作用。董事成员中"有 3 名来自高盛投资公司；1 名来自普罗威登斯股本合伙公司；1 名是资深律师并长期从事企业融资事务；3 名分别拥有车辆工程和系统应用、网络和通信技术等专业背景并自己开办有上市公司；1 名之前曾在阿波罗集团供职长达 10 年；1 名卸任缅因州州长职位

---

22 Apollo Group. Management and Directors [EB/OL]. http://www.apollogrp.edu/Management/.2021-03-10.

后曾在多家上市公司长期担任高级咨询顾问。"[23]

2. 董事会的职能：决策管理与决策控制

美国营利性高等教育机构董事会主要行使的决策职能包括两方面：一是决策管理职能，二是决策控制职能。

决策管理职能也即战略管理，例如制定学校的长期发展战略，制定投资和融资决策。早在1973年，卡内基高等教育委员会发表了《高等教育的管理：六个优先考虑的问题》，提出高校董事会优先履行6项职能："第一，对大学的长远发展负责；第二，在校园和社会之间扮演缓冲器的角色，以抵制外界的干扰，同时又能与变化着的社会保持合理的关系；第三，在解决大学内部如学生、教授和管理者之间的矛盾中，提供最终仲裁；第四，推进大学改革，并决策大学改革的日常和改革的内容；第五，对大学的经费保障负有基本责任；第六，董事会对上述一切都拥有决策权。"[24]应该说，营利性高等教育机构作为高等教育系统中的一个组成部分，董事会在决策管理方面的职能也基本围绕这6项内容展开。以教育管理公司为例，该公司董事会制定的公司战略目标为："向学生提供优质的职业教育，以优质的教育提升学生的生活质量，使他们能够在所在的工作场所体现个人价值，对所在社区做出贡献。"[25]该公司在四十多年的发展历史中都围绕着此核心目标开展战略规划。

决策控制职能也即人事控制，例如组织遴选或解聘子公司高层管理者或分校的校长，决定他们的薪酬，对他们进行评价。董事会是营利性高等教育机构的法人代表机构，它的重要职责就是选拔和任命校长，激励和监督校长为实现委托人的最大利益努力工作。营利性高等教育机构对于校（院）长遴选有严格的资质要求和周密的选拔程序。营利性高等教育机构校（院）长由董事会在几名校长候选人当中遴选、聘用。校（院）长是营利性高等教育机构主要行政领导人，向董事会负责。在依据一定的程序选出校（院）长后，董事会除了建立起与校（院）长彼此支持的合作关系外，重要的一条就是加强对校长工作的评估。

23 EDMC. Board of Directors Bios [EB/OL]. http://www.edumgt.com/About/Board.aspx 2021-09-18.

24 马万华：从伯克利到北大清华——中美公立研究型大学研究与运行[M]，北京：教育科学出版社，2004.86。

25 EDMC. Home/About EDMC. Our Strategic Focus [EB/OL]. http://www.edumgt.com/About.2021-09-19.

6.3.2.2　营利性高等教育机构的二级委托代理：校长（经理）

由于营利性高等教育机构分支机构庞杂，所以多数营利性高等教育机构都存在二级委托代理关系。即在子公司实行校长（经理）负责制，全面行使决策权，对董事会负责。

1. 校长（经理）的职能：具体决策

在营利性高等教育机构母公司下属的子公司或分校，实行的是董事会领导下的经理（院长）负责制。董事会赋予公司经理人权限，权限包括：重大资本支出权、重大资产处置权、人事决定权、技术改造等。校长是高校具体决策人，负有子公司或分校管理的全部责任，并对董事会负责。校长主要通过行政命令的方式实现组织控制，具体工作主要有四个方面：一是拟定学校部门的设置方案，提请聘任各部门负责人。二是决定对教师的评聘。院长通过定期听课，评估学生填写的反馈表等方式，对员工年度业绩（评估直接影响着员工的评聘和升任）进行考评，有权决定是否续聘教职员工。三是实施公司年度招生计划和经营计划，决定资金的分配并对资金使用进行监管，营利性高等教育机构的院长更像公司的经理，要对盈亏底线——带来纯利润负责，对于他们来说，保证资金到位和使用有效非常重要。四是根据市场需求的变化对课程进行制订与修改，对于营利性高等教育机构来说，提高竞争力的关键是捕捉市场的需求，即时地调整职业课程，院长对此全权负责。

在营利性高等教育机构，一方面，校长是连接董事会、行政委员会与学校的桥梁和纽带，董事会、行政委员会要通过校长推行其战略规划，校长向董事会和最高行政委员会提出主要行政职务的人选。另一方面，正如阿格西教育集团公司下属的美国职业心理学业原院长艾里．舒瓦茨（Eli Schwartz）所说，院长是联系商业和学术的桥梁。几乎在所有的营利性高等教育机构当中，院长一部分的职责是学术领导，一部分是商务管理者，工作的重点通常放在后者。校长扮演的角色是处理企业商业和学术之间动态紧张关系的学术管理者的角色。理查德．鲁克甚至认为，"在营利性高等教育机构，各个分校的副校长以及其他一些高级执行官都是商人，而不是学者。" [26]

---

26 [美]理查德．鲁克：高等教育公司——营利性高等教育机构的崛起[M]，于培文译，
　　北京：北京大学出版社，2006.107.

2. 校长科学决策的保障：行政委员会

目前，随着美国营利性高等教育机构拥有越来越多的分支机构，董事会也越加认识到宏观管理和科学决策的重要性，为了保证各分支机构校长更好地执行总部的战略规划和科学决策，一些营利性高等教育机构开始组建"行政委员会"，即在母公司和子公司之间设置若干个行政委员会，委员会起到承上启下的作用，一是帮助董事会进行集体规划、在宏观层面民主决策，二是指导各分支机构负责人执行董事会战略规划、在分校层面科学决策。不同学校的行政委员会数目不同，但通常都包括一些基本的委员会：如常设委员会，该委员会在董事会休会期间代行董事会职权；设备委员会，该委员会负责制定和确定有关教学设施和设备方面的政策与措施；学术事务委员会，该委员会负责向董事会提出课程政策；学生委员会，该委员会负责招生、宣传工作，负责制定有关学生管理以及服务方面的规章制度。财政委员会，该委员会负责学生助学贷款的申请，以及制定财年度报表等。其他的委员会还有审计委员会、校友事务委员会等。需要指出的是，由于营利性高等教育机构"追逐营利"的本质特征所决定，财务委员会和投资委员会在营利性高等教育机构占有重要位置。

行政委员会的成员大都是子公司（分校）的经理（校长）。行政委员会在营利性高等教育机构中的决策地位位于最高决策机构——董事会的下方，实质是是各个分支机构负责人组成的联盟。行政管理委员会的主席一般也是董事会主席，行政委员会官员的称谓按照现代企业制度的惯例，称为最高执行总裁（Chief Executive Officer, CEO），并设有最高顾问和秘书，以及负有战略规划、财务管理责任的几位副总裁和若干高级执行官员。以教育管理公司为例，该公司的行政委员会"由 14 名成员组成，委员会主席是小约翰．R．麦克柯南（John R．McKernan, Jr）同时也是该公司董事会主要成员；总裁 1 名，副总裁 8 名，分别负责顾问、财政、战略管理、战略规划与发展、在线教育、营销与招生、学生事务、人力资源管理；另外 4 名成员来自其旗下 4 个子公司：中南大学、约翰．布朗学院、阿格西大学、艺术学院。"[27]

---

27 EDMC. Home/About EDMC. Officers [EB/OL]. http://www.edumgt.com/About/Officers/SouthJohn.aspx.2021-09-18.

6.4 美国营利性高等教育机构的发展机制

营利性高等教育机构的发展机制主要体现了"规模化发展"的特征，所遵循的理论逻辑是规模经济理论。几乎所有的营利性高等教育机构都按照规模经济理论的逻辑，将扩大规模作为发展的方向，将并购作为其实现规模扩张与发展的主要路径。

6.4.1 美国营利性高等教育机构规模化发展的理论逻辑

美国营利性高等教育机构"规模化发展"所遵循的自然是规模经济理论的逻辑。规模经济理论（Economies of Scale Theory）是经济学的基本理论之一。规模经济指的是在一特定时期内，由于经济组织（通常是企业组织）的规模扩大，导致单位产品成本降低、经济效益提高的一种经济现象。按照西方经济学所表述的"规模经济"的涵义，规模经济是指在技术条件不变的前提下，随着企业各种投入要素的增加，企业生产规模扩大，导致了单位产品成本下降，表现出规模收益递增，即生产规模扩大以后，收益增加的幅度大于规模扩大的幅度。

从经济学说史的角度看，真正意义的规模经济理论起源于机器大工业时代的美国，这一时期的经济学家都清醒地认识到大规模生产所带来的益处，并分析了规模经济产生的种种原因。穆勒从节约生产成本的角度分析了规模经济出现的原因和好处。传统规模经济理论的另一个代表人物是卡尔. 马克思（Karl Marx）。马克思在《资本论》第一卷中，主张社会劳动生产力的发展必须以大规模的生产与协作为前提。他认为，大规模生产是提高劳动生产率的有效途径，是近代工业发展的必由之路。马克思还指出，生产规模的扩大，主要是为了实现两个目的：一是产、供、销的联合与资本的扩张；二是降低生产成本。

对规模经济进行深入研究与充分表述的是阿尔弗雷德. 马歇尔（Alfred Marshall）以及他以后的经济学家。阿尔弗雷德. 马歇尔在其撰写的《经济学原理》中第一次明确提出了"规模经济"的概念，他用"规模经济"的概念说明报酬递增的现象，他认为由于企业扩大不动产而获得了种种新的大规模生产经济，从而在相对成本上增加了产量。他将规模经济的形态归为两类：内在规模经济和外在规模经济。他还在《经济学原理》一书中提出，大规模生产的利益在工业上表现得最为清楚。大工厂的利益在于：专门机构的使用与改革、采购与销售、专门技术和经营管理工作的进一步划分。马歇尔的规模经济理论主要侧重于对单个厂商的规模经济和成本变动分析，其后的新古典经济学对规模经济理论有所发展，进一步分析了整个行业的规模经济，为分析公司或企业的外在规模经济提供了思路。当代美国著名管理学专家艾尔弗雷德．D．钱德勒（Alfred D Chandler）在《看得见的手》一书中指出，"当管理上的协调比市场机制的协调带来更大的生产力、较低的成本和较高的利润时，现代多单位的工商企业就会取代传统的大小公司。"[28]

一般而言，规模经济包含如下内容：①生产的规模经济。随着生产规模的扩大，分摊到单位产品的固定成本、管理成本就会减少。②交易的规模经济。集中的大规模交易比分次的小规模交易更节省交易成本和运输成本。③专业化分工效益。长期的大批量生产交易，使分工更加细化、专业化，从而提高效率。根据规模经济理论，企业生产中的规模经济的有效途径就是通过并购活动使其资产、管理能力等得到最有效的利用。长期以来，并购也一直是西方经济组织实现扩张与发展的一个主要手段。

6.4.2 美国营利性高等教育机构规模化发展的路径及特点

营利性高等教育机构规模化发展所选择的主要路径是"并购"，表现出的典型特点为"开源"和"节流"并重。

6.4.2.1 营利性高等教育机构规模化发展的路径

营利性高等教育机构规模化发展所选择的主要路径是"并购"。根据规模经济理论，实现规模发展的重要途径是"并购"，并购被看作是经济组织追求利润最大化和成本最小化的方式。通过并购，可以对资产进行补充和调整。兼并所带来的规模经济在于：增强了企业整体实力，巩固了市场占有率，能提高全面的专业化生产服务，更好地满足市场的不同需求。

按国际惯例，"并购"通常被称为"M&A"（即英文 Merge & Acquisition 的缩写）。实际上，并购是一个内涵十分广泛的概念，它包括"兼并"、"收购"与"接管"等所有公司或企业的产权交易与重组的行为。

---

28 [美]小艾尔弗雷德．D．钱德勒：看得见的手[M]，重武，王铁生译，北京：商务印书局，2001.31。

兼并，也即西方公司法中的"合并"，兼并主要有两种方式：吸收合并和新设合并。吸收合并是指两个或两个以上的公司合并后，其中一个公司吸收其他公司继续存在，合并方（购买方）取得被合并方（被购买方）的全部净资产，并注销其法人资格，被合并方原先持有的资产、负债成为合并方的资产、负债。新设合并是指两个或两个以上的公司通过法定方式重组，重组后原来的公司都不再继续保留各自的和合法地位，而是组成一家新公司。

收购，是指一家公司在证券市场上用现金、债券或股票购买另一家公司的股票或资产，实质是使原有投资者丧失对该公司的经营控制权，自己获得对该公司的控制权。

接管，是指某公司处于控股地位的股东由于出售或转让，或者股权持有量被他人超过后控股地位被取代的情形。公司控股股东发生变化后，该公司的董事会将被新控股股东改组。

作为企业产权交易与重组行为，企业并购活动的内容包括扩张、收缩、公司控制和结构重组等。企业并购在营利性高等教育机构规模化发展中占有非常重要的地位，随着商品经济的发展和市场机制的完善，特别是大规模的经济活动的展开，企业并购已经被作为推动营利性高等教育机构迅速发展的一种特殊手段被越来越多地应用。首先，并购有利于营利性高等教育机构规模的迅速扩大，并进而形成大型教育公司集团。其次，并购有利于营利性高等教育机构组织结构的迅速调整和重组，可以充分利用原有的人才优势、技术优势和资源优势。再者，并购有利于促进效率的提高。一旦营利性高等教育机构间发生并购行为，管理优势、资源优势和技术优势可以对被合并方进行优势补充，从而提高整体效率，获得"1+1≥2"效益。

6.4.2.2 营利性高等教育机构规模化发展的特点

在 20 世纪末至 2010 年前后，美国多数营利性高等教育机构都走上了规模化发展的道路。规模化发展实质是为了实现规模经济。实现规模经济意味着一方面要"开源"，即广设分支机构，扩大学校经营规模，尽可能多地占领高等教育市场；另一方面要"节流"，也就是控制和降低办学成本，增加经济效益。自 2010 年至 2020 年间，由于联邦政策和资金收紧，一些营利性高等教育机构不再一味寻求规模化发展，而是寻求创新性发展的策略。本书集中讨论营利性高等机构规模化发展采取的主要路径和成效。

1. 开源：广设分支机构拓展市场

自 20 世纪九十年代年至 2010 年前后，很多营利性高等教育机构都制定了规模化发展的战略目标，多数通过自创、并购、收购等方式开设数目不等的分支机构。截止到 2010 年 10 月，至少有 8 所以上有学位授予权的营利性高等教育机构的分支机构数量超过 20 所（见表 34）。由于营利性高等教育机构中并购、收购、扩张等活动非常活跃，破产和关闭的现象也时有发生，所以这些数字也处于波动和变化中。但从整体趋势上看，到 2010 年，营利性高等教育机构的分支机构的数量增加和上升的趋势达到历史最高水平。阿波罗集团、教育管理公司、德夫里教育公司、斯特拉耶公司等巨型大学在开源方面表现突出。

表 34　2010 年主要营利性高等教育机构开办分校状况统计表

（单位：所）

名称	阿波罗公司	教育管理公司	ITT 教育服务公司	德夫里大学	斯特拉耶教育公司	职业教育公司	柯林斯恩学院公司	莱明顿学院
分校	＞200	96	＞100	78	78	75	＞100	21

资料来源：笔者根据美国教育部全国教育统计中心提供的数据整理绘制，见 U.S. Department of Education/Institute of Education Sciences. College Navigator [EB/OL] .http://nces.ed.gov/collegenavigator/2021-05-06.

以教育管理公司为例。在 2010 年规模化发展期间，教育管理公司在美国本土的 28 个州和加拿大最多时曾并设过 96 所分校。在美国本土的分布格局上看，该公司的分支机构主要集中在东部经济发达的诸州，在西部人口稀少的诸州较少，发展趋势呈扇形自东向西扩张。教育管理公司旗下规模较大，具备授予副学士、学士、研究生和博士学位资格的分校主要有"阿格西大学（Argosy Universiy）（有 5 所分校）、艺术学院（Art Institute）（有 5 所分校）、布朗.麦凯学院（Brown Mackie）（有 5 所分校）、南方大学（South University）（有 5 所分校）和西部州立大学（Western State Univerty）（有 2 所分校）。"[29]

营利性高等教育机构大都选择通过开设分支机构促进规模发展，主要原因在于：一方面，由于教育产品的单一性，广设分支机构使得营利性高等教

---

29 EDMC. Locations [EB/OL]. http://www.edumgt.com/Locations/2021-09-10.

育机构的资产、管理等得到最有效的利用，经济效益提高；另一方面，广开的分校形成了合理和有利的地域布局，扩大了营利性高等教育机构对高等教育市场的占有率、更好地满足了多样化学生的不同的教育需求。

2. 节流：降低成本，提高效益

营利性高等教育机构一方面通过扩大规模、占领市场，最大程度地创造利润，提升与维持竞争力；另一方面通过最大限度地降低成本，提高经济效益，规避"规模不经济"。

教育经济学中的教育成本概念，是 20 世纪 60 年代初随着人力资本理论的产生而被提出来的。美国著名经济削减舒尔茨认为，"学校可以被视为'生产'学历的厂家，教育机构可以被视为一种工业部门。"[30]所以教育机构中存在着不同的教育成本，如机会成本、固定成本、变动成本、边际成本等等。营利性高等教育机构所关注的是如何减少教育的固定成本和变动成本。这两类成本是相对的。固定成本是指在一定时间内和一定学生数量范围内，费用发生总额不随学生数量的增减而变化，成本保持相对稳定。固定成本只是相对稳定不变。变动成本指在一定时间范围内，费用发生总额随学生数量增减而变化。

在降低固定成本方面，营利性高等教育机构非常重视提高学校的固定资产的利用率，注重减少对教学仪器设备、图书资料等的消耗，降低购置费及折旧费和修理费。以教育管理公司为例，一方面，该公司将教学辅助设施压缩到最低。在教育资源配置上只考虑与学生教育直接相关的开销，如教室设置、教学实验室、教育技术设备等；不设学生公寓、餐厅或体育馆，甚至不为校长提供寓所；与其他营利性高等教育机构一样，教育管理公司也不设图书馆，给学生提供的是电子图书或与传统大学签订协议共同使用其图书馆，这大大节省了图书馆的成本（一般州立大学每年为此花费达 800 万美元）。另一方面，教育管理公司非常注重教学设备设施利用率的提高。在该公司，学校全年开课，无论白天、晚上以及周末，教室、教学设备几乎都在使用中，教学设施的使用达到最大化，大大降低了教学设备添置费。

在变动成本方面，也即教职工的薪酬、奖金和福利，学生奖学金、助学金，用于教学科研、生产实习的动力、燃料、材料及教学用品支出等方面，

---

30 [美]西奥多．W．舒尔茨：教育的经济价值[M]，贾湛，施伟译，长春：吉林人民出版社，1982.1。

营利性高等教育机构尽量减少不必要的开支。在营利性高等教育机构，最大的支出是教师的薪酬，为减少这方面的支出，营利性高等教育机构不设终身教职，而是按照课程开设的要求聘任兼职教师。如，教育管理公司教师中的 90%是兼职教师。流动的兼职教师不仅在一定程度上满足了营利性高等教育机构经常变动的教学要求，而且大大减少了营利性高等教育机构发放教师福利的负担。营利性高等教育机构不鼓励教师开展科研工作，因为开展研究工作要占据教师 33%-50%的工作量，还需要昂贵的实验室和其他支持性资源。

　　既能降低固定成本又能节约变动成本的一个有效途径就是开展网络教学。目前大多数营利性高等教育机构都提供在线学位课程，主要原因就在于在线教学极低的成本投入和较高的经济回报。第一，在线课程所需的教学设备设施成本极低，前期投入资金较少，便于开展和实施；第二，在线教学仅需极少数的教师，却可以招收尽可能多的学生，较高的师生比带来了较大的利润空间；第三，在线课程的灵活和快捷的特点扩大了生源，尤其是在职的成年学生。随着在线课程的增加，营利性高等教育机构在高等教育市场中的份额逐渐提高。在线课程带来了巨大利润。到 2020 年，教育管理公司已经发展为完全在线授课的高等教育机构，其利润所得超过 80%来自于在线课程。

　　正是基于节约成本的经营策略，即使在 2008 年的全球性经济危机爆发的背景下，营利性高校的经营业绩依然不俗。还是以教育管理公司为例，由于受全球性金融危机的影响，教育管理公司在 2008 年的招生数比 2007 年度有所下降，在 2008 年度"公司的总收入尽管也超过了 17 亿美元，但比 2007 年减少了 4,200 万美元，可是由于该公司在经营开支方面除继续增加在教育服务和设施方面的投入外，其他方面的开支都被大大缩减，以至于该年度的净收入竟然超过了 2007 年。"31当然，教育管理公司也不可避免地受到联邦政府政策调控的影响，自 2010 年至 2021 年，该公司营收没有较大突破。2019年新冠病毒在全球大流行，该公司与其他教育机构一样，也不可避免受到很大影响。

---

31 EDMC. Education Management Corporation Reports Fiscal 2010 First Quarter Results [EB/OL]. http://phx.corporate-ir.net/phoenix.zhtml?c=87813&p=irol-news&nyo=220 21-04-16.

6.4.3 规模化发展的典型——阿波罗集团

在 20 世纪末至 2010 年，美国营利性高等教育机构规模化发展的典范是阿波罗集团。到 2010 年秋季，在阿波罗集团注册的学生数达到了 44.3 万人，教职员工达 2 万人之多，分支机构的数量超过了 200 家，年收入超过了 40 亿美元，已经成为一家名副其实的全球性的巨型营利大学。当年，阿波罗集团旗下已有以全资形式开办的六家子公司：凤凰大学、职业发展中心、金融规划学院、西部国际大学、玛丽特斯大学、远见学院公司和一家与凯雷公司；合资形式开办的子公司：阿波罗环球公司。

6.4.3.1 推行"全球化战略"

在 2010 年前后，阿波罗集团不仅在美国高等教育市场占据了相当的份额，而且将公司的战略目标定位于成为一家全球性教育公司。公司旗下的分支机构遍布美国本土，扩展范围近达其邻国加拿大、墨西哥以及拉丁美洲的波多黎，远到南美洲的智利，欧洲的英国、法国、意大利，非洲的南非、亚洲的印度等国。阿波罗大学在 2009 年年度报告中提出的战略目标是："公司将发展成为一家全球性的高度教育公司，满足拉丁美洲、欧洲、亚洲，以至于全球对高等教育的需求；公司预计到 2025 年招收 2.62 亿国际学生。"[32]不过，由于受 2019 年新冠病毒大流行的持续影响，该目标的实现将会非常困难。

通过推行"全球化战略"，自 2007 年至 2010 年，阿波罗集团北美市场创造了惊人的财富，年度净收益都在 25 亿美元以上（见表 35）。在拉丁美洲市场，阿波罗集团主要开辟了波多黎各市场，有两年的净收益达到了 1 千万美元以上。2008 年，阿波罗集团与凯雷集团合资创办了"阿波罗全球公司"，制定了开辟国际市场的发展战略，在英国开设了三家国际教育机构：职业教育机构（Professional Education）（主要进行法律、金融职业培训）、专业进修学院（Colleges of Professional Studies）和曼德波特伍德沃德预科学校（Mander Porterman Woodward），三家国际教育机构在阿波罗集团被合称为"BPP"联盟。在 2009 年，"BPP"联盟为阿波罗集团欧洲市场创造了 1,300 万美元的经济效益。自 2010 年，阿波罗集团已经挺进亚洲市场，在印度开设了职业培训机构和预科学校。

---

32 Apollo Group. Annual Report [EB/OL]. http://www.apollogrp.edu/Investor/Annual Reports.aspx2021-3-13.

表 35　2009 年阿波罗集团国际市场的净收益情况一览表（单位：千美元）

	2007 年	2008 年	2009 年
北美	2,728,525	3,122,272	3,900,251
欧洲	——	——	13,062
拉丁美洲	258	13,712	54,536
其他	5,010	4,947	6,353
净收益	2,723,793	3,140,931	3,974,202

资料来源：笔者根据阿波罗集团 2009 年年度报告整理绘制，见 Apollo Group Inc.. Apollo Group, Inc. 2009Annual Report [EB/OL]. http://www.apollogrp.edu/ Annual-Reports/2009%20Apollo%20annual%20report.pdf2020-03-17.

6.4.3.2　满足不同人群的教育需求

对于营利性高等教育机构来说，创办学校的首要目标就是赚取经济收益。由于营利性高等教育机构收益中有 95% 要依赖学费收入，所以能够吸引并保持足够的生源才能实现其经济目标。阿波罗集团通过满足不同人群的高等教育需求吸引尽可能多的生源。首先，阿波罗集团不设入学门槛，对所有有高等教育需求的人敞开大门。其次，阿波罗集团重视关照成年人和社会边缘群体。从 2010 年秋季该公司新注册学生的情况（见表 36）看，从年龄分布来看，学生主要集中在 23—39 岁，这个年龄段的学生成为阿波罗集团学生的主体，所占比例超过了 60%。也就是说，在阿波罗集团注册的学生中有超过一半的学生是成年人。从学生构成来看，在阿波罗集团注册的学生的族裔构成中，白人占了 50% 左右，其余的 50% 则由黑人、西班牙裔、亚洲/太平洋岛民、印地安人等构成，也就是说少数族裔的学生占到学生总数的一半。从获得学位的情况看，阿波罗集团共有 44.3 万学生获得了学位，其中获得副学士学位的人数最多，达到了 20.1 万人；获得学士学位的数量也较多，有 16.3 万人；获得硕士学位的达到了 7 万人；获得博士学位的有 7 千人。可以看出，来阿波罗集团就读的学生中有近一半的学生以申请副学士学位为主，这部分学生更可能是社会边缘群体。总之，阿波罗集团致力于满足不同学生对不同层次学位课程的学习需求，也正因为如此，阿波罗集团吸引到了庞大的学生群体，并取得了巨大的经济效益。

表36　2010年阿波罗集团学生构成、年龄分布、获得学位状况统计表

族裔构成	非裔美国人	27.7%	年龄分布	≤22	14.9%	获得学位情况	副学士	201,200
	亚洲/太平洋岛民	3.6%		23-29	34.3%		学士	163.600
	白人	52.2%		30-39	31.0%		硕士	71,200
	西班牙裔	11.6%		40-49	14.5%		博士	7,000
	美洲/阿拉斯加原住民	1.3%		≥50	5.3%		总计	443,000
	其他	3.6%						

资料来源：笔者根据阿波罗集团2010年年度报告整理绘制，见 Apollo Group, Inc.. Apollo Group,Inc.2010Annual Report[EB/OL]. http://www.apollogrp.edu/Annual-Reports/2018%20Apollo%20annual%20report.pdf2020-03-17.

6.4.3.3　实施标准化课程

基于成本——效益的考虑，阿波罗集团实行的是标准化课程，即各级分支机构都实施统一课程。课程设置方面阿波罗集团的课程由一个"学科问题"（subject-matter）委员会负责设计。该委员会根据市场调研，确定开发的课程领域，随后"通过五到六个星期的学期时间里形成标准化课程，所有的分校均实施统一课程。"[33]课程教学大纲由学科带头人和专业人员每三年制定一次，课程研发不需要所有教师都参与，教员严格按照教学大纲授课。教师使用的是标准教材，阿波罗集团的教师因此有时候会戏称自己是专门分发课程材料的传输工人。"[34]在课程实施方面，公司规定"以六到八周为一门课程的学习周期逐科开展课程教学，单门课程结束后再进入另一门学科课程。"[35]在课程的层次方面，阿波罗集团开设的课程既包括学位课程也包括非学位课程（见表37），学位课程的内容主要集中在工商管理、刑事司法和安全、教育、医疗保健、护理学和工程技术等领域；非学位课程主要有三类：一类是职业教育课程，如开展各类职业岗前培训和职业资格证书考前培训；二是法律、金融、营销、会计等专业的进修课程；三是针对国际学生开设的预科课程。

---

33 Kenta. Farnsworth. The 4 Lessons That Community Colleges Can Learn From For-Profit Institutions [J]. The Chronicle of Higher Education, 2006, （53）：27.

34 Kenta. Farnsworth. The 4 Lessons That Community Colleges Can Learn From For-Profit Institutions [J]. The Chronicle of Higher Education, 2006, （53）：27.

35 Katherine Mangu-Ward. Education for Profit [J]. Reason, 2008, （40）：38-45.

表 37 　阿波罗集团开设的（非）学位课程领域一览表

学位课程				非学位课程		
副学士学位	学士学位	硕士学位	博士学位	职业教育	专业进修	预科学校
艺术与科学	艺术与科学	工商管理	工商管理	各类职业岗前培训、职业资格证书考前培训	法律、金融、营销、会计、精算科学、人力资源	专为国际留学生开设的 6-9 个月的大学预备课程
工商管理	工商管理	咨询	教育			
刑事司法和安全	刑事司法和安全	刑事司法和安全	医疗保健			
教育	教育	教育	护理学			
医疗保健	医疗保健	医疗保健	心理学			
人类服务	人类服务	护理学	工程技术			
心理学	护理学	心理学				
工程技术	心理学	工程技术				
	工程技术					

资料来源：笔者根据阿波罗集团 2010 年年度报告整理绘制，见 Apollo Group, Inc.. Apollo Group, Inc. 2010 Annual Report[EB/OL]. http://www.apollogrp.edu/ Annual-Reports/2010%20Apollo%10annual%10report.pdf2021-03-17.

6.4.3.4　取得"绩优股"地位

进入 21 世纪以来，营利性高等教育机构迅猛发展，已经引起了投资者的极大关注。在营利性高等教育机构系统中，阿波罗集团达到了较高的市场占有率，形成了经营规模优势，利润稳步增长，社会影响力提升。作为一家上市公司，阿波罗集团有明晰的产权结构、健全的财务制度和完善的治理结构。该公司所拥有的资金、市场、信誉等诸方面的优势，使得其对各种市场变化具有较强的承受和适应能力。该公司的股票一直被投资者视为有较高回报和投资价值的绩优股，在 2000 至 2010 年，该教育集团的股票价格一直呈上升趋势（见表 38）。阿波罗集团吸引了多样化的投资群体，"除个人投资者外，投资者既不乏专业机构投资者，如著名的私人股本公司（Private Equity Firms），也受到了越来越多传统大学基金会的青睐，著名的哈佛大学、约翰.霍普金斯大学、达特茅斯学院等，它们都购买了阿波罗集团的股票。"[36]阿波罗

---

36 机构持股主要指投资基金、养老基金、共同基金、保险公司等运用基金所有人的资金购买并持有股票，在组织性质上属于非银行中介机构，其主要职能是代替个人投资者从事信贷、租赁、买卖股票和债券等投资活动，机构投资者并非股票的最终所有人，真正的股票所有人是基金所有人。

集团的股票已经被视为不折不扣的"绩优股"。当然，受 2006 爆发于美国的次贷危机以及 2019 年新冠病毒大流行的影响，该公司的股票价格在 2010 年后确实出现了较大波动。

表 38　2011-2012 年阿波罗集团 A 级普通股票交易最低和最高价格
　　　　一览表　　　　　　　　　　　　　　　　　　　　　　（美元）

	2011		2012 年	
	最　高	最　低	最　高	最　低
第一季度	80.75	53.71	76.95	48.30
第二季度	81.68	60.77	90.00	70.17
第三季度	62.19	37.92	81.20	55.35
第四季度	65.89	4.54	72.50	59.49

资料来源：笔者根据阿波罗集团 2012 年年度报告整理绘制，见 Apollo Group, Inc..
　　　　　Apollo Group, Inc. 2012 Annual Report[EB/OL]. http://www.apollogrp.edu/
　　　　　Annual-Reports%20Apollo%20annual%20report.pdf2021-03-17.

6.4.3.5　增大固定资产规模

由于办学资金不足，出于节约成本的考虑，在营利性高等教育机构发展早期，很多营利性高等教育机构不设餐厅，不建学生公寓，没有体育场馆，没有图书馆，没有实验室。很多营利性高等教育机构没有固定校舍，租赁教舍对于营利性高等教育机构是非常普遍的现象。在营利性高等教育机构初创时期资金不足、办学设施简陋，以及生源不稳定的情况下，租赁校舍的好处是显而易见的，既在一定程度上减少了办学投入，节约了成本，又能根据生源多寡的情况灵活选择授课地点。但随着学校的发展，办学规模扩大，生源增加，缺少固定校舍、缺乏教学设施带来了诸多问题，如学校文化缺失、教师缺乏归属感、教学质量难以保证、生源容易流失等。租赁校舍在一定程度上减损了学校声誉，也不利于学校的长期发展。

阿波罗集团非常重视扩大固定资产规模，积蓄发展后劲。阿波罗集团旗下的分支机构最初也以租赁校舍为主，但近年来，随着公司经济效益的提升，公司注重扩大固定资产规模。目前，该公司的各子公司都建设了一定规模的校舍，配备了相应的教学设备、设施，该公司总部甚至于 2006 建设了拥有 63,400 个座位和可伸缩绿地以及可伸缩屋顶的菲尼克斯大学体育场。菲尼克斯体育场"成为阿波罗集团开学和毕业典礼的场地,并通过承办足球、篮球、橄榄球、音乐会、牛仔经济表演等活动为公司带来了不菲的经济效益。"[37]自2008年至2014年,综合各分支机构的情况,阿波罗集团的固定资产进一步增长(见表39)。从表中可以看到,在2008年,阿波罗集团固定资产的总价值为18亿美元,到2014年,该公司固定资产总值已经达到32亿美元,增长幅度高达75.4%。固定资产总值的增加为阿波罗集团的长期稳定发展提供了物质基础和保障。

表39　阿波罗集团综合资产一览表　　　　　　　　　（单位:千美元）

		2008	2014
凤凰大学		920,553	1,112,002
阿波罗全球公司	BPP	——	778,416
	其他	123,688	133,615
阿波罗全球公司总计		123,688	912,031
远见学院公司		20,294	26,590
其他分支机构		47,736	52,100
公司企业		748,141	1,160,654
总计		1,860,412	3,263,377

资料来源:笔者根据阿波罗集团2014年年度报告整理绘制,见Apollo Group, Inc..
　　　　　Apollo Group, Inc. 2014 Annual Report[EB/OL]. http://www.apollogrp.edu/
　　　　　Annual-Reports/2014%20Apollo%20annual%20report.pdf2021-03-17.

6.4.3.6　追求经济效益最大化

追求利润最大化是任何一家营利性高等教育机构的目标。在美国高等教育市场中,阿波罗集团正在创造惊人的经济效益(见表40)。从表中可以看到,虽然经历了2008年的全球经济危机,但在此后的五年里,阿波罗教育公司的年度总收入继续呈加速度增长。自2010年至2014年的五年中,阿波罗集团的年度总收入都超过了20亿美元;在2010年到2012年的三年时间里,公司的年度总收入以每年2亿美元的速度增长;到2014年,由于该公司旗下的阿波罗全球公司开拓的国际教育业务取得了不俗的业绩,公司年度总收入

---

37 University of Phoenix Stadium. Home [EB/OL]. http://www.universityofphoenixstadium.com/index.php?page=home2021-03-17.

突破了 40 亿美元，比 2013 年增加了 9 亿美元。此外，到 2014 年，阿波罗集团经营性收入（校舍、体育场馆租赁、出版物、教材出售、教育咨询服务等）超过了 2008 年的 7 亿美元，达到了 10 亿美元，与 2010 年相比将近翻了一番。此外，在股票市场中，阿波罗集团的 A 级普通股经摊薄后每股盈余从 2010 年的 2.3 美元增加到 2014 年的 3.75 美元。

表 40　阿波罗集团 2010 年—2014 年公司收益状况统计表（单位：美元）

年度	总收入 （单位：billion）	经营收入 （单位：million）	稀释后每股盈余 （元）
2010	2.3	667.7	2.3
2011	2.5	650.0	2.35
2012	2.7	625.7	2.35
2013	3.1	749.5	2.87
2014	4.0	1,039.5	3.75

资料来源：笔者根据阿波罗集团 2009 年年度报告整理绘制，见 Apollo Group, Inc.. Apollo Group, Inc. 2014 Annual Report [EB/OL]. http://www.apollogrp.edu/Annual-Reports/2014%20Apollo%20annual%20report.pdf2021-03-17.

　　总之，阿波罗集团引入了新的高等教育办学观念和模式，通过规模化发展取得了几乎辉煌的成功的经验。以阿波罗集团为代表的营利性高等教育机构的办学目的就是获取利润，并已经通过规模化发展实现了经济效益的规模化。

7 结 论

本书通过对美国营利性高等教育机构的组织学分析，挖掘出营利性高等教育机构在组织类型、组织结构、组织环境、组织运行机制方面的特征，能够得出营利性高等教育机构的组织特征是其发展的重要驱力之一的结论，中国民办高校的发展能够从中得到一定的借鉴和启发。

7.1 美国营利性高等教育机构的组织特征

从组织类型来看，营利性高等教育机构的组织类型是丰富多样的。如果从学制上看，营利性高等教育机构和非营利性高等教育机构同样有两年制和四年制的大学，如果从授予学位的层次上看，与非营利性高等教育机构一样，营利性高等教育机构也具有授予从副学士、学士、硕士到博士学位的资格。但营利性高等教育机构的组织类型更加丰富，从拥有校园数量来看，营利性高等教育机构内部既有单一校园大学，也有多校园大学。由于营利性高等教育机构追求的是规模经济，尽管所有的多校园都是从单一校园发展而来，但很多大学在创办学校之初就制定了从单一校园向多校园乃至巨型大学发展的战略目标；从办学模式上看，营利性高等教育机构中既有偏重网络教学的在线大学也有偏重教室授课的非在线大学，但营利性高等教育机构更重视应用现代信息技术开展在线教学。在营利性高等教育机构中，在线大学数量增加的趋势较为明显，在线教学的技术手段也更加多样和成熟。从办学规模来看，营利性高等教育机构呈现两级分化的趋势，既有注册生数超过 5 万人、分支机构超过 10 所的巨型大学，也有注册生数少于 500 人、不设分支机构的微型大学。巨型大学是营利性高等教育机构中的中坚力量，目前营利性高等教育机构所产生的社会影响力和创造的经济效益主要来自于巨型大学，也正是巨型大学的规模化发展引起了社会的关注和学界的研究兴趣。同样不能否认的是，所有的巨型大学在初创时期都经历过微型阶段，微型大学在营利性高等教育机构中的数量也不在少数，只是由于生源少、教学设施不如巨型大学完善、所创造的经济效益不如巨型大学显着等原因，没有吸引到足够的社会的关注。

从组织结构的特点来看，营利性高等教育机构的组织结构的架构充分体现了"权变"的指导思想。"权变"的意思就是权宜应变。"权变"的主要思想是：每个组织的内在要素和外在环境条件都各不相同，因而在管理活动中不存在适用于任何情景的原则和方法。在环境的多样性、管理对象特征的多样性、管理主体的多样性的条件下，组织结构要根据组织所处的环境和内部条件的发展变化随机应变。"[1]按照英国学者汤姆．伯恩斯（Tom Burns）和 G.M. 斯托克（G. M. Stalker）的组织结构理论学说，营利性高等教育机构的组织结构中既有"稳定型"的机械式组织结构也有"变化型"的有机式组织结。"稳定型"的组织结构的特征表现为：有严格规定的组织结构；有明确的任务、目标、责任和与职能作用相一致的权力；组织结构中存在垂直的、自上而下的命令等级。营利性高等教育机构中的基于直线制和基于矩形、M 型等组织结构的演变形式，则是"变化型"的有机式的组织结构，即"有灵活的、随机应变的组织结构，组织成员的任务可以不断调整，组织内部的相互关系不是垂直的等级控制，在组织活动中，技能与经验具有优先地位。"[2]在营利性高等教育机构中，不同的学校根据不同的战略目标选权宜应变地择架构不同的组织结构，即使同一所学校的不同分支机构或者不同部门也可能根据目标和任务的不同采取不同的组织结构形式。

从组织环境的特点来看，为适应外部环境的变化，营利性高等教育机构重视进行组织内部变革。事实上，营利性高等教育机构与非营利性高等教育机构所面对的外部大环境基本是相同的，不同的是，当外部环境发生变化的时候，营利性高等教育机构能够迅速调整和改革甚至变革自身的内部环境以适应外部环境。同样面对多元化构成的学生群体，营利性高等教育机构将学生视为顾客，除降低甚至不设入学门槛，适度控制学费增长外，尤其重视发

---

1 郭咸纲：西方管理思想史[M]，北京：经济管理出版社，2004.266。
2 郭咸纲：西方管理思想史[M]，北京：经济管理出版社，2004.144。

现和满足不同学生的多样化需求，这从营利性高等教育机构提供的即时性的满足学生职业发展的课程方面可见一斑。同样面对的是高度发达和高速发展的现代信息技术，营利性高等教育机构的应对措施极具有前瞻性。早在上个世纪 70 年代，最早的在线大学——琼斯国际大学就提出了"满足任何人随时随地的学习需要"的办学理念。目前全美高等教育机构中招生数最多的大学就是以提供在线课程为主的在线大学——凤凰大学，在凤凰大学，信息技术手段被广泛应用于学校管理和教学的方方面面，已经被视为在线大学的典范。面对同样的联邦政府的奖助学金政策，营利性高等教育机构将其视为吸引生源和补充办学资金的机遇。营利性高等教育机构将帮助学生获得奖助学金视为为学校争取办学资金的重要途径，几乎所有的营利性高等教育机构都有专门人员帮助学生申请联邦助学贷款，如前文所述，营利性高等教育机构的学生所获得的奖助学金的种类和数额都远远高于非营利性高等教育机构。

从组织运行机制的特点来看，营利性高等教育机构的组织运行紧紧围绕"追求利润"的核心，具体表现在目标机制、决策机制、激励机制、发展机制四个方面。第一，营利性高等教育机构的目标机制体现了经济目标和教育目标的重叠和交互作用。双重目标说明了营利性高等教育机构对公益性和营利性的双重追求。在人们普遍的观念中，营利性高等教育机构的办学目的就是获取利润，实现经济效益最大化，但营利性高等教育机构的运转、学位课程的设置、教师的聘用、学术研究、学校管理和学生服务、招生等工作的公益性是不可否认的。营利性高等教育机构通过教育目标的实现突破了一个个经济目标，并且正因为其创造了巨大的经济利益而在高等教育市场赢得了一席之地。第二，营利性高等教育机构的决策机制是一种典型的公司管理模式的二权分立结构，所形成的二级委托——代理关系极富有效率和效力。第三，营利性高等教育机构的激励机制是股票期权激励机制，美国人本主义心理学家马斯洛把人类多种多样的需要归纳为五大类，按其发生的先后顺序由低到高分成五个层次，依次为生理需要、安全需要、社会需要、尊敬需要、自我实现的需要。营利性高等教育机构股票期权可以直接或间接满足员工这些需要：一是生理或生存需要，股票期权帮助员工获得一定的收入，并解决其生存、生活需要的必需品和服务。二是职业安全和成长的需要。股票期权提供了一种分享剩余索取权的制度性安排。员工不必担心因职务变动或者退休等原因导致的收入锐减的风险。三是尊重或人际关系需要，获得股票期权等同于员工的地位和业绩得到肯定，尊重的需要得到满足。四是自我成就或自我实现需要。在美国，金钱一直就被视为成就的标志。股票期权为员工提供了一条合法获取金钱收入的途径，间接满足了员工的自我成就需要。第四，营利性高等教育机构的发展机制体现为遵循规模化发展的道路，追求规模经济，表现出为从单一校园到多校园，从微型大学到巨型大学，从跨州到跨国办学的扩张趋势。

7.2 对中国民办高等教育机构发展的启示

民办高等教育是高等教育系统的一个重要组成部分。著名高等教育家菲利普．阿尔特巴赫（Philip G. Altbach）认为，"20世纪末到21世纪初，中学后教育中最有活力、发展最快的部门是民办高等教育。在高等教育需求的空前增长与政府无力或不愿意资助共同作用下，民办教育被推到了前沿。"[3]中国民办高校的发展时间相对较短，虽然取得了长足的进步，但是与国外先进的营利性高等教育机构相比差距很大。

制约中国民办高校发展的因素很多。中国关于高等教育领域是否允许营利性机构存在尚无定论。中国的民办高校是在特定的历史背景下出现的，其创办经费基本上来自于个人和社会筹资，如果从资金来源的角度看，这种出资方式与美国营利性高等教育机构完全一样，属于投资办学而不属于捐资办学更不属于公益办学。在实践中，中国一些民办高校获取经济回报的营利性行为其实从未中断过。事实上，政府也在将其按照公司企业的方式进行管理和收税，可以看出，中国政府对于民办高校的追逐营利的办学动机和普遍的营利性行为是承认和接受的。当然，中国《教育法》中关于教育非营利性的规定是对教育活动的价值取向的规定，这种规定是合理和必要的。但是不可否认的是，随着社会的发展，举办教育的方式已经出现了多元化的形式，中国民办高校在推动中国高等教育大众化进程也在起着重要作用，但在民办大学组织中，组织类型单调、组织结构僵化、组织内部以及与外部信息沟通不足、组织决策缓慢、组织运行低效的问题在一定程度存在。民办高校的今后是否能够持续健康地发展还要依赖于多方面的

3　[美]菲利普．阿尔特巴赫：民办高等教育：从比较的角度看主题和差异[J]，新华文摘，2001，（3）：17。

推力，但借鉴美国营利性高等教育机构的实践，加强组织建设是其中一个重要因素。

首先，树立组织变革的观念。与美国营利性高等教育机构一样，民办大学组织的外部环境是政治、经济、社会、文化等因素的聚合。大学组织外部环境是变化着的，民办大学组织不可避免要受到外部环境的影响，但是选择被动地迎合还是主动地适应甚至创造性地加以利用，则决定了民办大学组织是否能够抓住发展的机遇。如果民办大学组织对外界环境的变化了解不足或者无动于衷，学校的教育教学势必无法适应社会环境的需求，教学质量和社会声誉难以得到保证。目前民办大学组织赖以生存的社会环境的变化迅疾，现代科学技术的发展日新月异，社会大众对大学所提供的教育服务的要求也不断增多和变化，这些都要求民办大学组织适时进行组织变革，变单一化、封闭式办学为多元化、开放式办学。

其次，确立组织变革的内容。从美国营利性高等教育机构的实践看，中国民办大学组织变革的内容可以从以下几方面着眼：一是在组织类型上有所创新。中国民办大学的组织类型比较单一、刻板，在一定程度上缺乏办学特色。事实上，学生对于高等教育的需求是多样化和个性化的，真正从学生需求出发的学校一定也是具有鲜明特色的。二是在组织结构上进行变革。中国民办大学的组织结构在一定程度上存在结构简单、部门简化、专业分工粗糙的情况，这也是民办大学节约管理成本的一种方式，但简单直线制组织结构也带来一定的问题，如权力过于集中；不利于科学、民主决策；管理专业化程度低等。组织结构的架构不是一劳永逸的事情，在民办大学不同发展阶段，调整和变革组织结构都是必要的。三是权宜应变地真正将教育融入外部社会大环境，面对变化的外部环境，适时地进行组织内部变革，适应并利用环境的变化为自身的发展服务。四是根据发展战略和办学目标调整组织运行机制。中国民办大学的组织运行机制存在反应迟缓和效率不高的问题，普遍需要强化目标机制、改革决策机制、建设激励机制。

需要说明的是，中国民办大学除了在实践中积极探索外，非常有必要拓宽国际视野，研究、探讨美国营利性高等教育机构的实践和经验是非常必要的。但也要看到，从所处的社会制度环境来、文化环境来说，中国民办大学与美国营利性高等教育机构有很多不同，所以，中国民办大学应根据自身的发展需要和所处环境的特点对其有选择的借鉴和学习。

参考文献

一、中文论着

1. 程星：美国大学小史[M]，北京：商务印书馆，2018。

2. 戴晓霞：高等教育的大众化与市场化[M]，中国台湾：台北扬智文化事业股份有限公司，2000。

3. 郭石明：社会变革中的大学管理[M]，杭州：浙江大学出版社，2004。

4. 郭咸纲：西方管理思想史[M]，北京：北京联合出版公司，2014。

5. 高晓杰：美国营利性私立高等教育与资本市场[M]，广州：广东高等教育出版社，2009。

6. 何绍华：现代组织战略与行为管理[M]，武汉：武汉大学出版社，2005。

7. 黄建伟：美国高等教育公共治理[M]，北京：社会科学文献出版社，2018。

8. 李诚钧：大学属性与结构的组织学分析[M]，北京：人民教育出版社，2006。

9. 井润田：组织变革管理：融合东西方的观点[M]，北京：科学出版社，2020。

10. 刘宝存：大学理念的传统与变革[M]，北京：教育科学出版社，2004。

11. 李岱、蔡三发、谢砚、白康：美国高等教育战略规划与质量提升[M]，上海：同济大学出版社，2018。

12. 李桂荣：大学组织变革之经济理性[M]，北京：中国社会科学出版社，2007。

13. 刘延平：多维审视下的组织理论[M]，北京：清华大学出版社，2007。

14. 李刚：企业组织结构创新的机理与方法研究[M]，北京：世界图书出版社，2013。

15. 闵维方：探索教育变革-经济学和管理政策的视角[M]，北京：教育科学出版社，2005。

16. 苗丽静：非营利性组织管理学[M]，长春：东北财经大学出版社，2016。

17. 孟倩：大学组织治理的结构与效率研究[M]，北京：九洲出版社，2021。

18. 石伟：组织文化[M]，上海：上海复旦大学出版社，2020。

19. 宋培凯、袁志刚、邱尊社：资源集成经营——组织行为和组织成本的经营理论与实践[M]，北京：中国环境科学出版社，2005。

20. 王伟：美国营利性教育机构制度环境分析[M]，西安：陕西人民教育出版社，2005。

21. 吴宏翔：艰难的选择：市场经济中的高校组织演化研究[M]，上海：复旦大学，2008。

22. 吴玲：社会治理视阈下美国高等教育回报研究[M]，重庆：西南师范大学出版社，2018。

23. 吴伟、臧玲玲、齐书宇：急剧变革中的大学社会服务[M]，上海：上海交大出版社，2020。

24. 杨少杰：组织结构演变：解码组织变革底层逻辑[M]，北京：中国法制出版社，2020。

25. 张友伦、李剑鸣：美国历史上的社会运动和政府改革[M]，天津：天津教育出版社，1992。

26. 张维迎：大学的逻辑[M]，北京：北京大学出版社，2012。

27. 张斌贤、李子江：美国高等教育变革[M]，北京：教育科学出版社，2017。

28. 张斌贤：美国高等教育史[M]，北京：教育科学出版社，2019。

二、翻译论着

1. [法]克里斯托夫．夏尔勒、雅克．韦尔热：大学的历史：从 12 世纪到 21 世纪[M]，成家桢译，上海：华东师范大学出版社，2021。

2. [加]明茨伯格：明茨伯格论管理[M]，闾佳译，北京：机械工业出版社，2020。

3. [美]安东尼．T．克龙曼：教育的终结——大学何以放弃了对人生意义的追求[M]，诸惠芳译，北京：北京大学出版社，2019。

4. [美]埃里克．古尔德：公司文化中的大学[M]，吕博等译，北京：北京大学出版社，2015。

5. [美]爱德华．R．弗里曼：战略管理：一种利益相关者的方法[M]，陆晓禾等译，上海：上海译文出版社，2006。

6. [美]伯顿．克拉克：建立创业型大学——组织上转型的途径[M]，王承绪译，北京：人民教育出版社，2007。

7. [美]彼得．圣吉：第五项修炼——学习型组织的艺术与实务[M]，张成林译，北京：中信出版社，2018。

8. [美]彼得．德鲁克：非营利组织[M]，吴振阳等译，北京：机械工业出版社，2018。

9. [美]布伦达．B．琼斯、迈克尔．布拉泽：NTL 组织发展与变革手册：原则、实践与展望[M]，王小红译，北京：电子工业出版社，2018。

10. [美]德里克．博克：走出象牙塔——现代大学的社会责任[M]，徐小洲译，杭州：浙江教育出版社，2001。

11. [美]丹尼尔．若雷、赫伯特．谢尔曼：从战略到变革——高校战略规划实施[M]，周艳、赵炬明译，桂林：广西师范大学出版社，2006。

12. [美]大卫．科伯：高等教育市场化的底线[M]，晓征译，北京：北京大学出版社，2017。

13. [美]海尔．G．瑞尼：理解和管理公共组织[M]，王孙禺、达飞译，北京：清华大学出版社，2002。

14. [美]诺亚．波特：美国的学院与美国公众[M]，李子江译，杭州：浙江教育出版社，2019。

15. [美]詹姆斯．杜德斯达：二十一世纪的大学[M]，刘彤、屈书杰、刘向荣译，北京：北京大学出版社，2020。

16. [美]金．卡梅隆、罗伯特．奎因：组织文化诊断与变革（第三版）[M]，北京：中国人民大学出版社，2020。

17. [美]杰拉德．盖泽尔：美国多校园大学系统：实践与前景[M]，沈红等译，北京：教育科学出版社，2003。

18. [美]克拉克．科尔：高等教育不能回避历史——21世纪的问题[M]，王承绪译，杭州：浙江教育出版社，2001。

19. [美]劳伦斯．维赛：美国现代大学的崛起[M]，栾鸾译，北京：北京大学出版社，2018。

20. [美]罗伯特．G．欧文斯、托马斯．C．瓦莱斯基：教育组织行为学[M]，吴宗酉译，上海：华东师范大学出版社，2021。

21. [美]罗伯特．赫钦斯：美国高等教育[M]，汪利兵译，杭州：浙江教育出版社，2001。

22. [美]理查德．斯格特：组织理论[M]，黄洋等译，北京：华夏出版社，2002。

23. [美]理查德．L．达夫特：组织理论与设计[M]，王凤彬，张秀萍等译，北京：清华大学出版社，2003。

24. [美]劳伦斯．A．克雷明：美国教育史——殖民地时期的历程（1607-1783）[M]，周玉军、苑龙、陈少英译，北京：北京师范大学出版社，2003。

25. [美]纳尔逊．曼弗雷德布莱克：美国社会生活与思想史（上册）[M]，许季鸿等译，北京：商务印书馆，1994。

26. [美]乔治．凯勒：大学战略与规划——美国高等教育管理革命[M]，别敦荣主译，青岛：中国海洋大学出版社，2005。

27. [美]斯蒂芬．P．罗宾斯：组织行为学[M]，孙健敏、李原等译，北京：中国人民大学出版社，2004。

28. [美]伊查克．爱迪斯：把握变革[M]，赵斌、陈苏译，北京：北京华夏出版社，2004。

29. [美]威廉．J．本内特：美国通史[M]，刘军等译，南昌：江西人民出版社，2009。

30. [美]小艾尔弗雷德．D．钱德勒：看得见的手[M]，重武、王铁生译，北京：商务印书局，2001。

31. [美]詹姆斯．杜德斯达：21世纪的大学[M]，刘彤主译，北京：北京大学出版社，2005。

32. [美]詹姆斯．汤普森：行动中的组织[M]，敬义嘉译，上海：上海人民出版社，2007。

33. [美]詹姆斯．马奇、赫伯特．西蒙：组织（第二版）[M]，邵冲译，北京：机械工业出版社，2021。

34. [美]亚瑟．科恩：美国高等教育通史[M]，李子江译，北京：北京大学出版社，2019。

35. [英]纳吉尔．金、尼尔．安德森：组织创新与变革[M]，冒光灿、关海峡译，北京：清华大学出版社，2002。

36. [英]玛丽．亨克尔、布瑞达．里特：国家、高等教育与市场[M]，谷贤林等译，朱旭东校，北京：教育科学出版社，2005。

37. [意]乔瓦尼．多西，[美]大卫．J．蒂斯，[美]约瑟夫．查特里：技术、组织与竞争力[M]，童牧、何奕译，上海：上海人民出版社，2005。

三、中文学位论文

1. 蔡世华：大学组织文化变革机理与实践路径安静——基于价值观管理的视域[D]，徐州：中国矿业大学，2015。

2. 陈沛酉：从就业导向到生涯导向：高等职业院校组织转型研究[D]，天津：天津大学，2019。

3. 戴云：企业组织中管理者变革担当的影响效应研究[D]，苏州：苏州大学，2020。

4. 李宜芯：维多利亚时期英国大学组织变革的文化逻辑研究[D]，成都：四川师范大学，2020。

5. 刘燕飞：组织行为学视角下合作学习共同体研究[D]，济南：山东师范大学，2016。

6. 刘爽：民办高校法人治理结构研究——基于权力分割与互动的视角[D]，长春：吉林大学，2020。

7. 齐阿娜尔：文化整合：教师专业发展自组织机制研究——以内蒙古蒙古族学校为个案[D]，长春：东北师范大学，2021。

8. 杨红霞：营利性高等学校研究——以美国为例[D]，上海：华东师范大学，2006。

9. 史璞：基于组织理论的大学绩效管理系统构建研究——以 H 大学为例 [D]，上海：华东师范大学，2013。

10. 叶延毅：高校教师职业发展的性别差异研究——基于文化、制度和组织特征的分析[D]，杭州：浙江大学，2021。

11. 姚宇华：知识生产模式转型视角下大学组织模式变革研究[D]，武汉：武汉大学，2017。

四、中文期刊论文

1. 陈斌：摇晃的钟摆：美国高等教育发展的困顿与抉择——基于美国营利性大学研究的思考[J]，教育发展研究，2020，40（Z1）：105。

2. 高晓杰：美国营利性高等教育机构进入资本市场的产权制度研究[J]，复旦教育论坛，2006（4）。

3. 甘永涛：美国营利性高等教育机构发展及其治理结构特征[J]，教育发展研究，2007（12B）。

4. [日]金子元久：营利性高等教育机构：背景现状可能性[J]，鲍威译，北京大学教育评论，2005（2）。

5. 鞠光宇：营利性高等教育机构办学模式研究——以美国为例[J]，外国教育研究，2008（2）。

6. 康瑜：美国研究型大学组织结构的发展[J]，高教探索，2008（2）。

7. 李丽洁：美国营利性高等教育机构的股票期权激励机制——以阿波罗教育集团为例[J]，外国教育研究，2015（12）。

8. 李虔：民办高校组织属性变更的争议与反思——基于美国私立高校的个案研究[J]，高等教育研究，2019，40（07）：75。

9. 李文章：美国营利性私立高等教育发展的利弊分析及启示[J]，黑龙江高教研究，2019，（09）：50。

10. 刘牧、储祖旺：美国大学生资助政策与营利性大学发展[J]，高教探索[J]，2014（04）：53。

11. 林建、贺杨：营利性高等教育机构存在的合理性研究[J]，黑龙江教育，2006（1-2）。

12. 林杰：美国高校组织理论中的学院模型[J]，高等教育研究，2006（7）。

13. 梁洪坤、蔡立丰：美国营利性高等教育机构的特征与营利[J]，经济与社会发展，2007（12）。

14. [美]菲利普．阿尔特巴赫：民办高等教育：从比较的角度看主题和差异[J]，新华文摘，2001（3）。

15. [美]罗伯特．R．纽顿，章茅山译：盈利性大学和传统大学的比较[J]，民办教育研究，2004（6）。

16. 王兆璟：美国私立学校的演化、变革及其成因[J]，青海师范大学学报（社会科学版），1995（3）。

17. 王志强：美国营利性高等教育机构的管理及其启示[J]，教育发展研究，2008（2）。

18. 王玲：美国营利性高校发展进程中的联邦政府角色分析[J]，外国教育研究，2018，45（03）：76。

19. 温松岩：美国私立高等教育的发展、演变、特征与未来走势[J]，清华大学教育研究，2005（4）。

20. 杨程、秦惠民：美国营利性大学发展的动因、困境及启示[J]，高校教育管理，2020，14（02）：54。

21. 阎凤桥：非营利性高等教育机构的营利行为及约束机制[J]，北京大学教育评论，2005（2）。

22. 佘雪莲、吴岩：美国营利性高等教育机构的办学特点及启示[J]，教育评论，2006（2）。

23. 叶信治：美国营利性高等教育机构的办学思维方式及其对中国高职院校的启示[J]，中国高教研究，2007（10）。

24. 朱科蓉：美国营利性教育机构研究[J]，外国教育研究，2003（11）。

25. 张国玲：美国营利性大学营利性与公益性争议、协调机制及发展趋向[J]，高等教育研究，2020，41（09）：103。

五、英文著述

1. Ann I.Morey.Globalization and the Emergence of For-Profit Higher

Education[J]. Higher Education, 2004 （48）.

2. Andreal.Foster.Online Ads for U. Of Phoenix Irk Officials at Other Colleges [J]. The Chronicle of Higher Education, 2003（49）.

3. Bañuelos Nidia.Quality and innovation in American higher education accreditation: the case of the University of Phoenix[J]. History of Education, Volume 50, Issue 3. 2021. PP 428-449.

4. Carol Everly Foayd. Earning from Learning: the Rise of For-Profit Universities[J]. Review of Higher Education, 2007（31）.

5. Dan Carnevale. Colleges Challenge Web-Advertising Practices of Big For-Profit Institutions[J]. The Chronicle of Higher Education, 2006（51）.

6. David Glenn. Reading for-Profit[J]. The Chronicle of Higher Education, 2007 （53）.

7. Elizabeth F. Farrell. Phoenix's Unusual Way of Crafting Courses[J]. The Chronicle of Higher Education, 2003（49）.

8. Elizabeth F. Farrell.For-Profit Colleges Back Federal Proposal to Make Transferring Credits Easier[J]. The Chronicle of Higher Education, 2003（50）.

9. Elizabeth F. Farrell. For-Profit Colleges Rush to Fill Nursing Gap[J]. The Chronicle of Higher Education, 2004（50）.

10. Eryn Brown.Can For-Profit Schools Pass an Ethics Test? [N]. New York Times. 2004-02-22（3）.

11. Eric Wills.For-Profit Colleges Finds Workers at Fault[J]. The Chronicle of Higher Education, 2005（51）.

12. Frank Newman, Lara Couturer and Jamie Scurry. The Future of Higher Education: Rhetoric, Reality, and the Risks of the Market[M]. San Francisco: Jossey-Bass, 2004

13. Goldie Bumenstyk. Kaplan Abandons Plan to Buy Business School[J]. The Chronicle of Higher Education, 2002（49）.

14. Goldie Bumenstyk. Investors Buy Chain of For-Profit Colleges[J]. The Chronicle of Higher Education, 2003（49）.

15. Goldie Bumenstyk. For-Profit Colleges :Growth at Home and Abroad[J]. The

Chronicle of Higher Education, 2004（50）.

16. Goldie Bumenstyk.Education Company Under Investigation[J]. The Chronicle of Higher Education, 2005（51）.

17. Goldie Bumenstyk.Group Releases Poll on For-Profit Groups[J]. The Chronicle of Higher Education, 2006（52）.

18. Gwendolyn Bradley.For-Profit Online Education Receives a Boon[J]. Academe, 2006（92）.

19. Goldie Bumenstyk.The Chronicle of For-Profit Higher Education[J]. The Chronicle of Higher Education, 2007（53）.

20. Goldie Bumenstyk. For-Profit Colleges Seek Fix for Student-Loan Problem[J]. The Chronicle of Higher Education, 2008（54）.

21. Gary A.Berg.Lessons from the Edge:For-Profit and Nontraditional Higher Education in America[M]. New York:Praeger Publisher, 2005.

22. Gregory Franklin Rutherord. Academics and Economics: The Yin and Yang of For-Profit Higher Education[D]. The University of Texas at Austin, 2002.

23. Jared L.Bleak. When For-Profit Meets Nonprofit: Educating Through the Market[J]. New York:Taylor & Francis Inc., 2005.

24. Jeanne Mc.Clellan. Higher Education Leadership: Presidents and CEOs in For-Profit[D]. Publicly Traded Colleges and Universities, 2007.

25. Jeffrey R.Young.Colleges Board Shuts Down For-Profit Entity[J]. The Chronicle of Higher Education, 2003（49）.

26. John Hechinger. Politics & Economics: Higher Education Bills to Stir upon Academe[J]. Wall Street Journal（Eastern Edition）, 2006.

27. James G Andrews.How We Can Resist Corporation[J]. Academe, 2006（92）.

28. Joshua Woods. Opportunity, Ease, Encouragement, and Shame: a Short Course in Pitching For-Profit Education[J]. The Chronicle of Higher Education, 2006（52）.

29. Karen Berchard. Simon Fraser U. To Establish For-Profit Prep School for Foreign Students[J]. The Chronicle of Higher Education, 2006（52）.

30. Kent A. Farnsworth. The 4 Lessons That Community Colleges Can Learn From For-Profit Institutions[J]. The Chronicle of Higher Education, 2006（53）.

31. Keven Kinser. For-Profit Institutions Need to be Classified, Too[J]. The Chronicle of Higher Education, 2007（53）.

32. Kelly Mcneal. Critiquing External Quality Reviews for Teacher-Education Programs at Rationally Accredited, Virtual, For-Profit Universities.[D]. New York:The Graduate School of Fordham University, 2007.

33. Martin Van Der Werf. Acting Like a For-Profit College[J]. The Chronicle of Higher Education, 2003（49）.

34. Mcneal,Kelly. Critiquing External Quality Review for Teacher-Education Programs at Regionally Accredited, Virtual, For-Profit University[D]. New York：The Graduate School of Education of Fordham University, 2007.

35. Nasreen Khan Clark.Shame and Loathing in Academia: For-Profit Education and the Adjunct Crisis[J]. Transformations: the Journal of Inclusive Sc,Volume 29, Issue 2. 2019. PP 136-141.

36. Richard S Ruch. Higher Ed, Inc.: The Rise of the For-Profit University[M]. Baltimore: The John Hopkins University Press, 2001.

37. Stephen Burd. For-Profit Colleges Want a Little Respect[J]. The Chronicle of Higher Education, 2003（50）.

38. Stephen Burd. For-Profit Colleges Spend Big and Win Big on Capitol Hill[J]. The Chronicle of Higher Education, 2004（50）.

39. Stephen Burd. Lawmakers Are Urged to 'Go Slowly' on Loosening Rules for For-Profit Colleges[J]. The Chronicle of Higher Education, 2005（51）.

40. Stephen Burd.Promise and Profits[J]. The Chronicle of Higher Education, 2006（52）.

41. Sara Hebel.N.Y.Regents Place Moratorium on New or Expanded For-Profit,Colleges[J]. The Chronicle of Higher Education, 2006（52）.

42. Vivian Yuen Ting Liu; Clive Belfield.The Labor Market Returns to For-Profit Higher Education: Evidence for Transfer Students[J]. Community College ReviewVolume 48, Issue 2. 2020. PP 133-155.

43. Xiao-Bo Yuan. Disputes Over Regulating For-Profit Colleges Come to a Head in California[J]. The Chronicle of Higher Education, 2006（52）.

六、网络资源

1. http://www.nea.org/美国全国教育协会

2. http://www.aau.edu/美国高校协会

3. http://www.ecs.org 美国教育委员会

4. http://www.strayereducation.com 斯特拉耶教育公司

5. http://www.devryinc.com 德夫里教育公司

6. http://www.edmc.edu 教育管理公司

7. http://www.ittesi.comITT 教育服务公司

8. http://www.phoenix.edu 凤凰大学

9. http://www.apollogrp.edu 阿波罗集团

10. http://classifications.carnegiefoundation.org 卡内基基金委员会

11. http://www.aiccu.edu 加利福尼亚州独立学院与大学委员会

12. http://www.waldenu.edu/瓦尔登大学

13. http://jonesinternational.edu 琼斯国际大学

14. http://www.artinstitutes.edu 国际艺术学院

15. http://www.kaplan.com 卡普兰大学

16. www.chronicle.com.美国高等教育年鉴

17. http://nces.ed.gov/IPEDS/美国中学后教育综合数据中心

18. http://www.aau.edu/美国高校协会

19. http://www.artinstitutes.edu/philadelphia/费城艺术学院

20. http://www.petersons.com/artinstitutes/locations.html 国际艺术学院

21. http://www.aaup.org/aaup 美国大学教师协会

22. http://www.usadaxue.cn/web0836/scfx.html 美国大学网

23. http://www.sec.gov/美国证券交易委员会